KB199613

성관계는 없다

한국어판 ⓒ 도서출판 b

성관계는 없다

초판 1쇄 발행 • 2005년 3월 10일
　　4쇄 발행 • 2022년 4월 10일

지은이 • 슬라보예 지젝 외
옮긴이 • 김영찬 외
펴낸이 • 조기조

펴낸곳 • 도서출판 b
등　록 • 2003년 2월 24일 제2006-000054호
주　소 • 08772 서울특별시 관악구 난곡로 288 남진빌딩 302호
전　화 • 02-6293-7070(대)
팩　시 • 02-6293-8080
이메일 • bbooks@naver.com
누리집 • b-book.co.kr

정가 • 14,000원
ISBN 89-954593-8-7　　03100

성관계는 없다

- 성적 차이에 관한 라캉주의적 탐구

슬라보예 지젝 외 지음
김영찬 외 엮고 옮김

도서출판 b

차 례

해제를 겸한 편역자 서문

    라캉주의 정신분석은 성과 성적 차이를 어떻게 이해하며 또 어떻게 다루고 있는가? 라캉주의 정신분석은 성과 성적 차이에 관한 어떤 이론과 해명을 제공하는가? 여기 묶인 여섯 편의 논문은 이러한 질문들에 대한 답을 제공하려는 시도들이다. 우리는 이와 관련하여 가장 탁월한 저자들의 가장 흥미롭고 계시적인 글들을 묶었다. 그런데 잠깐, 여기서 먼저 돌이켜 보자. 그동안 우리는 성이나 성 구분에 관한 라캉주의적 이론이 무엇인지를 진정으로 궁금해 하는 진지한 물음을 도대체 만나기라도 했었던가? 아니면 애써 알고 싶다고 말하는 어떤 구체적인 요구가 한 번이라도 있었던 것인가?

    대답은 아쉽게도 그렇지 않다는 것이다. 오히려 우리가 곳곳에서 발견하는 것은 그런 요구의 전적인 부재이며, 제대로 된 지식에 기초하지 않은 성급한 통념적 예단이다. 이는 어찌 보면 안티-오이디푸스의 물결이 정신분석의 지적 전통을 매우 실용주의적인 방식으로—그러니까 전적으로 반지성적인 방식으로—무가치한 것으로, 더 나아가 퇴행적인 것으로 배치했던 것과 같은 맥락에 있는 것이라 할 수 있겠다. 정신분석에 대해 이와 같은 무지에 기초한 상투적인 통념을 덧씌우는 비판의 역사는 정신분석의 역사가 시작된 이래 지치지 않고 따라다니며 계속되었다. 프로이트가 아동의 성욕을 발견했을 때 그를 일러 '범성욕주의자'라 한 비난이 그 시작이었으되, 지금은 이러한 비난 자체가 성욕에 대한, 그리고 정신분석에 대한 자신의 편협한 이해와 무지를 그 스스로 폭로하는 것임은 이미 충분히 확인된 바다. 그러나 오늘날 우리는 정신분석에 가해지는 그러한 비난의 또 다른 변형 판본을 어렵지 않게 목도한다. 그것은 다름 아닌 (영미)페미니즘 진영의 일각에서 제기되는 것으로, '남근(중심)주의'라는 근거 없는 비난이 바로 그것이다.

이 책에 실린 글들을 조금이라도 훑어보면 그러한 비난 뒤에 숨겨져 있는 무지는 너무도 간단하게 발각될 터이니, 여기서는 단지 그런 맥락에서 프로이트-라캉의 이론과 마르크스 이론의 상반된 운명을 잠깐 되새겨 보는 데서 그쳐도 될 것이다. 우리의 관심을 끄는 것은 프로이트의 이른바 '오이디푸스론'이 마르크스의 '자본론'과 동일한 운명을 겪지 않았다는 점이다. 볼 것 없이 너무나 당연하게도, 자본의 핵심 논리를 분석하고 해명했다고 해서 마르크스를 아무도 '자본주의자'로 부르지는 않는다. 하지만 이러한 초등상식은 기이하게도 프로이트에게는, 또 프로이트로 돌아가야 한다고 외쳤던 라캉에게는 적용되지 않는 것처럼 보인다. 우리의 정신구조와 사회문화적 삶에서 작동하는 남근기능의 핵심원리를 밝힌 프로이트-라캉에게 되돌아온 대답은 아이러니하게도 '남근(중심)주의'라 는 비난이었다.

오늘날 우리의 지적知的 지형에서 정신분석이론을 둘러싸고 있는 것은 근본적으로는 이와 다르지 않은 기이한 아이러니다. 그런 맥락에서 지금 정신분석이란 이를테면, 누구나 다 그것을 알고 있다고 생각하지만 아무 도 실제로 알고 있지는 못한 그런 것이다. 놀랍게도 오늘날 사람들이 통상 그러하듯 정신분석으로부터 그 어떤 진지한 이론도 요구하지 않는다면, 그것은 이 때문이기도 하다. 그리고 정신분석이 어쩔 수 없이 맞서 싸워야 했던 대상 중 하나도 정신분석에 대한 무지를 정신분석 자체의 결함으로 되돌려 투사하는 그런 반지성적 태도였다. 이 책의 주제인 성과 성적 차이 에 대한 정신분석이론은 이러한 이론적 스캔들의 핵심에 있는 쟁점이다.

이제 다시 되돌아와, 이렇게 물어볼 수도 있겠다. 그렇다면, 여기 묶인 글들은 성적 차이의 이론과 관련한 어떤 부재하는 요구들에 대한, 혹은 '도래할' 요구들에 대한 응답인가? 이 물음에 대한 응답은 한 번의 뒤틀림 을 필요로 한다. 요컨대 우리는 '요구의 부재'를 하나의 '증상'으로 파악함 으로써 이 물음에 일단 간단하게나마 답할 수 있을 것이다. 예컨대 슬라보 예 지젝이 이 책에 함께 묶여 있는 조운 콥젝의 탁월한 논의와 관련하여 이렇게 말했듯이 말이다. "성적 차이에 대한 라캉적 개념의 철학적 토대와 결론을 다루고 있는 이 논문이 라캉에 대한 수많은 페미니스트들의 공격 속에서 어떻게 아무 말 없이 누락되었는가 하는 것은 증상적이다."

이 책의 내용 전체를 포괄하는 것은, 콥젝의 글을 수식하는 바로 그 표현 그대로다. 즉 '성적 차이에 대한 라캉적 개념의 철학적 토대와 결론'

이 바로 그것이다. 그 유명한 "성 관계는 존재하지 않는다", "여자는 존재하지 않는다", "여자는 남자의 증상이다", 같은 언뜻 아리송하고도 (남근중심주의의 표현으로) 잘못 오해하기 쉬운 정신분석의 핵심 명제들이 제출되는 것도 바로 이 성적 차이에 대한 철학적 해명의 맥락 속에서다. 이와 관련한 라캉의 핵심 통찰은 성적 차이를 생물학적인 층위가 아닌 언어의 층위에서, 논리적·담론적 차원의 사실fact로 사고한 것이다. 성은 주체가 언어의 질서 속에 얽혀들 때 발생하는 곤경이 그 존재에 가하는 작용의 결과이며, 언어(혹은 상징질서)가 실패할 때 출현하는 불가능한 실재the Real와 같은 것이다. 라캉에 따르면 주체는 언어에 의한 소외/분열로 인해 향유jouissance를 박탈당하는데, 각기 서로 다른 방식으로 분열되어 남근기능과도 상이한 관련을 맺는 남성과 여성은 이 향유와의 관련 속에서 서로 다른 특정한 성적 위치를 채택한다. 이를테면 남성은 완전한 향유가 가능하다는 환상 속에서 예외의 포함을 통해 구성되는 전체(총체화)의 논리를 구축하는 반면, 여성은 예외는 없다고 하는 비-전체not-all의 논리를 구축하고 그런 환상에서 벗어난 '다른 향유'의 가능성을 찾는다는 것이다. 라캉은 세미나 XX『앙코르』에서 그와 같이 상이하게 전개되는 남성과 여성의 각기 다른 주체 구성의 논리를 난해하기로 이름난 수학소를 활용하여, 잘 알려진 '성 구분sexuation' 공식으로 정식화한다.

　라캉의 이 성 구분 공식은 단지 오늘날 '여성성'에 대한 규정과 관련한 페미니즘의 이론적·실천적 교착을 해결할 수 있는 새로운 통찰을 제공하는 데서 그치지 않는다. 특히 '여성적 논리'에 대한 라캉의 이해는 주체성에 대한 새로운 사고에 기초한 급진적 이론과 실천의 논리로 창조적으로 번역되고 응용될 수 있는 무한한 가능성을 지니는 동시에 그에 대한 핵심적이고 결정적인 영감을 제공하는 계시적인 통찰이다. 통상적인 오해와는 정반대로 오늘날 우리가 라캉주의 정신분석에서 '여성적 길'로 명명할 수 있는 탈脫오이디푸스의 철학적·정치적 전략과 윤리학적 실천을 탐구하고 발전시킬 수 있다면, 그것이 시작되는 곳은 바로 이 지점이다.

이 책에는 이와 같은 라캉의 성 구분 공식의 철학적 함의를 상세히 밝히고 새롭게 해석하면서 현대의 이론적 지형에 논쟁적으로 개입하는 동시에 정치, 철학, 신학, 소설, 영화, 페미니즘 이론 등에 창조적으로 응용하고 있는, 우리가 판단할 때 이 주제를 다룬 가장 탁월한 글들을 함께 모아 놓았다. 참고로 이 책에 실린 글들의 필자는 모두 후기 라캉의 이론에 토대를 두고 라캉주의 정신분석에 대한 이론적 논의를 펼쳐 온 이들로서, 그 중 지젝, 주판치치, 살레츨은 이른바 슬로베니아 라캉학파로 잘 알려진 논자들이기도 하다. 쉽고 편하게 읽으며 따라가기에는 논의의 압축성과 난이도가 다소 높은 글들이므로, 독자들의 이해를 돕고 대략이나마 길을 잡아주기 위해 대강의 내용을 소개하면 이렇다.

우선 서두에 실린 브루스 핑크의 「성적 관계 같은 그런 것은 없다」는 라캉의 성차이론에 대한 가장 명료하고 표준적인 설명과 주석을 제공하는 글로 평가된다. 핑크는 이 글에서 '거세'와 '남근' 개념에 대한 영미권 연구자들의 오해를 교정하면서 시작한다. 그는 남성성과 여성성이 주체 내부에 욕망과 결여를 설립하는 남근기능과 관련을 맺는 상이한 방식에 따라 규정되는 하나의 '구조'라는 것을 설명하면서, 라캉의 성 구분 공식을 상세하게 설명한다. 독자들은 이 글에서 라캉의 성차이론을 둘러싼 다음과 같은 몇 가지 핵심 쟁점들이 해명되고 있다는 데 주목할 수 있겠다. 첫째,

핑크는 '여자는 존재하지 않는다'는 명제의 정신분석적, 사회문화적 의미를 설명하는 과정에서 여성적 주체성의 실현을 위한 페미니즘의 노력이 라캉의 이론을 적대시할 필요가 없음을 설득력 있게 논증한다. 둘째, 그에 따르면 남성적 주체의 성적 파트너는 대상 a인 반면, 여성적 주체의 성적 파트너는 어떤 '다른' 것(S(Ⱥ))이기도 하다. 바로 이 '다른' 대상에 대한 향유('타자적 향유')는 여성적 주체에게 주어진 고유한 잠재성이며, 이 잠재성으로서의 여성은 다른 여성적 주체에게도 하나의 타자로 남는다("여자는 여자에게도 타자다"). 셋째, 남성적 구조와 (특히) 여성적 구조에 대한 이와 같은 정교한 설명으로부터 도출해낼 수 있는 결론은 다시, 성적 관계 같은 그런 것은 없다는 것이다. 이는 정신분석에서 '진리'의 위치를 점유하고 있으며, 정신분석의 목표가 있다면 주체를 이 진리와 대면케 하는 것, 바로 그것이다. 이러한 설명을 경유해 핑크는 라캉의 성차이론이 그간 성적 차이를 규정해 왔던 고답적 은유들, 예컨대 남자는 '능동적'이고 여자는 '수동적'이다, 혹은 남자는 남근을 '소유'하고 있으며 여자는 남근'이다' 등등의 은유들을 해체하고 새로운 위상학적 은유를 제공한다는 것을 지적한다. 그에 따르면, "성적 관계 같은 것은 '없다', 그것은 '불가능한' 것이며, 불가능한 위상학적 구조와 관련을 맺는다"와 같이 정리할 수 있는 라캉의 관점은 괴델식 구조주의로 명명할 수 있다는 것이다.

조운 콥젝의 「성과 이성의 안락사」는 이 주제를 다룬 글 중에 가장 독창적이고도 선구적인 철학적 논의로 인정받고 있는 글이다. 이 글에서 콥젝은 칸트와 라캉을 경유해 성에 대한 역사주의적이고 해체주의적인 입장, 그 중에서도 특히 버틀러에 대한 비판을 수행한다. 콥젝은 생물학적이거

나 비역사적인 실체적 성의 해체에 기본적으로 동의하면서도, 그렇다고
역사적·가변적인 성이 궁극적 답이 될 수는 없다고 주장한다. 콥젝은
그에서 출발해 성과 성적 차이에 대한 정교한 철학적 논의를 발전시키는
데, 이 과정에서 칸트가 다룬 '순수이성의 이율배반'은 주요한 이론적 틀로
서 작용한다. 이 틀 속에서 역사주의적 입장은 칸트가 수학적 이율배반에
서 다루고 있는 두 입장 중 하나에 할당된다. 그 효과는 역사주의적 입장이
자신의 진리를 증명할 수 없다는 것, 다시 말해 성은 역사적이고 가변적이
라고 말할 수 없다는 것이다. 물론 이것은 성이 실체적이라고 말하는 것이
아니다. 성의 실체성과 역사성은 모두 거부되어야 하며, 그것의 존재에
대해 판단할 수 없다는 것이 칸트를 경유한 콥젝의 주장이다. 주의해야
할 점은, 수학적 이율배반이 일반적 성과 관련되는 것이 아니라 오직 여성
과 관련된다는 사실이다. 여기에서 우리는 '여성은 존재하지 않는다'는
라캉의 진술을 수학적 이율배반에 대한 칸트의 해법과 관련하여 이해할
수 있는 새로운 독해법을 제공받는 동시에, 라캉의 성 구분 공식에서 여성
편과 남성편의 논리가 분기되는 방식을 살펴볼 수 있다. 수학적 이율배반
이 여성편과 관련되어 설명된다면 역학적 이율배반은 남성편과 관련되며,
수학적 이율배반을 통해 여성이 존재하지 않는 방식을 이해할 수 있다면
역학적 이율배반을 통해서는 남성이 존재하는 방식을 이해할 수 있다.
콥젝에 따르면, 양자의 차이는 각각이 다루는 대상에서 한계를 정립할
수 있는지의 여부에서 비롯된다. 어떠한 한계도 정립할 수 없는 여성과
달리, 남성은 한계의 정립을 통해 정의되며 남성에 대한 존재판단이 가능
한 것 또한 이러한 한계의 정립을 통해서다. 이러한 구별을 통해 콥젝은
새로운 '여성적' 윤리적 길을 암시한다. 콥젝의 결론적인 주장은, 지금까지

의 윤리가 한계의 초자아적 논리, 따라서 남성적 논리를 따라 구성되어
왔다면 이제는 여성적 논리를 따르는 또 다른 초자아의 논리, 무제약자의
논리가 시작되어야 한다는 것이다.

슬라보예 지젝의 「코기토와 성적 차이」는 라캉이 정식화한 성적 차이의
문제를 칸트의 이율배반과 관련지어 설명하는 조운 콥젝의 글의 연장선상
에 있으면서도 논의를 주체에 대한 전혀 새로운 차원의 통찰로 발전시키
고 있는 글이다. 이 글에서 지젝은 보편형식의 철학자 칸트가 왜 이런
통념과는 달리 '우주 속의 균열'을 정식화한 철학자인지를 밝히며 시작한
다. 그에 따르면, 이 균열 혹은 특이성으로 인해 칸트의 세 비판서 각각에
는 보편화를 중지시키는 지점들이 있다. 즉 『순수이성비판』에서는 우리
가 범주들을 우리의 유한한 경험을 넘어 우주의 총체에 적용하려고 할
때 이율배반들이 출현하며, 『실천이성비판』에서는 형식에 있어 선과 일치
하는 '근본악'의 가능성이 등장한다. 순수이성과 실천이성의 '종합'으로서
의 『판단력비판』에서 분열은 두 번 발생한다. 첫째는 미학과 목적론의
대립이며, 이때 숭고는 바로 미와 목적의 실패한 종합으로서, 즉 그 두
집합의 부정적 교집합으로서 파악된다. 그 다음으로 숭고 그 자체가 역학
적 숭고와 수학적 숭고로 분열된다. 지젝은 바로 이러한 분열을 성적 차이
와 연관시킨다. 그리고 조운 콥젝의 선구적 탐구에 의존해서 그는 이 두
가지 숭고, 혹은 두 가지 이율배반을 라캉의 성 구분 공식을 통해 재해석해
낸다. 이를 통해 지젝은, 데카르트적 코기토의 중립성은 거짓이며 그 추상
적-보편적 특성으로 인해 남성의 우선성을 은폐하고 있다는 해체론적인
페미니즘의 주장과 대결한다. 지젝에 따르면 이러한 관점은 '생각하는

사물res cogitans'에 논리적으로 선행하는 순수한 '나는 생각한다'로서의 코기토를, '여성적' 코기토를 놓치고 있으며, 다시 말해서 코기토 내에서의 성적 차이를 놓치고 있다는 것이다. 이 글은 이러한 간단한 요약으로는 포괄할 수 없는 풍부하고도 정교한 이론적 논의가 현대영화의 풍부한 사례와 어우러져 다채롭게 진전되고 있어 이론적 사유의 즐거움을 특히 흥미롭게 향유할 수 있는 글이다.

　알렌카 주판치치의「구멍 뚫린 시트의 사례」는 알랭 바디우의 '보편적 단독성' 개념을 경유해 라캉의 성 구분 공식, 수학의 집합이론을 응용하면서 남근적 향유와 여성적 향유의 차이를 아름다우리만치 정교한 문체로 논증하고 있는 글이다. 주판치치는 여성적 향유가 남근적 향유와 달리 거세에 대한 참조를 잃지 않고 향유의 보충을 떠맡을 수 있는 (수학적인 의미에서) '무한한 향유'라고 설명하고, 이를 바디우의 '보편적 단독성' 개념과 연결시켜 설명한다. 예외에 의해 전체가 정의되는 기존의 '보편-예외'의 쌍에서 각 항은 언뜻 서로 대립하는 것 같지만, 그것은 실은 무언가를 근본적으로 배제하면서 보편성을 정립하는 전체의 논리를 요약하는 것이다. 예컨대 배제의 메커니즘을 작동시키면서(예외의 포함) 그를 통해 그 자신의 보편성을 정립하는 법의 보편성의 논리가 그런 것이다. 그에 반해 '보편적 단독성'은 기존의 '보편-예외'의 구별을 통한 전체가 허위의 범주임을 역설한다. 이때 '보편적 단독성'의 '보편'은 기존의 '보편-예외'의 구별을 무화하는 '비-전체'이며, 더 나아가 그것은 바로 '보편-예외'가 배제한 어떤 '하나'와 근본적으로 동일화하는 것이다. 주판치치에 따르면, 이러한 보편성의 재정초는 주체와 향유의 문제에 새로운 방식으로 접근할 가능성을 열어 놓는다. 바디우-라캉식으로 말하면, '보편-예외'의 쌍에 포섭된 주체는 법과 그 위반의 악순환에 사로잡힌 '욕망'과 '소외'의 주체이지만, '보편적 단독성'의 경우 주체는 기존의 법과는 상이한 또 다른 법 아래에서의 '향유'와 '분리'의 주체다. 죄에 사로잡힌 주체를 부활의 주체로 거듭나게 하는 사도 바울의 '아가페'가 바디우에게는 이 또 다른 법의 이름이다. 그러나 한편으로 바디우는 라캉을 비판하며 여성적 향유를 결국 도달 불가능한 무한성으로 정의하는데, 이에 대해 주판치치는 바디우가 비판하고 있는 여성적 향유는 실제로는 남근적 향유에 불과하며, 또 여성적 향유는 사실은 바디우 자신의 '보편적 단독성'과 그리 멀리 떨어져 있지 않다는 점을 역설한다. 이에 따르면 여성적 향유의 무한성은 도달 불가능한 것이 아니라 '비-전체'의 무한성이다. 이런 방식으로 주판치치는 바디우의 논의를 비판적으로 응용해 남성의 주체화/향유는 '보편-예외'를 통해 구성된 전체를 통해 성립하는 반면 여성의 주체화/향유는 보편적 단독성을 통해 구성된 '비-전체'를 통해 성립한다는 것을 논증한다. 그에 따르면 이 '보편적 단독성'의 (여성적) 주체만이 오직 유일한 주체다. 그렇다면 남자는 아직 전적으로 주체가 아닌 존재다. 그런 맥락에서, 이 글에서 주판치치가 내세우는 정언명령은 이렇다. "남자들을 주체가 되게 하라!"

슬라보예 지젝의 「성적 차이의 실재」는 라캉의 성 구분 공식에 대한 창조적인 해석을 통해 최근의 영향력 있는 철학적·정치적 이론과 대결하면서 그 속에서 라캉의 '행위'와 '실재'(혹은 적대) 등의 개념을 정교하게 다듬으며 응용하고 있는 대단히 논쟁적인 글이다. 지젝은 우선 증상에

대한 후기 라캉의 개념 전환을 환기하면서 시작한다. 전기 라캉이 증상을
큰 타자의 일관성에 예외적인 것, 방해물로서 정의했다면, 후기 라캉은
오직 증상들만이 존재함을, 즉 큰 타자 자체도 증상의 하나에 불과하다는
것을 밝혔다는 것이다. 이는 곧 법과 그것을 구성하는 예외라는 '남성적'
논리에서 증상의 계열에 예외가 존재하지 않는다고 하는 '여성적' 논리로
의 이행을 뜻한다. 그에 따르면, 결국 큰 타자는 존재하지 않는다. 이로부
터 라캉주의 정신분석의 유력한 개념들인 '사랑', '행위', '여성', '실재' 등이
새로운 조명을 받으며 등장하게 되고, 지젝은 그것이 가지는 함의를 종교,
정치학, 윤리학, 그리고 페미니즘에서의 최근의 이론적 쟁점에서 끌어온
폭넓은 예들을 통해 설명한다. 그에 따르면, 유대교에서 기독교로의 이행
은 성 구분의 '남성' 공식에서 '여성' 공식으로의 이행과 상응한다. 유대교
의 '법과 그 위반의 변증법'이 전부(보편적인 법)와 그것을 구성하는 예외
사이의 긴장을 포함하는 '남성적' 논리라면, 기독교의 '사랑'은 그 사악한
변증법을 깨트리는 '비전체'의 역설을 포함하는 '여성적' 논리다. 다른 한
편 지젝은 성적 차이에 대한 논의에서 추론된 '실재'와 '여성적 향유'에
대한 이해에 기초하여, 정치학과 윤리학 사이의 환원 불가능한 간극을
유지하는 데리다에 대한 비판을 경유한다. 이를 통해 지젝이 주장하는
것은 라캉의 윤리적 '행위'는 큰 타자를 중지시키면서 주체의 결정과 타자
에 대한 응답을 아무런 타협이나 유예 없이 합치시키는 것이라는 사실이
다. 이어서 지젝은 라캉의 '실재' 개념에 대한 버틀러의 오독을 비판하면서
'실재'는 역사화·상징화의 불가능성을 근거 짓는 것이며, 성적 차이 자체
가 이런 불가능한 실재의 지위를 지님을 논증한다. 지젝은 이런 다각도의
논쟁적 논의를 통해 결국은 라캉주의 정신분석의 급진화가 어떻게 최근의

좌파 정치학이나 타자의 윤리학, 나아가 페미니즘의 이론적·실천적 교착을 돌파할 수 있는 창조적인 계기를 제공하는가를 설득력 있게 보여 준다. 지젝에 따르면, 오늘날의 해체론적 정치학과 윤리학, 다문화주의와 젠더 정치학 등이 강조하는 무한한 차이 또는 넘쳐나는 다양성이 전지구적 자본주의 자체에 내재한 유일한 적대를 애써 마주치지 않으려는 시도다. 지젝 스스로가 암시하듯, 이 글이 모범적으로 보여 주는 것은 바로 라캉의 성 구분 공식에 대한 급진적 독해는 오늘날의 전지구적 자본주의 사회의 고유한 적대를 명백히 드러내어 헤게모니적 투쟁의 전초전을 마련하는 일종의 '이론 안에서의 계급투쟁'이라는 사실이다.

레나타 살레츨의 「사랑과 성적 차이: 남자와 여자의 이중화된 파트너들」은 부커상 수상작가인 애니타 브루크너의 소설을 경유해 성적 차이와 여성적 향유에 대한 이론적 해명을 시도하는 글이다. 살레츨은 왜 남자와 여자는 각기 그들의 파트너를 두 인물(안정적인 파트너/손에 넣기 힘든 연인)로 이중화하며 이는 성적 차이와 어떤 관계가 있는가, 라는 물음으로 시작한다. 브루크너의 소설 분석을 통해 살레츨이 설명하는 바에 따르면, 사랑의 선택과 관련해 우선 남자는 '최초의 불안'을 상기하는 욕망의 대상을 견제하기 위해 결혼생활의 지루함을 참아내면서도 한편으로는 그 결혼생활 바깥의 연애에 고착된다. 이 과정에서 남성 주체는 욕망의 대상에 의한 자기 소멸의 두려움으로 인해 나르시시즘적이고 치명적인 자기 관계를 발전시킨다. 이어서 살레츨은 남자들과 달리 여자들이 발전시키는 비밀스런 연인에의 애착에 관한 한층 복잡한 세 가지 시나리오(연애를 통한 향유의 거부/욕망을 유지하기 위한 매력적인 남성의 '창안'/획득할 수 없는 대상에의 집착을 견제할 구조의 설립)의 심리적 구조를 해명한다. 살레츨은 그렇게 끝내 사랑을 단념하게 되는 남자와 여자 들이 종국에는 규칙들과 금지들에 순응함으로써 '평안'을 회복(남자)하거나, 멜랑콜리한 무심함에 침잠하는(여자) 메커니즘을 설명하고 이를 성적 차이와 관련해 해석한다. 특기할 만한 것은 여성이 멜랑콜리적인 은둔에서 여성적 향유를 발견한다는 것이다. 즉 욕망은 향유에 대한 방어이므로, 향유는 여성이 욕망을 포기하는 바로 그 욕망의 영도 상태에서 분출한다. 이는 여성이 상징적 거세 속에서 역으로 상상적 남근을 획득함으로써 그로 인해 향유가 분배되는 접점이 생겨난다는 것인데, 살레츨에 따르면 그것이 바로 여성 멜랑콜리를 설명해 주는 것이다.

참고로 이 글들의 원 출전과 각 글을 옮긴이는 아래와 같다.

- 브루스 핑크, 「성적 관계 같은 그런 것은 없다」_신형철 옮김.
  - "There's No Such Thing as a Sexual Relationship", *The Lacanian Subject: Between Language and Jouissance*, Princeton University Press, 1995.
- 조운 콥젝, 「성과 이성의 안락사」_박대진·조창호 옮김.
  - "Sex and the Euthanasia of Reason", (ed.) Slavoj Žižek, *Jacques Lacan: Critical Evaluations in Cultural Theory*, Volume II, Routledge, 2003.
- 슬라보예 지젝, 「코기토와 성적 차이」_이성민 옮김.
  - "Cogito and the Sexual Difference", (ed.) Slavoj Žižek, *Jacques Lacan: Critical Evaluations in Cultural Theory*, Volume II, Routledge, 2003.

• 알렌카 주판치치, 「구멍 뚫린 시트의 사례」_**복도훈·김예리 옮김**
　－ "The Case of the Perforated Sheet", (ed.) Slavoj Žižek, *Jacques Lacan: Critical Evaluations in Cultural Theory*, Volume Ⅳ, Routledge, 2003.
　• 슬라보예 지젝, 「성적 차이의 실재」_**김영찬 옮김.**
　－ "The Real of Sexual Difference", (ed.) Suzanne Barnard and Bruce Fink, *Reading Seminar ⅩⅩ: Lacan's Major Work on Love, Knowledge, and Feminine Sexuality*, State University of New York Press, 2002.
　• 레나타 살레츨, 「사랑과 성적 차이: 남자와 여자의 이중화된 파트너들」_**김소연 옮김.**
　－ "Love and Sexual Difference: Doubled Partners in Men and Women", (ed.) Renata Salecl, Sexuation, Duke University Press, 2000.

　여기 실린 글들의 논의는 데카르트, 칸트, 헤겔에서 시작해 바디우, 데리다, 버틀러에 이르기까지 근대철학에서 해체주의까지를 아우르는 철학적 쟁점들에 논쟁적으로 개입하면서 이론적 대결을 펼치고 있는 것들이다. 그래서이기도 하지만 앞서도 잠깐 언급했듯 논의가 상당히 추상도 높은 압축적인 것인 데다가 어떤 곳에서는 수학이론의 논의까지 더해져서 언뜻 그리 쉽다는 느낌을 주지는 못할 것이다. 무엇보다 처음부터 정신분석에 대한 기본지식이 없이는 온전히 이해하기가 더욱 쉽지 않을 것이라 생각한다. 우리는 될 수 있으면 역주를 통해 이러한 어려움을 조금이나마 경감시켜 독자들의 이해에 도움이 되려고 했지만, 기본적인 철학적 개념·논점이나 정신분석의 기초적인 개념들에 대한 이해는 독자의 몫으로 남겨

두는 수밖에 없었다. 그렇지만 그러한 어려움을 뚫고 나가 필자들이 개진하는 주장의 한가운데서 결국 정신분석이 발화하는 '진리'와 온전히 정직하게 대면할 수 있게 된다면, 그곳에서 사회의 모든 층위에서 우리를 사로잡고 있는 이데올로기적 환상을 횡단하는 새로운 '여성적' 윤리와 실천에 대한 사유로 이끌어 가는 훌륭한 길잡이를 얻게 될 것이다. 예컨대 "성관계는 없다", 라는 고통스러운 명제가 바로 그러한 것이 아니겠는가.

이 책은 정신분석에 관심을 가진 다양한 분야의 몇몇 연구자들을 중심으로 2003년부터 시작된 라캉정신분석연구모임의 정기독회를 진행하던 중 라캉의 성 구분 공식을 공부하는 과정에서 기획되었다. 우리는 라캉의 성차이론이 정신분석의 핵심과 관련되어 있을 뿐만 아니라 지금 우리의 이론적·실천적 지형에서 사유의 근본적 전환과 진전을 가능하게 하는 계시적인 통찰을 담고 있다는 데 의견을 모았고, 우선 일차적으로 이와 관련한 핵심적인 논의를 담고 있는 몇몇 중요한 글들을 모아 번역 출판하여 소개하는 작업이 필요하다고 결정했다. 이 이론이 온전히 이해되기는커녕 그 난해함과 결부된 피상적인 오해와 허황한 소문, 지적인 무관심 속에 묻혀 제대로 소개조차 되지 않은 우리의 지적 상황에 대한 문제의식도 이 책의 기획을 거들게 된 동기 중 하나였다.

국내에서 공통의 합의를 얻지 못해 각기 달리 번역되고 있거나 이해의 부족으로 부정확하게 쓰이고 있는 정신분석의 주요개념, 그리고 아직 소개되지 않은 새로운 개념과 신조어 등의 적절한 번역어에 대해서는 충분한 내부토론과 합의를 거쳐 확정한 결과를 이 책에 반영했다. 그리고 번역의 진행 과정에서 김영찬과 이성민이 최종적으로 번역의 세부사항을 점검하고 다듬기는 했으나, 각 글의 번역은 독회과정에서의 토론을 통해 이론적 논점의 공유와 충분한 의견교환을 거쳐 해당 글의 번역을 책임진 역자에 의해 전적으로 이루어졌다. 또 번역에 최대한 정확성을 기하기 위해 촉박한 출간 일정 가운데서도 수정된 원고를 다시 해당 글의 역자가 돌려받아 역자의 최종 검토와 조율 과정을 거쳤음을 아울러 밝힌다.

마지막으로 책의 출판을 결정하고 작업을 진행하는 과정에서 미처 판권을 확보하지 못한 글들의 필자 가운데 주판치치는 자신의 논문을 다른 글들과 묶어 싣는 것에 조건 없이 흔쾌히 동의해 주었음을 밝힌다. 그리고 콥젝과 살레츨은 연락이 닿지 않았음을 이 자리에서 밝혀둔다. 김정선, 김정한, 박제철, 이수형은 최종 번역작업에 참여하지는 않았지만 독회과정을 함께 하며 의견교환을 공유했다. 이 책의 성과는 또한 그들의 것이기도 하다. 어려운 출판 상황에서도 항상 대책 없이 우리의 뜻에 도움과 지지를 아끼지 않는 도서출판 b의 조기조 사장님에게는 특별히 감사드린다.

2005년 2월
역자들을 대신하여, 김영찬

제1부

성적 관계 같은 그런 것은 없다

☙ 브루스 핑크 ❧

부분과 전체의 변증법은 성적 차이, 혹은 (라캉의 표현대로라면) "성구분sexuation"의 공식화에서 매우 중요하다. 이 주제에 대한 불어권과 영어권 양쪽 모두의 문헌에서는 라캉의 논의가 전부all와 일부some의 변증법을 중심으로 하고 있는 것으로 종종 잘못 이해되고 있다. 이 오해는 특히 『여성 섹슈얼리티』[1]에 번역되어 있는 『앙코르』(세미나 XX)의 각 장들에서 두드러진다.

전부와 일부의 변증법은 옳든 그르든 아리스토텔레스에게까지 거슬러

---

1) [옮긴이 주] Jacques Lacan and the *école freudienne, Feminine Sexuality*, eds. Juliet Mitchell and Jacqueline Rose, NY: Norton, 1982.

올라가는 것이 보통인 반면 부분과 전체의 변증법은 으레 소크라테스 이전 철학자들과 헤겔의 것으로 간주된다. 하지만 라캉의 것은 약간 뒤틀린 부분과 전체의 변증법이다. 전체는 결코 전체가 아니다(**타자**는 존재하지 않는다). 그리고 부분은 정의할 수 없고, 자리매김될 수 없으며, 특정화될 수 없고,[2] "전체와는 아무 관계가 없다."[3] 그래서 라캉의 변증법은 보다 전통적인 철학적 배경지식을 갖고 있는 이들에게보다는 현대 집합론의 발전에 친숙한 수학자들에게나 후기구조주의자들에게 훨씬 이해하기 쉬울 것이다.

성적 차이에 대한 라캉의 관점을 설명하는 데에는 극복해야 할 많은 장애물이 놓여 있다. 영어로 글을 쓰는 (혹은 저술이 영어로 번역된) 많은 저자들은 라캉 사유의 다른 측면들에 대한 철저한 이해 없이 성 구분에 대한 라캉의 작업을 논의해 왔다. 그래서 그들은 독자 대중에게 명백하게건 부분적으로건 잘못된 해석을 제공해 왔으며, 라캉이 결코 지지한 바

---

2) 집합론에서 "특정화의 공리(axiom of specification)"를 참조하라. 내가 부분과 전체의 문제를 과잉 일반화하고 있다는 점을 지적해야겠다. 그러나 그것은 요점을 분명히 하기 위한 것이다. 실로 라캉은 여러 군데에서 **모든** 여자들의 집합은 존재하지 않는다는 것에 대해, 여자들은 하나의 집합으로서가 아니라 오로지 **한 명 한 명**one by one 고려될 수 있을 뿐이라는 사실에 대해 말을 **한다**. 하지만 나는 부분/전체의 변증법을 강조하는 것이 여기에서는 보다 더 중요하다고 생각한다. 라캉이 여자들women에 대해 말한 것은 여성적 구조로 특성화되는 **각각의** 주체에게 또한 적용되니까 말이다. [일반적으로, 어떤 주어진 집합 A에 대해서, 어떤 특수한 속성을 충족시키는 A의 원소들을 특정화하여 부분집합을 만들 수 있다. 예컨대 A를 남자들의 집합이라고 한다면, 우리는 A에 속하면서 20세 이상인 원소들을 특정화시켜서 20세 이상의 남자들을 원소로 하는 A의 부분집합(즉, {x∈A: x는 20세 이상이다})을 만들 수 있다. 공리적 접근을 하는 집합론에서 이를 특정화의 공리라고 부른다. — 옮긴이]

3) *Écrits*, 1966, p. 843. 영어로는 "Position of the Unconscious", translated by Bruce Fink, in *Reading Seminar XI: Lacan's Four Fundamental Concepts of Psychoanalysis*, edited by Bruce Fink, Richard Feldstein, and Maire Jaanus (Albany: SUNY Press, 1995), p. 271.

없는 견해를 비판해 왔다.[4] 다소 형이상학적으로 들리는 라캉의 주장들 중 하나("편지는 항상 목적지에 도달한다")에 들러붙어서, 그것들을 맥락으로부터 떼어 내고, (데리다가 「진리의 조달자」에서 그리 하듯이) 그것이 의미하지도 않는 것을 놓고 그것을 공격하는 것은 어렵지 않은 일이다. 그리고 라캉의 텍스트에서 '남근'이라는 단어를 찾아내고는 그에게 남근 중심주의라는 딱지를 붙이는 일도 누구나 할 수 있다. 훨씬 더 어려운 일은 성적 차이에 대한 그의 방대한 설명들(세미나 18에서 21까지, 그리고 다른 곳들)을 면밀히 따라가면서 그의 중심적인 관심사를 식별해 내고 그의 주요 테제를 골라내는 일이다.

여기서 내가 하려고 하는 것은 (1) 거세, 남근, 그리고 남근 기능 등을 통해 라캉이 말하려고 한 바가 무엇인지 설명하고, (2) 성적 관계 같은 그런 것은 없다고 하는 관념으로 라캉이 밝히려고 한 바가 무엇인지 지적하고, (3) 성적 차이에 관한 논쟁을 라캉이 실제로 말한 것들 주위로 집중시키기 위해서 그의 '성 구분 공식들'의 복잡성을 비록 절대로 완전히는 아니더라도 얼마간은 드러내고,[5] (4) 그의 설명에 의해 제기되는 보다 폭넓은 쟁점들을 검토하는 것이다. 라캉은 분명 라캉 자신의 몇몇 정식화들에 나오는 프로이트적 용어들 너머를 볼 수 있는 수단을 제공한다. 즉 우리는 거세를 소외로, 또 남근을 욕망의 기표로, **아버지의 이름**을 S($\bar{A}$)

---

4) 예컨대 Jane Gallop, *Reading Lacan* (Ithaca: Cornell University Press, 1982)과 Nancy Chodorow, *Feminism and Psychoanalytic Theory* (New Haven: Yale University Press, 1989).

5) 이 장에 포함된 내용 일부는 1987년부터 코넬, 예일, UCLA, UC 어바인에서 한 강의들과 런던 및 멜버른에서 한 강의들의 기초로서 이용되었다. 그것의 아주 초기 판본은 *Newsletter of the Centre for Freudian Analysis and Research* (London) 10 (1988)에 실려 있다. 나중 판본은 *Newsletter of the Freudian Field 5* (1991)에 실려 있다. 이 판본들(특히 첫 번째 판본)은 여기서 제공되지 않고 있는, 라캉의 성 구분 공식에 대한 일정한 해석의 층위들을 포함하고 있었다.

로 봄으로써, 상당히 문화-특수적인 프로이트의 용어들을 넘어서는 성
구분 이론의 윤곽을 그려 볼 수 있다.

거세

『세미나 XIV』에서 라캉은 묻는다.

> 거세란 무엇입니까? 그것은 분명 꼬마 한스가 제출하는 정식화, 즉 누군가
> 가 고추를 잘랐다 같은 것이 아닙니다. 그럼에도 불구하고 그것은 제 자리에
> 달려 있으니까 말입니다. 여기 걸려 있는 문제는 그가 그의 향유를 자신의
> 내부에서 취할 수 없다는 것입니다. (1967년 4월 12일)

거세는 우리가 어떤 시점이 되면 어떤 향유를 포기하도록 요구받는다는
사실과 관련이 있다. 이것이 직접적으로 함축하는 바는 이렇다. 즉 라캉의
거세 개념은 본질적으로 음경에 초점이 맞추어져 있는 것이 아니라 향유
의 포기에 초점이 맞추어져 있다는 것이며, 따라서 그 개념은 남자들과
여자들 모두에 적용된다. 그들이 그들의 향유의 일부분을 (마르크스적인
의미에서) '소외'시키는 한에서 말이다.

　라캉의 작업에서 거세는 소외 및 분리와 매우 밀접한 관련을 맺고 있다.
우리가 본 바대로, 소외 속에서 말하는 존재가 출현한다. 그리고 그/녀는
언어 속에서 있게 될 때 무언가를 포기하도록 강요당한다.6) 분리는 이차

---

6) "거세란, 욕망의 법이라는 역전된 척도에서 향유를 획득하기 위해 향유를 거부해야만 한다는

적 포기를 요구한다. 즉 요구로서의 **타자**로부터 끌어내는 쾌락, 혹은 **타자**의 요구를 환상 속의 대상으로 배치하는 것($\lozenge a$ 대신에 $\lozenge D$)으로부터 끌어내는 쾌락, 즉 충동들로부터 획득되는 쾌락에 대한 포기 말이다.

희생된 향유는 어떻게 되는 것인가? 그것은 어디로 가는가? 그것은 절멸되고 마는가? 단지 사라지는 것인가? 혹은 다른 층위나 다른 장소로 이동하는가? 대답은 분명해 보인다. 그것은 **타자**에로 이동한다. 어떤 의미에서 그것은 **타자**의 계좌로 이체된다.[7] 그렇다면 과연 이것은 무엇을 의미하는가? 신체에서 '짜내어진' 일정한 향유는 말 속에서 다시 발견된다는 것이다. 언어로서의 **타자**가 우리 대신에 즐긴다. 달리 말해서, 우리는 오로지 **타자** 속에서 우리 자신을 소외시키고, **타자**의 담론을 지탱하기 위해 우리 스스로를 명부에 올리는 한에서만 **타자** 안을 순환하는 향유의 일부를 나누어 가질 수 있는 것이다.

『피네건의 경야』를 읽을 때, 우리는 기표 안에, 언어로서의 **타자** 안에 향유가 채워 넣어져 있음을 감지한다. 문자들의 사슬은, 그리고 다만 언어 속에서 개발되기를 기다리고 있는 듯 보이는 언어적 '광물들'은 우리 자신의 삶에서 독립되어 있는 언어의 삶을 암시한다. 엄밀히 말하자면 분명 언어는 그 자신을 즐기지 않는다. 그러나 우리가 그것으로부터 일정한 향유를 끌어낼 수 있는 것은 언어로서의 **타자**가 우리 '안에' 있는 한에서다.

거세에 수반되는 희생은 일정한 향유를 **타자**에게로 넘겨주는 것이며,

것을 뜻한다." (*Écrits*, 1966, p. 827; *Écrits*, p. 324).

7) 자크 알랭 밀레가 쥐인간에 대한 그의 연구에서 이런 유의 표현들을 사용한다. "H2O", *Historia* (New York: Lacan Study Notes, 1988).

그것을 **타자** 안에서 순환하도록 내주는 것이다. 즉 말하자면 우리 '외부에서' 순환하도록 그것을 내주는 것이다. 그것은 예컨대 글쓰기의 형태를 취할 수 있고, 혹은 '지식체'의 확립이라는 형태를, 즉 창조자로부터 독립되어 타인들에 의해 첨가되고 변형될 수도 있는 '자기 나름의 생'을 갖는 지식의 확립이라는 형태를 취할 수 있다.

따라서 거세는 다른 분야에서의 다른 과정들과 연관될 수 있다. 예컨대 경제적 영역에서 보자면, 자본주의는 노동자로부터 일정한 양의 가치를, 즉 '잉여 가치'를 뽑아내거나 제하는 것을 요구한다. (노동자의 관점에서 볼 때, 플러스 혹은 잉여라기보다는 마이너스인) 그 가치는 노동자로부터 빼앗아져서—노동자는 상실의 경험에 종속된다—'자유' 시장이라는 **타자**에게로 옮겨진다. 7장에서 잉여 향유(라캉의 *Plus-de-jouir*)와 동등한 것으로 다루어진 잉여 가치는 '추상적인 시장의 힘들'의 '낯선' 세계 속에서 순환한다. 자본주의는 그 자신의 장場 안에 상실을 만들어 내며, 이는 거대한 시장의 메커니즘이 발달할 수 있게 한다. 마찬가지로 말하는 존재로서의 우리의 도래는 상실을 만들어 내며, 이 상실은 문명과 문화의 중심에 있다.

프로이트는 그가 모든 문화적 성취를 위해서 필수적인 것으로 간주했던 "본능의 포기"라는 측면에서 그 상실에 관해 논의했다. 그는 대개 그것을 오이디푸스 콤플렉스와 그것의 해결(하나의 사랑 대상을 포기하고 다른 대상을 다른 곳에서 찾아야만 하는 것)에 관련지었고, 여자아이들에게 요구되는 포기는 남자아이들에게 요구되는 포기보다 더 적다고 믿었다. 그래서 전체로서의 문화에 대한 여성의 기여가 상대적으로 더 적다고 간주된 것이다.

라캉의 작업에서 향유의 희생—그 희생의 정도가 과소평가되어서는 안 되는데, 왜냐하면 그 희생은 '눈곱만큼의 쾌락'만을 남겨 놓기 때문이다 —은 우리가 말을 해야만 한다고 하는 **타자**의 요구로 인해 필연적인 것이 되며, 오로지 자폐증자만이 이러한 희생을 막아낼 수 있다. 이 요구는 분명 모든 문화, 모든 지식체들과 묶여 있는 것인데, 왜냐하면 우리는 언어 없이는 그 어떤 문화나 지식체에도 접근할 수 없을 것이기 때문이다.

클로드 레비-스트로스는 친족 법칙들에서도 유사한 구조가 작동하고 있음을 암시한 것으로 이해해 볼 수 있을 것이다. 즉 여자의 교환 혹은 순환은 근친상간 금기[8]에 의해 야기된 근본적인 상실에 근거한다고 볼 수 있는 것이다. 그가 『구조인류학』에서 말한 바를 고찰해 보자.

> 사회 혹은 문화를 언어로 환원하지 않고 우리는 이 '코페르니쿠스적 혁명'을 시작할 수 있다. …… 그 혁명은 사회 일반을 소통 이론의 견지에서 해석하는 것으로 구성될 것이다. 이 시도는 세 가지 층위들에서 가능할 것인데, 왜냐하면 경제적 법칙들이 상품과 서비스들의 순환을 보증하는 데 봉사하는 것처럼, 그리고 언어 법칙들이 메시지의 순환을 보증하는 데 봉사하는 것처럼, 친족 및 혼인 법칙들은 집단들 사이에서의 여자의 순환을 보증하는 데 봉사하기 때문이다.[9]

이 인용문을 살짝 수정해서 소통의 이론을 기표의 이론으로 바꾸고, 여자

---

8) 예컨대 Roman Jakobson, *Six Lectures on Sound and Meaning* (Cambridge: MIT Press, 1978)에 붙인 그의 서문 p. xviii을 보라.

9) Claude Lévi-Strauss, *Structural Anthropology* (New York: Basic Books, 1963), p. 83. [국역본: 김진욱 역, 『구조인류학』, 82쪽, 종로서적, 1987.]

의 순환을 욕망의 기표의 순환으로, 상품과 서비스들의 순환을 잉여 가치의 순환으로, 메시지의 순환을 향유의 결여(와 그에 상응하는 잉여 향유)의 순환으로 바꾼다면, 우리는 세 개의 '체계들' 모두에서 동일한 구조를 발견하게 된다. 결여 혹은 상실이 발생하며 그것이 **타자** 내부를 순환한다는 것을 말이다.

라캉 그 자신은 정치적 영역에서 가져 온 하나의 사례를 제공한다.

> 나 자신의 신체의 향유 말고는 그 어떤 향유도 내게 주어지지 않으며 혹은 주어질 수 없으리라. 이는 직접적으로 분명한 것이 아니며, 그렇지 않을까 추정되는 것입니다. 그리고 사람들은, 이 좋은 향유, 그래서 자신의 유일한 자산인 이 향유 둘레로 인권이라고 불리는 소위 보편적 법의 보호막을 칩니다. 아무도 내가 적절하다고 생각하는 방식대로 내 신체를 사용하는 것을 막을 수는 없다는 것이지요. 그 제한의 결과는 …… 모두에게 향유가 고갈된다는 것입니다. (세미나 XIV, 1967년 2월 22일)

제한은 법이라는 형식으로 만들어지는데, 애초 그 법은 나에게 (타인들이 **그들이** 적절하다고 생각하는 방식대로 그것을 사용하는 것을 막는) 나 자신의 신체에 대한 배타적 향유의 권리를 부여하기 위해 고안된 것이다. 그러나 그럼에도 불구하고 바로 그 제한은 나 자신의 향유를 파괴하는 것으로 귀결된다.

이런 관념은 예컨대 『세미나 VII』에서의 라캉의 프로이트 독해에서 핵심적이다. 현실원칙은 궁극적으로 쾌락원칙에 이익이 되는 제약을 쾌락원칙에 가하는 것이지만, 너무 멀리 나아간다. 현실원칙이 부과하는 포기는 현실원칙이 수행한다고 간주되는 기능, 즉 쾌락원칙을 우회와 지연의 방식으로 유지하는 기능과 **부합하지 않는다.** 프로이트의 초자아가 그 한도를 넘어 버리는 것처럼(어떤 의미에서는 가장 윤리적으로 행위하는 이들에게 가장 가혹한 처벌을 가한다),[10] 법은 불가피하게 그 권한을 뛰어넘는다. 즉 상징적 질서는 우리 안에 있는 살아 있는 존재 혹은 유기체를 죽이고, 거기에다가 기표를 재기입하거나 덧기입한다. 그 결과 존재는 죽으며("문자는 살해한다"), 오직 기표만이 살아간다.

　제한, 결여, 상실. 이것들은 라캉의 논리에서 중심적인 것들이며, 라캉이 거세라고 지칭하는 것을 구성한다. 이것들은, 특수한 사례사에서 그리고 서구문화의 특수한 부문과 국면들에서, 종종 생식기, 즉 남성 기관의 발기 및 감퇴와 관련될 수도 있을 것이며, 성에 대한 또 아기가 어디서 오는가에 대한 아이들의 이론들과 관련될 수도 있을 것이다. 그렇지만 그런 특수성들은 결여/상실의 구조 자체에 비한다면 우연적인 것이다.

남근과 남근 기능

　사랑과 관심을 추구해 가면서 아이는 조만간 자신이 부모의 관심의 유일한 대상이 아니라는 사실에 직면한다. 부모의 다양한, 그리고 의심의 여지없이 잡다한 흥미의 대상들은 모두 한 가지를 공유한다. 그것들이 부모의 관심을 아이가 아닌 다른 곳으로 돌린다는 점이다. 아이의 세계 속에서 부모의 관심은 최고의 가치를 갖는다. 그것은 말하자면 금본위인

---

10) 『자아와 이드』(SE XIX), p. 54를 보라.

것이며, 다른 모든 가치들을 측정하는 기준이 되는 가치다. 아이로부터
부모의 관심을 돌리게 하는 모든 대상들과 행동들은 그렇지 않았더라면
결코 가지지 않았을 중요성을 띠게 된다. 한 기표가 아이를 넘어서는 부모
의 욕망의 그 부분을 의미하게 된다는 것은 (그리고 확장되어 그들의 욕망
일반을 의미하게 된다는 것은) 놀랄 일도 아니다. 라캉은 그것을 '욕망의
기표'라고 지칭한다. 그리고 "인간의 욕망은 **타자**의 욕망이다"는 점 때문
에, 그것은 또한 '**타자**의 욕망의 기표'로 지칭할 수 있다. 그것은 욕망할
가치가 있는 것의 기표, 욕망할만한 것의 기표다.

　다른 실천들이 그러하듯 정신분석적 실천은, 서구문화 일반에서 그 기표
가 남근이라고 제안한다. 그것이 선입관에 불과하다고 많은 이들이 주장하
고는 있지만, 정신분석은 그것이 임상적 관찰의 결과이며 그 자체로는
우연적인 것이라고 주장한다.[11] 그것은 임상실천에서 되풀이되어 입증되
며, 따라서 그것은 필연적이고 보편적인 규칙이 아니라 하나의 일반화를
구성한다. 그 기표가 다른 어떤 것이 될 수 없을 것이라는 그 어떤 이론적
근거도 없다. 그리고 어쩌면 어떤 다른 기표가 욕망의 기표의 역할을 하는
(혹은, 했던) 사회들이 있을지도 (그리고 있었을지도) 모르는 일이다.

　우리 사회에서는 왜 남근이 그 역할을 수행하게 되었는가? 라캉은 있을
수 있는 다양한 이유들을 제시한다.

　　우리는 이 기표가 실재적인 것으로서의 [상상적이거나 상징적인 것이 아닌
　　실재적인 행위로서의] 성적 교섭*copulation*에서 붙잡을 수 있는 것 가운데

---

11) 라캉이 『세미나 XX』에서 말한 대로, "남근 기능이 겉보기에는 필연적인 것으로 보이지만, 그것
　은 단지 우연적인 것으로 판명된다." (p. 87)

가장 두드러진 어떤 것으로서 선택된 것이라고 말할 수 있을 것입니다. 또한 그것이 문자 그대로의 (활자상의) 의미에서, 가장 상징적인 어떤 것으로서 선택된 것이라고 말할 수도 있을 것이다. 교섭에 있어서 그것은 (논리적) 계사copula에 상응하는 것이니 말입니다. 또한, 부풀어오름(팽창) 덕분에 그것은 세대를 거쳐 이어져 온 생명의 흐름의 이미지인 것이라고 말할 수도 있을 것입니다. (*Écrits*, p. 287; *Feminine Sexuality*, p. 83.)

남근의 사실상의 지위에 대해 어떤 이유들이 제안되든—그러한 이유들 모두는 그 본성상 '인류학적'이거나 상상적인 것이며, 구조적인 것은 아니 다—우리 문화에서 남근이 일반적으로 욕망의 기표로 봉사하고 있다는 사실에는 변함이 없다.12)

그런데 욕망의 기표는 욕망의 원인과 동일하지 않다. 욕망의 원인은 의미작용signification 너머에서 의미화 불가능한 상태로 머문다. 라캉 정 신분석이론에서 '대상 *a*'라는 용어는, 분명 **타자**의 욕망이 주체의 욕망의 원인으로 이바지하는 한에서 **타자**의 욕망을 의미하는 하나의 기표다. 그 러나 '이론 바깥에서' 어떤 역할을 담당하는 것으로 간주될 때의 대상 *a*는, 즉 실재로서의 대상 *a*는 아무것도 의미하지 않는다. 즉 그것은 **타자** 의 욕망이다. 그것은 실재로서의, 의미화되지 않는 것으로서의, 욕망함 desirousness이다.

반면 남근은 단지 기표일 뿐 다른 어떤 것도 아니다. 일상 언어에서도 그러하듯 이론에서도 그것은 욕망의 기표다. 따라서 대상 *a*는 실재적인,

---

12) 그리고, 중차대한 사회적 격변만 없다면, 남근이 한동안은 적어도 욕망의 한 기표로 계속 봉사하 게 될 것처럼 보인다. 아마도 다른 것들이 그것과 함께 존재하게 될 것이다. 혹은 이미 그러한지도 모른다.

말할 수 없는, 욕망의 원인인 반면 남근은 '욕망의 이름'이고 따라서 발음될 수 있다.

욕망이 항상 결여와 상관적인 한에서, 남근은 **결여의 기표**다. 욕망의 전치displacements와 변동은 전체로서의 구조 내부에서의 결여의 운동을 지시한다. 거세가 그 구조를 작동시키는 원초적 상실을 지칭한다면, 남근은 그 상실의 기표다. 라캉이 그의 1959년 논문 「어네스트 존스의 상징 이론에 관하여」에서 말하듯이, "남근은 …… 주체가 기표에 의해 야기된 파열[*morcellement du sinificant*] 때문에 겪게 되는 그 상실의 기표다"(*Écrits*, 1966, p. 715). 같은 논문의 다른 곳에서 라캉은 "남근은, 주체가 기표와 맺는 관계 속에서 주체를 규정하는, 존재의 결여[존재 속의 결여 혹은 존재하기를 원함(통상적으로 붙이는 대쉬부호가 없는 *manque à être*)]의 기표로서 기능한다"라고 말한다. 그것은 결국 주체가 기표와 맺는 바로 그 관계의 이면에 있는 존재의 상실이나 부재의 기표인 것이다. 즉 처음에 주체는 없으며, 기표는 주체가 도래하게 될 아직은 비어 있는 공간에 이름을 붙인다. 앞의 논문에 1966년에 붙인 후기에서 라캉은 "전치의 차원(상징적 유희 일체는 이 차원으로부터 도출된다)의 개시를 위해 필수적인 '자기 자리에 없음'[혹은 자기 자리에서 누락됨(*manque à sa place*)]에 의해 구성되는 결여의 자리로 하나의 상징이 들어온다"고 쓴다(*Écrits*, 1966, p. 722. 라캉은 존스의 상징 이론에 대해 언급하고 있기 때문에 '기표' 대신에 '상징'이라는 단어를 사용하고 있다). 여기서 분명한 것은 상징을 작동시키기 위해서는 어떤 것의 결여 혹은 상실이 요구된다는 것이다.[13]

이를 설명하는 가장 간단한 방법은 아마 다음과 같을 것이다. 만약 모든 필요들이 미리 충족된다면, 즉 아이가 배고픔, 축축함, 추위 혹은 그 밖의 어떤 불편을 느끼기도 전에 아이의 보모가 먹여 주고, 갈아 주고, 온도를 잘 맞춰 준다면, 아이가 왜 수고스럽게 말을 배우려 하겠는가? 혹은 아이가 울기 시작하자마자 젖가슴이나 젖병이 늘 즉각 아이의 입에 물려진다면 말이다. 먹을 것이 절대로 부족하지 않다면, 아이가 바라는 따뜻함이 결코 결여되지 않는다면, 아이가 왜 말을 하려고 고생하겠는가? 불안에 대해 논의하는 맥락에서 라캉이 말한 대로, "아이에게 가장 큰 불안을 낳는 것은, 아이가 존재하게 되도록 해 준—아이가 욕망하게 만드는 결여를 기반으로 한—그 관계가 극심하게 교란될 때입니다. 즉 결여의 가능성이 전혀 없을 때, 엄마가 항상 아이 뒤에 있을 때 말입니다"(세미나 X, 1962년 12월 5일). 결여가 없다면 주체는 결코 존재하게 될 수 없으며, 욕망의 변증법의 개화開花 전체는 억눌러진다.14)

남근의 경우 문제가 되는 결여는 "그 어떤 특수하거나 전면적인 요구의 좌절로 인해서라도 야기되는 소유의 결여[가지거나 소유하는 데 실패하는 것(*manque à avoir*)]이다"(*Écrits*, 1966, p. 730; *Feminine Sexuality*,

---

13) 도라 아버지의 **불능**과 그 불능이 도라의 복잡한 가족적/가족외적 배치 내에서의 여자 교환에서 수행하는 역할에 대한 그의 논평을 보라(*Écrits*, 1966, p. 219; *Feminine Sexuality*, pp. 65~66). 또한 문자들, 숫자들, 혹은 그에 대한 이미지들이 있는 작은 사각형들로 만들어지는 어떤 퍼즐의 작동을 고려해 보라. 사각형 하나가 빠지고, 그래서 놀이자가 다른 모든 것들을 한 번에 하나씩 재배치하면서 결정되지 않은 문장, 배치, 혹은 그림을 만들어 내기 위해 노력하는 놀이 말이다(*Écrits*, 1966, pp. 722~723).

14) 결여의 이러한 구조는 라캉의 전체 기표 이론—기표는 무언가가 사라져 버린 어떤 장소를 표시하는 것으로서 출현한다(기표가 도래하는 논리를 상세하게 발전시키고 있는 세미나 XI을 보라)—의 근간을 이루며, 그리고 그것은 수(특히 0과 1)의 논리에 관한 프레게의 작업에 대한 라캉의 주목할 만한 관심을 설명해 준다. 왜냐하면 프레게의 작업에서도 동일한 근본구조가 작동하고 있는 것처럼 보일 수 있으니까 말이다.

p. 91. 강조는 인용자의 것). 즉, 주체로 하여금 단순히 요구하게 만드는
것이 아니라 욕망하게 만드는 바로 그 결여다.

　라캉이 명명한 대로 이제 '남근 기능'이란 결여를 설립하는 기능이다.
즉, 언어가 행하는 소외작용 말이다. 앞으로 보게 되겠지만, 남근 기능은
라캉이 남성적 구조와 여성적 구조를 정의하는 데 있어서 핵심적 역할을
담당한다. 그 두 구조는 우리가 언어를 사용함—혹은 차라리 언어에 의해
사용됨—으로써 발생하는 분열, 즉 소외에 의해 설립되는 결여, 상실과
관련해서 상이하게 정의된다.[15]
　또한 앞으로 보게 되겠지만, (남근 기능에 의해 도입되는) 결여와 그
순환이 이야기의 전부는 결코 아니다. 라캉의 향유의 경제는 한 지점에서
희생된 것은 다른 지점에서 가감 없이 재발견된다고 하는 '향유 보존' 법칙

---

15) 라캉의 성적 차이에 대한 우리 시대 대부분의 독해들이 아버지와 남근을, 또 남근과 페니스를,
또 기타 등등을 서로 혼동하면서 과연 어느 정도까지 잘못된 길로 들어섰는지에 대해서는 이미
분명해 졌으리라 본다. 나는 여기서 Nancy Chodorow, *Feminism and Psychoanalytic Theory*
(New Haven: Yale University Press, 1989)의 사례 한 가지만을 인용하려고 한다. 각주에서
언급된 그녀의 근거들은 Juliet Mitchell, Jacqueline Rose, Jane Gallop, Shoshana Felman, Toril
Moi, Naomi Shor 등등이다. 라캉에 대한 그들의 작업을 독해한 것에 근거하여 초도로우는 라캉주
의자들이 다음과 같은 것을 승인하고 있다고 쓴다.

　아버지는 그의 남근에 의해 상징화[된다]…….
　성적 구성과 주체성은 남근을 소유하고 있는 그와 그렇지 않은 그녀에게 있어 상이하다.
　욕망의 이론에서 남근이 그 자체만을 대리하고 어머니의 욕망과는 관계조차 맺고 있지
　않기 때문에, 여자는 권리상 주체가 되지 못하며—남근을 결코 가질 수 없는 주체조차
　되지 못하며—단지 남성적 정신 속에서 하나의 상징 혹은 증상만이 될 뿐이다. (p. 118)

내가 보기에 라캉의 입장에 대한 [이와 같은] 혼동은 매우 전적이고 철저하기 때문에, 다른 필자들
의 해석을 [일일이] 비판하느니 차라리 라캉의 입장을 내가 이해하는 바대로 이 장에서 풀어
놓는 편이 더 나을 것이다.

에 의해 지배되는 닫힌 경제가 아니다. 프로이트의 경제에서 프로이트가
반복에 대해서나 초자아의 과잉적이고 부적합한 본성에 대해서 말할 때를
제외하고는 리비도가 보존되는 듯이 보이는 것과 마찬가지로, 라캉의 경
제에서도 우리가 오로지 의미작용을 하는 것으로서 기표에 의해 정의되는
상징적 세계에 관심을 국한하는 한에서만 결여와 욕망의 원활한 전치가
있는 것처럼 보인다. 실재를 포함하고 기표의 기표성signifierness[16]을
포함하는 데까지 우리의 관점을 넓힐 경우 모든 것은 달라진다.[17]

"성적 관계 같은 그런 것은 없다"

> L'être sexué ne s'autorise que de lui-même.
> —라캉, 세미나 XXI, 1974년 3월 9일[18]

---

16) [옮긴이 주] 라캉의 대상 개념은 크게 두 가지로 분류된다. *a*로서의 대상과 S(A)로서의 대상.
후자를 가리키는 라캉의 개념들이 *lettre*(letter)와 *signifiance*(signifierness)다. 특히 *signifiance*
의 경우는 일종의 신조어이기 때문에 번역하기가 매우 곤란하다. 여기서는 핑크가 이를 'signifier-
ness'(signifier +ness)로 옮긴 것을 따라 일단 '기표성'(기표+성)으로 옮기기로 한다. 그러나 이
개념이 '기표'와 유사한 어떤 것으로 이해되어서는 곤란하다. 그것은 기표가 갖고 있는 기표 너머
의, 즉 실재의 차원을 가리키며, 또 내포의 층위에서 차라리 기표와 구분되는 '문자letter'와 유사한
의미를 갖는다는 점을 염두에 두어야 할 것이다. 핑크의 다음 설명을 참조하라. "따라서 대상은
한 가지 이상의 기능을 갖는다: 1) 타자의 욕망으로서의 대상. 그것은 주체의 욕망을 끌어낸다.
2) 문자로서의, 기표의 기표성으로서의 대상. 그것은 물질성을 가지며, 다른 종류의 쾌락과 연관되
어 있는 실체다."(『라캉의 주체』, 서론) 이 글의 문맥으로 돌아오면, 1)은 대상 *a* 및 남근적 향유와,
2)는 S(A) 및 **타자적** 향유와 관련된다.

17) "가치"의 주관적 속성에 의존하는 증권시장의 현상들을 고려에 넣을 때, 자본주의를 닫힌 시스템
으로 보는 협소한 관점에서의 모든 것이 달라지는 것처럼 말이다.

18) 더 잘 알려져 있는 표현인 "*l'analyste ne s'autorise que de lui-même*"(분석가의 유일한 권위는
그 자신으로부터 나온다, 분석가는 오로지 그 자신에 의해서만 권위를 부여받는다, 혹은 어떤
사람이 분석가이기 위해 갖는 유일한 권위는 그 자신으로부터 나온다)에 근거하고 있는 이 문장은

사랑, 성, 그리고 언어를 연구하는 데 반세기를 바친 뒤, 1960년대 후반에 라캉은 그를 널리 알려지게 했던 저 폭탄 같은 표현들 중의 하나를 세상에 공표했다. "성적 관계 같은 그런 것은 없다"("*il n'y a pas de rapport sexuel*").19)

저 프랑스어 표현은 애매한데, *rapport sexuel*은 단순히 성교를 지칭하는 데 사용할 수도 있기 때문이다. 그렇지만 라캉이 사람들은 섹스를 하지 않는다고 주장하고 있었던 것은 아니다. 이는 좋게 말한다 해도 우스꽝스러운 주장이다. 여기서 그가 사용하고 있는 단어 *rapport*는 좀더 '추상적인', 관념들(관계, 관계방식, 비례, 비율, 분수 등등)의 영역을 암시한다.

라캉에 따르면 남자들과 여자들 사이에는, 그들이 남자이고 여자인 한에서 그 어떤 직접적인 관계도 없다. 달리 말하면 그들은 남자로서 여자에게 여자로서 남자에게, 서로 '상호작용'하지 않는다. 그들이 그와 같은

"성 구분된 존재(남자 혹은 여자)로서의 우리의 유일한 권위는 우리 자신으로부터 나온다"로 옮겨질 수 있을 것이다.

19) 이 구절을 번역하기 위해서 'to be' 동사를 사용하는 것이 갖는 문제점을 피해 갈 수 있는 어떤 방법을 영어에서는 발견할 수가 없었다. 라캉의 *il n'y a pas*는 여기서 "성적 관계는 존재하지 않는다 Sexual relationships does not exist"라고 말하는 것보다 더 [의미가] 강한데, 왜냐하면 "성적 관계는 탈-존하지 않는다 Sexual relationships does not ex-sist"는 것 또한 함축하기 때문이다. 즉, 실로 "그런 것은 없다 There ain't no such thing"인 것이다. 이 논점은 이 장의 뒷부분에서 다루어질 것이다. 여기서는 단지 이것만 말해 두기로 하자. 라캉은 두 가지 다른 관념들을 위해 두 가지 다른 종류의 정식화를 사용한다. 그가 "*L'Autr n'existe pas* 타자는 존재하지 않는다"라고 말할 때, 우리는 여전히 타자는 아마도 탈-존할 것임을 가정할 수 있다. 그러나 그가 "*Il n'y a pas d'Autre de l'Autre* 타자의 타자는 없다"라고 말할 때 그는 이 타자의 타자(타자의 너머 혹은 바깥)가 실상 탈-존하는지 아닌지를 숙고할 선택권을 우리에게 남겨 주지 않는다. 그것은 존재하지도, 탈-존하지도 않는다는 것이다. 라캉이 사실상 동일한 것을 적어도 1967년에 말한다는 것을 지적해 두기로 하자. "정신분석의 큰 비밀 중의 하나는 성적 행위 같은 그런 것은 없다는 것입니다."(세미나 XIV, 1967년 3월 12일.) 그가 '성적 행위sexual act'라는 말로 뜻하고자 하는 바는 성교sexual intercourse와는 아무 상관이 없다. 즉, 진정한 행위 혹은 그 말의 가장 충만한 의미에서의 행위가 아니라, 성적 행위는 항상 엉망진창인 행위*acte manqué*라는 말이다.

방식으로 관계를 맺는 도정에는 항상 무언가가 끼어든다. 무언가가 그들의 상호작용을 어긋나게 하는 것이다.

그러한 관계가—만약 존재한다면—무엇을 의미하겠는지에 대해 생각해 보는 다양한 방법들이 있다. 만약 남자와 여자를 상호적인 견지에서, 예컨대 음과 양이라는 대쌍들로 정의할 수 있다면, 혹은 그들을 능동성/수동성(프로이트 자신도 흡족해 하지 않았던 프로이트의 모델)과 같은 단순한 상보적 역전의 견지에서 정의할 수 있다면, 우리는 남녀의 관계라는 노선을 따라서 무언가 얻는 것이 있다고 생각할 수 있을지도 모른다. 심지어 우리는 남성성을 사인 곡선과 그리고 여성성을 코사인 곡선과 연결하는 것도 상상해 볼 수 있을지 모르겠다. 그렇게 하면 우리가 성적 관계로 간주할 수 있을 어떤 것을 다음과 같이 공식화할 수도 있을 테니 말이다: $\sin^2 x + \cos^2 x = 1$(<그림 1>).

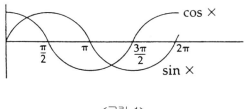

<그림 1>

이 특수한 공식의 장점은 그것이 남자들과 여자들이 서로에게서 찾고 있는 서로 다른 종류의 것들을 묘사하면서 프로이트가 말한 것을 매우 시각적인 방식으로 설명해 주는 것처럼 보이기 때문이다. "우리는 남자의 사랑과 여자의 사랑이 어떤 심리적 위상-차이에 의해 분리된다는 인상을

받는다"(SE XXII, p. 134[『새로운 정신분석강의』, 열린책들, 2004, 191 쪽]). 여기서 우리는, 남성 곡선과 여성 곡선의 겉보기의 이질성에 불구하고, 즉 그것들의 위상-지체phase-lag에도 불구하고, 그것들이 더해져서 하나가 되게 하는 그러한 방식으로 그것들을 결합할 수 있을 것이리라.[20]

그러나 라캉에 따르면 그러한 등치는 불가능하다. 성들 간의 진정한 관계로서의 자격을 가질 그 어떤 것도 말해지거나 씌어질 수 없다. 성들의 관계에 관해서는 그 어떤 상보적인 것도 없다. 또한 단순한 역전의 관계도 없으며, 그것들 간의 평행관계 같은 것도 없다. 오히려 각각의 성은 제3항과 관련해서 따로따로 정의된다. 따라서 오직 비관계만이 있으며, 성들 사이의 그 어떤 있음직한 직접적 관계의 부재만이 있다.

라캉이 보여 주려고 착수한 것은 이것이다. (1) 성들은 따로따로 상이하게 정의된다. (2) 성들의 '파트너들'은 대칭적이지도 겹치지도 않는다. 분석수행자들은 생물의학적/유전적으로 결정된 자신들의 성(생식기, 염색채 등등)이 사회적으로 규정되어 있는 남성성과 여성성의 관념들과 어긋날 수 있으며 동시에 (여전히 많은 사람들이 재생산 본능들에 근거한 것으로 가정하는) 성적 파트너에 대한 자신들의 선택과도 어긋날 수 있다는 것을 언제나 드러내 보여 주곤 한다. 그래서 분석가들은 성적 차이를 생물학적 견지에서 규정하는 것이 부적절하다는 사실에 끊임없이 부딪힌다. 라캉은『세미나 XVIII』에서 남자들과 여자들을 규정하는 엄격히 정신분석학적인 접근법을 탐구하기 시작하며 이를 1970년대 중반까지 계속한다.

그의 시도는 언뜻 보면 불필요하게 복잡하고, 프로이트적 기원을 갖는

---

20) [옮긴이 주] 앞에서 제시된 공식 $\sin^2 x + \cos^2 x = 1$을 염두에 둔 말이다.

너무 많은 '외적 재료'를 포함하는 것처럼 보일 것이다. 그러나 우리는 라캉이 성들을 구별하는 이 새로운 방법을 발전시켰을 때 그가 발명의 작업을 하고 있었다는 것을, 그리고 자신이 어디로 가고 있는지에 대한 투명한 생각을 반드시 늘 갖고 있었던 것은 아니라는 사실을 잊지 말아야 한다. 나는 우선 그의 이론의 주요 윤곽을 간략히 설명하려고 시도할 것이며, 오직 그런 뒤에만, 초보 독자들에게 심각한 장애물이 되는 수학소들에 대한 논의로 나아갈 것이다.21)

성들 사이의 구별

"순수한 남성성과 여성성은 불확실한 내용의 이론적 구성물로 남아 있다."
—프로이트, SE XIX, p. 258

라캉에 따르면 남자들과 여자들은 언어와 관련해서, 즉 상징적 질서와 관련해서 서로 다르게 정의된다. 신경증과 정신증 이해를 위한 라캉의 공헌이 정신증의 경우 상징계의 일부가 폐제되어서 실재로 귀환하는 반면 신경증에서는 그렇지 않음을 알려 주는 것과 마찬가지로, 남성성과 여성성은 상징적 질서에 대한 상이한 종류의 관계로서, 언어에 의한 상이한

---

21) 나는 여기서 성 구분 공식에 대한 라캉 자신의 해당 주석을 밀쳐놨는데 그것들은 내게 (1) 성적 차이에 관한 그의 가장 예리하고 광범위한 결론들을 산만하게 하는 듯 보이며 (2) 그 자신의 작업 과정에서 폐기된 것처럼 보인다. 그의 해당 주석은 흥미롭지 않은 것은 아니지만(그리고 독자는 그에 관한 상세한 논의를 원할 경우 각주 5에서 언급된 나의 초기 논문을 참고할 수 있을 것이다) 그러나 내가 지금 연구에서 초점을 맞추고 있는 것에 비하면 다소 쓸모가 덜하다는 것이 내 생각이다.

방식의 분열됨으로 정의된다. 그래서 그의 성 구분 공식들은 오로지 말하는 주체들에만—그리고 내 생각에, 오로지 신경증적 주체들에만—관계한다. 이 공식들에서 정의된 남자와 여자는 임상적으로 말해서 신경증자다. 신경증적 남자와 신경증적 여자는, 상징적 질서에 의해서 혹은 상징적 질서 내에서 그들이 소외되는 그 방식에서 다르다.

남자들

정신분석적 관점에서—생물학적/유전학적 구성과는 관계없이—남자들로 간주되는 이들은 '남근 기능'에 의해 전적으로 결정된다. 남근 기능은 언어에 의해 초래되는 소외를 가리키기 때문에, 남자에 대한 라캉의 주요 논점은 다양한 방식으로 표현할 수 있다.

- 남자들은 언어 내에서 전적으로 소외된다.
- 남자들은 상징적 거세에 완전히 종속된다.
- 남자들은 남근 기능에 의해 철저하게 결정된다.

욕망의 구성에 있어서 언어에 의해 허용되는 무한한 변환들에도 불구하고, 남자는 상징적 등록소register와 관련해서 경계 지어져 있거나 유한한 것으로 보일 수 있다. 욕망의 측면에서 번역해 보자면, 그 경계는 아버지와 그의 근친상간 금기다. 남자의 욕망은 결코 근친상간적 소망 너머로 나아가지 못한다. 그것은 실현 불가능한데, 왜냐하면 그것은 아버지의 경계선들을 넘어가는 것을 함축할 것이며, 그래서 신경증의 '정박점'—*le nom du père*, 즉 아버지의 이름이면서 동시에, *le non du père*, 즉 아버지의

"안 돼!"이기도 한 그것(*nom*과 *non*은 불어에서 동음이의어다)—을 뿌리 뽑는 것을 함축할 것이기 때문이다. 라캉의 작업에서 남성적 구조가 어떤 측면에서는 강박신경증과 동의어라는 것이 매우 분명하게 드러나는 것은 여기에서다.

언어학적으로 말해서, 남자의 한계는 상징적 질서 자체를 설치하는 한 계다. 그것은 의미화 사슬의 기원점이며 또한 원초적 억압(무의식 및 신경 증적 주체를 위한 자리의 설치)에 내포되어 있는 저 첫 번째 기표(S_1)—아 버지의 "안 돼!"—이다. 그것은 무의식을, 그리고 신경증적 주체를 위한 자리를 구성한다.[22]

남자의 쾌락도 유사하게 제한되는데, 그 경계선은 남근 기능에 의해 결정된다. 남자의 쾌락은 기표 자체의 유희에 의해 허락되는 것들, 그러니 까 라캉이 남근적 향유라고 부른 것, 그리고 유사하게는 상징적 향유[23]라 고 할 만한 것에 한정되어 있다. 여기에서는 사유 자체에 향유가 실려 있는데(세미나 XX, p. 66을 볼 것), 이는 강박증적 의심에 대한 프로이트의 연구('쥐 인간'의 사례를 고려하라)에서 충분히 뒷받침되었고 '정신적 자 위'라는 표현에 적절하게 반영되어 있는 어떤 결론이다. 몸과 관계하는 한, 남근적 혹은 상징적 향유는 기표에 의해 지시되는 기관만을 내포하며, 그리하여 그것은 기표의 단순한 연장延長이나 도구로 봉사한다. 라캉이

---

22) 세미나 XI에서 라캉은 S_1을 어머니의 욕망과 관련짓는데, 그것은 원초적 억압에서 S_2, 즉 아버지 의 이름에 의해 금지된다. 여기서 나는 S_1을 원초적 억압과, S_2를 이차 억압과 관계 짓고 있다. 그러나 이것은 편의를 위해 채택한 약속일 뿐이다. 내가 6장 각주 15번에서 언급했듯이, 라캉의 이론에서 S_1은 부성적 은유 속에서의 어머니의 욕망을 지시하는 것에서, 주인기표로 기능하게 되는 모든 기표를 지칭하는 것으로 이동한다.

23) 혹은 라캉이 세미나 XXI에서 표현하고 있는 바대로, "기호[학]적 향유semiotic jouissance"(1974 년, 6월 11일)라고 할 수 있다. 즉, **라랑그**로부터 발원하는 의미의 향유("jouis-sense") 말이다.

이따금씩 남근적 향유를 "기관 쾌락"(SE XVI p. 324)이라고 지칭한 것은
이 때문이다.

남자들의 환상은, 말하자면 상징적 질서에 서명하는 실재의 저 국면,
즉 대상 *a*에 묶여 있다. 대상 *a*는 상징계가 실재를 항상적으로 회피하면서
동일한 순환로를 움직이게끔 유지한다.24) '남자들'이라는 범주 아래 들어
오는 이들의 경우 주체와 대상 사이에, 상징적인 것과 실재적인 것 사이에,
일종의 공생관계가 존재한다. 그 둘 사이에 적절한 거리가 유지되는 한에
서 말이다. 여기서 대상은 다른 사람과 단지 지엽적으로만 관계 맺을 뿐이
다. 그래서 라캉은 그로부터 발원하는 향유를 그 본성상 자위행위적인
것이라고 지칭한다(세미나 XX, p. 75).

여자들

남자들이 남근 기능에, 기표의 지배권 하에 전적으로 속박되어 있는
것으로 정의되는 데 반해, 여자들(생물학적/유전학적 구성과는 무관하게
정신분석학적 관점에서 여자들로 간주되는 이들)은 전적으로 속박되지는
않는 것으로 정의된다. 여자는 남자와 동일한 방식으로 분열되지 않는다.
소외되긴 하지만, 상징적 질서에 완전히 종속되지는 않는다.25) 남근 기능

---

24) 대상 *a*에 대한 이런 관점은 「"도둑맞은 편지"에 관한 세미나」에 대한 라캉의 「보론」에 나와
   있다. 나는 이것을 책 말미의 부록 1과 2에서 얼마간 논의했으며, 「무의식적 사고의 본성 혹은
   왜 아무도 「"도둑맞은 편지"에 관한 세미나」에 라캉이 붙인 후기를 읽지 않는가」에서 상세히
   논의했다. 후자는 1989년 7월 파리에서 영어로 한 강연이며 이는 Bruce Fink, Richard Feldstein,
   Maire Jaanus 등이 편집한 *Reading Seminar I & II: Lacan's Return to Freud*(Albany: SUNY
   Press, 1995)에 수록되어 출판되었다.

25) 이는 "상징적 질서에 '전적으로 다all-together' 종속되지는 않는다"로 씌어질 수도 있을 것이다.

은 그녀의 경우에도 작동하지만 절대적으로 지배하지는 못한다. 상징적
질서와 관련하여 여자는 전체가 아니며, 경계 지어져 있거나 제한되어
있지 않다.

남자의 쾌락이 기표에 의해 완전히 결정되는 데 반해, 여자의 쾌락은
기표에 의해 부분적으로 결정되며, 전적으로 결정되지는 않는다. 남자들
은 라캉이 남근적 향유라 칭한 것에 한정되는 반면, 여자들은 남근적 향유
와 다른 종류의 향유 둘 다를 경험할 수 있다. 그 다른 종류의 향유를
라캉은 **타자적** 향유Other jouissance[26])라고 부른다. '여자들'로 분류될
수 있는 모든 주체가 그것을 경험한다는 것은 아니다. 종종 증명되듯,
전혀 그렇지 않다. 라캉에 따르면 그것은 어떤 구조적 잠재성이다.

정신분석학적으로 여자들로 분류될 수 있는 이들에게 가능하다는 저
타자적 향유란 무엇인가? 라캉이 '**타자적**Other'을 대문자 O로 썼다는
그 사실은 **타자적** 향유가 기표와 연관되어 있음을 보여 준다. 그러나 그것
은 S₁과의 연관이지 S₂와의 연관이 아니다. 즉 '그저 아무거나의' 기표와
연관되는 것이 아니라 (새로운 표현을 만들어 써 보자면) '**타자적** 기표
Other signifier'와 연관된다. 단일 기표, 근본적으로 **타자적**인 것으로 남
아 있는 기표, 다른 여타의 기표들과 근본적으로 다른 기표 말이다. S₁(아
버지의 "안 돼!")이 남자에게는 그의 움직임과 쾌락들의 범위에 대한 제한
으로서 기능하는 반면에, 여자에게 S₁은 하나의 선택적인 '파트너'인 것이
며, 그것과의 관계는 그녀로 하여금 언어에 의해 설정된 경계선 너머로,

26) [옮긴이 주] '다른 향유'라는 표현이 더 자연스러울 수 있겠지만, the Other의 역어인 '**타자**'와
　　일관성을 유지하고, 더 나아가 이 '다른 향유'가 라캉 이론 내에서 **타자**와 관련되어 있다는 점을
　　부각시키기 위해 '**타자적** 향유'라는 역어를 선택한다.

언어가 허용하는 눈곱만큼의 쾌락 너머로 나아가게끔 허락한다. 남자들
에겐 종점인 S_1이 여자들에겐 열린 문으로 기능하는 것이다.[27]

여성적 구조는 남근 기능이 한계들을 갖는다는 것을, 기표가 전부는
아니라는 것을 증명한다. 여성적 구조는 따라서 히스테리 담론(세미나
XVII과 이 책의 9장을 볼 것)에서 규정되고 있는 히스테리와 매우 밀접한
관계를 맺고 있다.

생물학을 넘어서

남자와 여자를 정의하는 라캉의 방식은 생물학과는 아무 상관이 없다.
그리고 그것은 (유전적으로) 남성인 히스테리증자와 (유전적으로) 여성
인 강박증자가 존재한다는 것에 대한 설명으로 이해될 수 있을 것이다.
남성 히스테리증자는, 나의 라캉 해석이 맞다면, 여성적 구조에 의해 특징
지어진다. 그는 잠재적으로 남근적 향유와 **타자적** 향유 둘 다를 경험할
수 있을 것이다. 여성 강박증자는 남성적 구조로 특징지어지며, 그녀의
향유는 그 성격이 배타적으로 상징적일 것이다.

임상이라는 유리한 지점에서 보면, 많은 수의 생물학적 여자들이 남성
적 구조를 갖고 있는 것으로 판명되며, 많은 생물학적 남자들이 여성적
구조를 갖고 있는 것으로 드러난다.[28] 그래서 분석가의 훈련과정 중의

---

27) **타자적** 향유를 보다 더 구체적인 방식으로 성격화하려고 시도할 때 우리가 맞닥뜨리게 되는
곤란은 출발점으로서의 S_1이 갖고 있는 바로 그 형언 불가능함과 접근 불가능함에서 기원한다.
그것은 어떤 분절적인, 추론적인 방식으로 직접 포착될 수 없다. 사실 S_1을 여기에서 아버지의
"No"로 보기 보다는 차라리 아버지의 "No"(S_2)에 의해 금지되는 어머니의 욕망이라고 생각할
수 있을 것이다. 그런 식으로 이해할 경우, **타자적** 향유는 어떤 의미에서는 언어가 구성되고
그로써 '상징계가 실현' 되기 이전의 어떤 쾌락을 '상기시키는' 것일 수 있다.

일부는 반드시, 여자는 히스테리이며 따라서 여성적 구조를 갖고 있는 것으로 특징지어질 수 있다고 직접적으로 가정하곤 하게 만드는 그 오랫동안 습관화된 생각을 깨는 것으로 이루어져야 한다. 개개인이 기표와 맺는 관계와 향유 양태는 보다 더 주의 깊게 조사되어야 한다. 즉 우리는 생물학적 성에 기초해서 곧장 결론으로 비약할 수는 없다는 것이다.[29]

매우 많은 사람들이 엄격한 생물학적 구별을 가로지른다는 사실은 아마도 '경계선장애boderline'라는 범주가 미국에서 널리 사용되고 있다는 사실을 부분적으로 설명해 주는 것 같다. 정신과 의사들이나 정신분석가들 그리고 심리학자들이 경계선장애라고 진단한 사람들은 정확하게는 저 경계선들을 가로지르는 환자들인 때가 왕왕 있다. (라캉은 경계선장애라는 범주를 노골적으로 거부한다.)

남성성과 여성성을 정의하는 라캉의 특유한 방식은 어째서 성들 사이의 관계 같은 그런 것이 없는지를 보여 준다. 그러나 이 논점이 명확해지려면 남자의 파트너와 여자의 파트너들이 아래에서 보다 더 상세하게 설명되어야만 한다. 라캉이 논리학으로 이탈하는 것이 매우 꺼려지는 사람들은 '파트너들의 비대칭'이라는 제목의 절로 건너뛰는 편이 나을 것이다.

---

28) 이 책의 남은 부분들에서 '남자의male'와 '여자의female'는 항상 생물학적/유전적 규정성을 지칭하는 반면, '남자man'와 '여자woman', '남자들men'과 '여자들women', '남성적masculine'과 '여성적feminine'은 항상 정신분석학적 규정성을 지칭한다.

29) [여기서 도출될 수 있는] 흥미로운 결론은, 분석가는, [한 자연인이 아니라] 분석가로서는, 성이 없다고까지 말할 수 있을 것이라는 점이다. 주인에 대해서도 마찬가지다.

성 구분 공식

세미나 XX에서 라캉은 하나의 도식(<그림 2>)을 제공한다. 이 도식의
일부를 그는 이미 수년 동안 연구해 왔었고, 이 도식의 다른 일부는 세미나
에서 그것을 칠판에 처음으로 그리기 전 그날 아침에 별안간 만들어 냈다
고 주장한다.

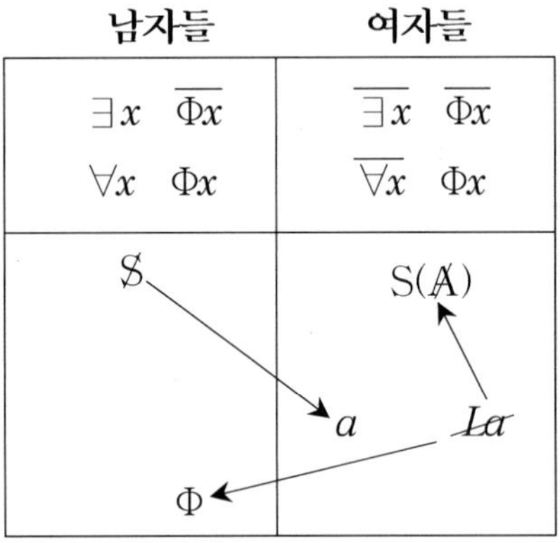

남자들	여자들
$\exists x \ \overline{\Phi x}$ $\forall x \ \Phi x$	$\overline{\exists x} \ \overline{\Phi x}$ $\overline{\forall x} \ \Phi x$
$\cancel{S}$	$S(\cancel{A})$ $a \quad La$ Φ

<그림 2>

나는 세미나 XX의 여러 구절들을 논평함으로써 이 도식에 대한 설명을
시작할 것이다.

남성적 구조

우리는 표의 맨 위에 있는 네 개의 명제적 공식들에서 시작할 것입니다.
왼쪽 편에 놓여 있는 두 공식과 오른쪽 편에 놓여 있는 두 공식 말이지요.
모든 말하는 존재는 그/녀 자신을 둘 중 어느 한 쪽 편에 배치합니다. 왼쪽

아래 줄—$\forall x\ \Phi x$—은 **전체로서의** 남자가 위치지어질 수 있는 것은 바로
남근 기능을 통해서라는 점을 가리킵니다. (p. 74, 강조는 저자)

따라서 공식 $\forall x\ \Phi x$는 한 남자의 전체는 남근 기능의 지배 아래로 들어간다
는 것을 의미한다(여기서 x는 어떤 주어진 주체나 그의 일부분을 나타내
며, Φx는 그 주체나 그의 일부분에 적용 가능한 것으로서의 남근 기능을
나타내며, $\forall x$는 x의 전체를 나타낸다).30) 이 공식을 말바꿈해 본다면,
남자는 상징적 거세에 의해 완전히 결정된다. 즉 그의 모든 것은 남김없이
기표의 지배권 아래로 들어간다는 것이다. 하지만 인용문으로 돌아가면
우리는 하나의 예외가 있다는 것을 보게 된다.

전체로서의 남자는, 기능 Φx를 거부하는 어떤 x의 존재—$\exists x\ \overline{\Phi x}$—때문에
이 기능이 제한되어 있다는 조건 하에서만, [남근 기능에 의해 결정된 것으
로서] 위치지어질 수 있습니다. 그것은 아버지의 기능이라고 알려진 그 무엇
입니다. …… 따라서 여기서 전체는 예외에 근거합니다. Φx를 완전히 부정
하는 항으로서 정립된 그 예외 말이지요. (p. 74, 강조는 저자)

남자는 그의 한계를 정하는 어떤 것이 있기 때문에 하나의 전체로서
간주될 수 있다(남근 기능이 폐제되는($\overline{\Phi x}$), 어떤 x[어떤 주체나 그의 일부

30) 양화사 $\forall$나 $\exists$에 친숙한 독자들은 그것들에 대한 라캉의 용법이 논리학에서의 일반적 용법과
아주 많이 다르다는 것을 애초부터 깨달아야만 한다. 특히 그는 $\forall x$를 '모든 x들'과 'x의 전체'라는
뜻으로 때에 따라 다르게 사용한다. 또한 그가 부정negation을 위해 상이한 기호를 채택할 때
그것은 상징논리에서 사용되는 단순한 (~) 이상의 어떤 것을 함축하는 것으로 이해되어야 한다.
부정의 선bar을 양화사 위에 놓았을 때와 함수 위에 놓았을 때의 서로 다른 뜻에 대해서는 아래에
서 간략히 요약된다.

분]가 존재한다(∃x)). 그는 그의 집합에 대한 규정 가능한 경계가 있기 때문에 전체로서 간주될 수 있다(<그림 3>).

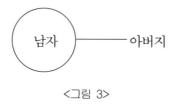

<그림 3>

성적 차이에 대한 라캉의 작업은 그 자신의 기표 논리의 견지에서 고전 논리학을 재가공하는 것에 근거하고 있으며 그것과 동연적coextensive이라는 점을 명심해야 한다. 기표는 결코 홀로 서지 않는다. 우리 주위에 암흑밖에 없다면, 즉 검정이 발견되지 않는 경우가 없다면, 우리는 검정에 대해 이야기할 수 없을 것이다. 검정이 의미를 갖게 되는 것은 검정이 아닌 어떤 것이 때때로 나타나기 때문이다. '검은'이라는 단어가 의미를 갖게 되는 것은 '흰'을 비롯한 여타의 모든 색깔과의 대립 속에서인 것이다.

라캉은 60년대 초반에는 집합론의 언어들을 사용하는 반면, 70년대 초반에는 고전 논리학의 기호들을 독창적으로 사용하면서 같은 생각을 계속 발전시킨다. 예컨대, 『에투르디』에서 그는 "그 어떤 보편적인 진술이라도 그것을 부정하는 어떤 존재를 통해서 통제되지 않을 수 없다"[31]라고 말한다. 잘 알려진 프랑스 격언을 말바꿈해서 달리 말하자면, **모든 보편적 주장**

---

31) 그래서 방금 언표된 이 보편적 주장에도 예외가 있어야만 할 것 같다! 라캉은 여기서 찰스 샌더스 퍼스를 반향하고 있다: "어떤 규칙은 어떤 한계가 없다면 아무 의미도 없다."

은 그 규칙을 증명하는 어떤 예외의 탈-존ex-sistence에 근거한다.[32]

따라서 (남근 기능에 의해 전적으로, 보편적으로 규정되는) 남자의 본질은 필연적으로 아버지의 존재를 함축한다. 아버지가 없다면, 남자는 아무것도 아닌 게 될 것이고, 형식이 없게informe 될 것이다. 그런데 (직유를 계속하자면) 경계로서의 아버지는 아무런 지역도 점유하지 않는다. 즉 그는 그의 경계 안에 2차원 평면을 규정하지만, 어떠한 공간도 차지하지 않는다. 남자의 남자다움의 한계를 표시하는 아버지는 단지 어떤 나이든 아버지인 것이 아니다. 라캉은 그 아버지를 프로이트의 『토템과 타부』에서 제시된 원초적 아버지와 관계 짓는다. 원시 무리의 아버지인 그는 거세에 복종하지 않았으며, 무리의 모든 개별 여자들을 통제한다고 가정된다. 모든 남자들이 상징적 거세에 의해 표시되지만, 그럼에도 불구하고 남근 기능이 적용되지 않는 한 남자가 존재/존속한다. 그는 상징적 거세에 복종함으로써 그의 자리에 배정된 적이 없다. 그는 법에 복종하지 않는다. 그는 그 자신의 법이다.

이 원초적 아버지는—언뜻 라캉의 남성적 구조 위쪽 공식($\exists x\ \overline{\Phi x}$)에서 이 원초적 아버지가 존재한다고 주장되고 있는 듯 보이는데—일반적인 의미에서 존재하는가? 아니다, 그는 탈-존한다. 그의 경우 남근 기능은 단지 다소 온건한 의미에서 부정되는 것이 아니다. 그것은 폐제된다(라캉은 양화사 위의 부정의 가로선은 부정합discordance을 나타내는 반면, 남근 기능 위의 부정의 가로선은 폐제를 나타낸다고 한다). 그리고 폐제는

---

32) 문법에서 부정합과 폐제에 대해서는 Jacques Damourette와 Edouard Pichon의 *Des mots à la pensée: Essai de grammaire de la langue française*, 7 vols.(Paris: Bibliothèque du française moderne, 1932~1951), 특히 vol. 1을 참조. vol. 6은 라캉이 언표의 주체와 언표행위의 주체를 구별하는 것을 이해하는 데 유용하다.

상징적 등록소로부터 무언가가 철저하고도 완전하게 추방된다는 것을
함축한다. 상징적 질서로부터 **폐제되지 않은** 것만이 존재한다고 할 수
있으므로, 존재는 언어와 나란히 가는 것이므로, 그와 같은 폐제를 함축하
는 원초적 아버지는 상징적 거세 바깥에 서서 탈-존해야만 하는 것이다.
우리는 분명 그를 위한 이름을 갖고 있으며, 따라서 그는 어떤 의미에서는
우리의 상징적 질서 내에 존재하는 것이지만, 또 한편으로는 그에 대한
바로 그 규정이 그 질서에 대한 거절을 함축하며 따라서 그는 정의상
탈-존하는 것이다. 그의 지위는 문제적이다. 1950년대로 돌아간다면 라캉
은 그 원초적 아버지를 '외밀한extimate' 것, 즉 내부로부터 배제된 것으로
서의 자격을 부여했을지도 모를 일이다. 그러나 그는 탈-존한다고 말해질
수 있는데, 왜냐하면 대상 a가 그렇듯이 원초적 아버지는 씌어질 수 있기
때문이다. $\exists x \; \overline{\Phi x}$라고 말이다.

　원시 무리의 신화적 아버지는 거세에 복종하지 않았다고 할 때, 상징적
거세가 제한 혹은 한정이 아니면 무엇이겠는가? 따라서 그는 어떠한 제한
들도 알지 못한다. 라캉에 따르면 원초적 아버지는 모든 여자들을 동일한
범주로, '접근 가능한'이라는 범주로 묶어 버린다. 모든 여자들의 집합은
그를 위해, 그리고 그만을 위해 존재한다(<그림 4>). 그의 어머니와 여자
형제들은 그의 이웃들, 육촌들과 다를 바 없는 먹잇감들일 뿐이다. 거세
(이 경우엔 근친상간 금기)의 효과는 저 신화적 집합을 적어도 두 개의
범주로 분할하는 것이다. '접근 가능한'과 '접근 불가능한'으로 말이다. 거
세는 어떤 배제를 야기한다. 엄마mom와 누이sis는 접근 금지 대상이 되는
것이다(<그림 5>).

<그림 4>

<그림 5>

그러나 거세는 남자가 접근할 수 있는 대상으로 남아 있는 저 여자들과 맺는 관계조차도 변화시킨다. 즉 그 여자들은 어떤 의미에서는 단지 접근 금지 대상이 아닌 것으로서만 규정되게 된다. 세미나 XX에서 라캉은 남자는 비거세라는 위치에서만 진정으로 여자를 향유할 수 있을 것이라고 말한다. 여자를 향유한다*jouir d'une femme*는 것은 한 여자를 즐긴다는 것, 그녀를 진정으로 만끽한다는 것, 그녀를 충분히 활용한다는 것을 의미한다. 이는 우리의 쾌락이—예컨대 그녀의 모습이라고 상상하는, 그녀의 모습이길 원하는 어떤 것, 혹은 어리석게도 그녀의 모습일 것이라고, 그녀가 가지고 있을 것이라고 믿는 어떤 것으로부터가 아니라—진정 그녀로부터 나온다는 것을 함축한다. 오로지 원초적 아버지만이 진실로 여자들 그 자체를 즐길 수 있다. 평범한 남성적 유한자들은 그저 체념하고, 그들의 파트너, 대상 *a*를 즐기는 것으로 만족해야만 한다.

따라서 오직 신화적인 원초적 아버지만이 어떤 여자와 진정한 성적 관계를 가질 수 있다. 그에게는 성적 관계 같은 그런 것이 있다. 다른 모든 남자는 여자 그 자체가 아닌, 대상 *a*—즉, 환상—와 '관계'를 갖는다.

모든 각각의 남자가 그럼에도 불구하고 두 공식—한 공식은 그가 완전히 거세된다는 것을 규정하고 있고 다른 공식은 어떤 심급*instanz*은 거세를 부정하거나 거부한다는 것을 규정하고 있다—에 의해 정의된다는 사실은 근친상간적 소망이 무의식 속에서 언제까지나 잔존한다는 것을 보여준다. 모든 남자는 거세(여자들이라는 범주가 두 개의 다른 그룹들로 분열되는 것)에도 불구하고 근친상간적 꿈을 갖는다. 그 꿈에서 그는 한계를 모르는 아버지, 쾌락을 발견하는 상상된 아버지의 특권을 자신에게 부여한다.

잠시 **계량적인***quantitative* 용어들로 말해 보자면, 여기서 라캉이, 옛날에는 거세의 법칙에 예외가 있었다면 이제 당신은 언제든 한 남자를 만났을 때 그가 거세되어 있다고 절대적으로 확신할 수 있을 것이라고 말하고 있는 것처럼 보일 수도 있을 것이다. 그래서 당신은, 생물학적으로가 아니라 정신분석학적 용어로 남자인 모든 사람들은 거세되어 있다고 말해도 무방하다. 그러나 남자들은 전적으로 거세되어 있는 것이지만, 그럼에도 불구하고 어떤 모순이 있다. 비거세—어떤 경계도, 어떤 제한도 알지 못함—라는 이상은 모든 각각의 남자들에게 어딘가에서, 어떤 식으로든 잔존한다는 것 말이다.

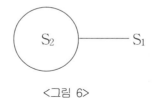

<그림 6>

<그림 3>을 수정하자면, 남성적 구조는 <그림 6>처럼 그릴 수 있다. S_2는 $\forall x\ \Phi x$에 대응되며 여기서는 아들을 나타낸다. 반면 S_1은 $\exists x\ \overline{\Phi x}$에 대응되며 아버지를 나타낸다.

$$\text{아버지} \quad \exists x\ \overline{\Phi x} \quad S_1$$
$$\text{아들} \quad \forall x\ \Phi x \quad S_2$$

성 구분 공식에 대한 이런 부분적인 설명으로도 이미 라캉의 논의가 다층적이라는 점과 프로이트뿐만 아니라 논리학과 언어학으로부터 가져온 재료 역시 포함하고 있다는 것이 어느 정도는 명확해졌으리라.

여성적 구조

여성성을 정의하는 두 공식들에 대해 말하자면, 우리는 먼저 해부학과는 무관하게 '여자들'이라는 정신분석적 범주로 귀속되는 어떤 여성의 전부가 남근 기능에 의해 규정되는 것은 아니라는 것을 발견한다($\overline{\forall x\ \Phi x}$). 즉 한 여자의 전부가 기표의 법 아래로 들어오는[33] 것은 아니다(남근

---

33) '들어온다come'는 여기서 양의적으로 이해되어야 한다.

기능이 x에 적용되는 것은(Φx) x[주어진 주체]의 전체에 대해서 혹은 x의 모든 부분에 대해서인 것은 아니다($\overline{\forall x}$)). 라캉은 이 생각을 긍정적인 어구들로 표현하고 있지 않다. 예컨대 모든 개개의 여자의 일부는 남근의 지배에서 벗어난다와 같은 진술로 말이다. 그는 그것을 어떤 필연성이 아니라 하나의 가능성으로 남겨 둔다. 그러나 그럼에도 불구하고 그 가능성은 성적 구조의 결정에 있어서 결정적이다.

두 번째 공식($\overline{\exists x}\ \overline{\Phi x}$)은, 남근 기능이 완전히 작동하지 않는 단 한 명의 여자도 발견할 수 없을 것임을 진술한다. 즉 모든 여자는 **적어도 부분적으로**는 남근 기능에 의해 결정된다는 것이다(남근 기능이 적용될 수 없는($\overline{\Phi x}$) 단 하나의 x[주체 혹은 그의 부분]조차도 존재하지 않는다($\overline{\exists x}$)). 만일 남근 기능이 **전적으로** 작동하지 않는 주체가 있다면, 그/녀는 정신증자일 것이며, 남근 기능 위에 있는 가로선은 폐제를 지시한다.34)

여성적 구조에 대한 두 공식을 처음 설명할 때 유용하다고 생각되는 종류의 이미지는 탄젠트 곡선이다(<그림 7>).

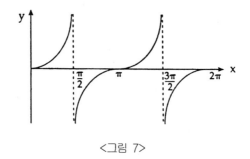

<그림 7>

---

34) 원초적 무리의 아버지는 이런 의미에서 정신증자로 간주되어야만 한다.

π/2 지점에서 곡선은 도표 바깥으로 나가버리며, 그러다가 신비롭게도 다른 쪽에서 재등장한다. 우리는 π/2 지점에서 그것에 어떤 실제 값도 부여할 수 없다. 그리고 "y의 값은 x가 0에서 π/2로 가면서 양의 무한대로 접근해가고 x가 π에서 π/2로 가면서 음의 무한대로 접근한다" 정도의 표현에 의존할 수밖에 없다. 아무도 곡선의 두 면이 어떻게 만나는지 실제로 알 수는 없다. 그러나 우리는 그 지점에서 그것의 값에 대해 말하기 위해 어떤 상징[기호] 체계를 채택한다. 여성적 구조에 대한 아래쪽 공식($\forall x \ \Phi x$; <그림 2>를 볼 것)과 연관되어 있고 '**여자들**'의 범주로 귀속되는 이들에 의해 잠재적으로 경험될 수 있는 **타자적** 향유의 지위는 π/2 지점에서 탄젠트 곡선의 값에 가깝다. 그것은 좌표 바깥으로, 표상의 도표 바깥으로 나가 버린다. 그 지위는 논리적 예외의 지위, 즉 전체를 의문에 빠뜨리는 어떤 사례에 가깝다.

공식 $\exists x \ \overline{\Phi x}$는 어떤 의미에서 다음과 같은 사실을 요약한다: 한 여자의 전부가 남근 기능에 의해 결정되는 것은 아님에도 불구하고, 남근 기능을 거부하는 그녀의 어떤 부분의 **존재**를 주장하는 것은 남근 기능에 대해 '아니오'라고 말하는 그 무언가는 그래도 남근 기능에 종속되어 있다고, 상징적 질서 안에 위치한다고 주장하는 것이 될 터이다. 왜냐하면 존재한다는 것은 상징적 등록소 안에서 자리를 차지하는 것이기 때문이다. 라캉이 남근을 넘어서는 여성적 심급이 **존재한다**고 주장하지 않은 것은 그 때문이다. 그는 로고스와 관련하여, 욕망의 기표에 의해 구조화되는 상징적 질서와 관련하여, 여성적 심급의 근본적 타자성을 주장한다. 공식 $\exists x \ \overline{\Phi x}$는, 이 '남근을 넘어서는 영역'의 **존재**를 부인하는 반면, 앞으로 보게 되겠지만 결코 그것의 **탈-존**을 부인하지는 않는다.[35]

따라서 여자는 남자보다 여하간 덜 '완전한' 것이 아니다. 즉 남자는 남근 기능과 관련해서만 전체이다.[36] 여자는 남근 기능의 견지에서 고려될 때를 제외한다면 남자보다 결코 덜 '전체적'인 것이 아니며, 남근 기능과의 관계를 제외한다면 남자보다 결코 더 '비규정적'이거나 '부정不定的'이지 않다.

파트너들의 비대칭

남근: 여자의 파트너들 중의 하나

이제 성 구분 공식들의 아래쪽에 자리 잡고 있는 상징들, 혹은 라캉이 수학소라 부르는 것들을 검토해보자. <그림 8>에서 우리는 어떤 의미에서 여자는 전체가 아니라는 것을 상징하는 횡선 그어진 La—이것의 한 의미는 여자는 전체가 아니라는 것을 상징화하는 것에 있다—를 보게 되는데, 그것은 한편으로는 (**여자**의 파트너들을 가리키는 화살표에 의해) Φ(파이, 즉 기표로서의 남근)에 연결되어 있고, 다른 한편으로는 S(Ⱥ), 즉 **타자** 안의 결여의 기표에 연결되어 있다.

---

35) 남성적 구조의 경우에서 $\exists x \overline{\Phi x}$가 결국 어떤 존재를 정립하는 것이 아니라 차라리 어떤 탈-존을 정립하는 것처럼 말이다. 따라서 고전적 논리학의 기호들과는 대립되는 라캉의 기호들에서 $\exists x$는 "어떤 x가 탈-존한다"를 의미하는 반면, $\overline{\exists x}$는 그것의 탈존에 관한 어떤 것도 명문화하지 않고 단지 x의 존재 가능성만을 부정한다.

36) 어떤 다른 의미에서는, 그는 그의 파트너인 대상 a가 없다면 확실히 전체가 아니다. 그리고 그가 그의 파트너와 일치되었을 때 획득되는 충만은 기껏해야 환상적인 것으로 남는다($\$\Diamond a$).

나는 이 장의 도입부에서 욕망의 기표로서의 남근에 대해 얼마간 상세히 논의했다. 라캉이 여기에 덧붙이는 것은 한 여자는 우리 문화에서는 일반적으로 한 남자 혹은 '남성적 사례', 그러니까 '남자들'이라는 정신분석학적 범주 아래로 들어오는 그 누군가를 통해서 욕망의 기표에 접근하게 된다는 관념이다.

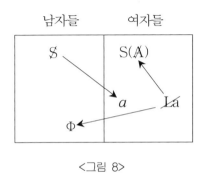

<그림 8>

S(A) : 여자의 다른 파트너

Si quelque chose ex-siste à quelque chose, c'est très précisément de n'y être pas couplé, d'en être "troisé," si vous me permettez ce néologisme.
—라캉, 세미나 XXI, 1974년 4월 19일[37]

도표를 다시 보면, 여자들은 한편으로는 남근과 '짝지어져coupled' 있지

---

37) "어떤 것이 다른 어떤 것에 대해 탈-존한다는 것은 정확히 말해 쌍을 이룬다는 것이 아니라 '삼항조를 이룬다troisées'는 것을 의미합니다."

만, 또한 **타자** 안의 결여/구멍의 기표와도 함께 풀리지 않는 '삼항조를 이루고 있음tripled'(*troisées*)을 보게 된다.38)

그 결여는 언어에 욕망이 적재되어 있음을 보여 주는, **타자**의 화신으로서의 어머니와 아버지가 완전하지 않으며 무언가를 원한다(결여한다)는 것을 보여 주는—욕망과 직접적으로 상관적인—결여가 아니다. 왜냐하면 욕망을 함축하는 결여(혹은 결여를 함축하는 욕망)의 기표는 남근 기표 그 자체니까 말이다. 라캉은 70년대에는 S(A)에 대해서 그리 말을 많이 하지는 않기 때문에, 여기서 그것의 기능에 대한 나 자신의 설명을 제공하려고 한다.39)

5장에서 나는 라캉이 세미나 VI에서 햄릿에 관해 논의할 때의 그 맥락에서 S(A)를 '타자의 욕망의 기표'라고 말했다. 라캉 작업의 그 단계에서 S(A)는 기표로서의 남근을 가리키는 라캉의 용어처럼 보인다. 그래서 어떤 의미에서 그것은 라캉이 처음으로 상상적 남근(-φ)과 상징적 남근(Φ)을 구별할 수 있게 한 것이다. 라캉의 텍스트에서 상징들의 의미는 종종 상당히 오랜 시간에 걸쳐 진화되는바, 나는 S(A)가, 세미나 VI과 XX 사이에서, **타자**의 결여 혹은 욕망의 기표를 지칭하는 것에서 '최초의' 상실40)의 기표를 지칭하는 것으로 이동한다고 제안하려 한다. (라캉의

---

38) [옮긴이 주] 앞에서 이미 저자는 남자의 파트너를 단수로, 여자의 파트너를 복수로 표시한 바 있었다.

39) 이 장을 쓸 당시 나는 *L'Autre sexe*(**타자**적 성 혹은 **반대**의 성)를 특집으로 하는 *La Cause freudienne*의 최근호를 몰랐다. 여기에는 내가 아래에 제공한 해석과는 다른, S(A)에 관한 많은 흥미로운 언급들이 있다.

40) 이는 S(a)로 쓰어질 수도 있겠다. 라캉이 S(A)에 관해 말하고 있는 것들 중에서 적어도 하나는 나의 해석을 확증하지 않는다는 점을 지적해 두자. "S1과 S2는 내가 분열된 A로 가리키고자 한 바로 그것입니다. 그것을 나는 별도의 기표 S(A)로 만들었습니다."(세미나 XXIV, 1977년

텍스트에서 흔히 그렇듯이, 저 이동은 등록소에서의 변화, 즉 상징적인 것으로부터 실재적인 것으로의 변화에 상응한다. '남자들' 아래에서 발견되는 모든 원소들이 상징계와 관계하는 반면, '여자들' 아래의 모든 원소들은 실재와 관계한다.)

저 최초의 상실은 매우 다양한 방식으로 이해할 수 있다. 그것은 원억압이 일어날 때, 상징계와 실재의 접경지대에서의 "첫째" 기표(S_1, 엄마**타자** mOther의 욕망)의 상실로서 이해할 수 있을 것이다. 첫째 기표의 '사라짐'은 의미화 질서 그 자체의 설치에 필수적이다. 즉 배제는 다른 어떤 것이 존재하게 되는 데 필수적이다. 배제되는 저 첫째 기표의 지위는—(상징계와 실재 사이에 있는) 보다 경계선적인 현상이라는 점에서—다른 기표들의 그것과는 매우 다르며, 주체의 기원에 있는 원초적 상실 혹은 결여의 지위와 밀접한 친연성을 갖는다. 나는 최초의 배제 혹은 상실은 하나의 표상 혹은 기표, 즉 S($\cancel{A}$)를 아무튼 **발견한다**고 제안하려 한다.

그렇다면 실재적인 그 무엇(실재적인 상실이나 배제)이 하나의 기표를 발견한다는 것은 무엇을 의미하는가? 왜냐하면 실재는 일반적으로 의미화될 수 없는 것으로 간주되니 말이다. 만약 실재가 하나의 기표를 발견한다면, 그 기표는 매우 일반적이지 않은 방식으로 작동하고 있는 것이 분명하다. 기표는 일반적으로 실재를 대체하고, 횡선 긋고, 무화시키니까 말이

5월 10일). 이 인용문은 적어도, S($\cancel{A}$)이 라캉 사유의 그 지점에서는 분열된 혹은 빗금 처진 **타자**, 즉 불완전한 **타자**의 기표라는 점을 분명히 보여 준다. 그러나 S($\cancel{A}$)를, 결여하고 있거나 욕망하고 있는 **타자**the Other as lacking or desiring의 기표와 등치시키는 한에서만 그것은 타자의 욕망의 기표(내가 제안하고 있는바, S(a)로 씌어질 수 있을 것이다)와 관계한다. 이와 같이 진술할 경우 그것은 남근(Φ)과 등치될 수 있을 것이다. 반면 내 말의 뜻은 여기서 문제가 되고 있는 것이 잃어버린 것으로서의 (엄마)타자의 욕망, 혹은 잃어버린 엄마-아이의 합일이라는 것이다.

다. 즉 그것은 한 주체를 다른 기표에 대해 의미화하지만, 실재 그 자체를 의미화하지는 않는 것이다.

나의 생각은 이렇다. 라캉이 세미나 XX에서 특별히 여성적 향유와 연결시키고 있는 <그림 8>에 나오는 S(Ⱥ)는 일종의 충동들의 프로이트적 승화를, 충동들이 완전히 만족되는 그 승화(이 **다른** 종류의 만족은 라캉의 '**타자적** 향유'라는 표현 배후에 있는 것이다)를 가리키며, 또한 일종의 라캉적 승화를, 평범한 대상이 **사물**의 지위로 격상되는 승화를 가리킨다 (세미나 VII을 볼 것).41) 프로이트적 **사물**은 하나의 기표를 발견하는데, 간단한 예로는 '신', '예수', '마리아', '성처녀', '예술', '음악' 등이 있을 것이다. 그리고 기표의 **발견**은 어떤 조우(τυχή)42)로서, 즉 어떤 의미에서는 우연적인 것으로 이해해야만 한다.

우리가 종교적 열락이나 황홀, 혹은 예술가나 음악가의 작품과 관련지을 수 있을 상상적 만족과는 별개로 획득되는 어떤 **실재적** 만족이 있다. 그리고 그것이 라캉이 말한바, 여성적 구조를 갖는 이들에게 주어지는 '신경증 너머'가 뜻하는 바라고 난 생각한다. 5장과 6장에서 나는 신경증 너머에 대한 라캉의 첫 번째 개념화를 (처음엔 역설적으로 들리겠지만)

---

41) 승화에 대해서는 이 장이 씌어진 뒤에 출간된 잡지 *La Cause freudienne*의 (승화 특집) 최근 호(*Critique de la sublimation*, 25[1993년 9월])를 보라.

42) [옮긴이 주] 'tyche'를 가리킨다. 이는 (행/불)운, 우연, 운명 등을 의미하는데, 라캉은 실재와의 대면이 늘 '우연'의 형식으로 일어난다는 점을 말하면서 이를 아리스토텔레스의 tyche의 개념과 연결시킨다. "우선, 티케tuché는 지난 시간에 내가 여러분에게 말한 대로 아리스토텔레스로부터 빌려 온 것인데, 그는 그것을 원인에 대한 그의 탐구에서 사용합니다. 우리는 그것을 실재와의 조우라고 번역해 왔습니다. 우리가 쾌락원칙에 의해 지배됨을 보여 주는 오토마톤automaton, 즉 귀환, 회귀, 기호sign의 고집 너머에, 실재는 있습니다. 실재는 항상 오토마톤 뒤에 놓여 있으며, 프로이트의 탐구를 통해 보건대 그의 관심의 대상이 바로 이것[실재]이었음은 명백합니다." (세미나 XI, 영어판, p. 53~54)

원인을 의미화하기, 그 자신의 원인이 되기로 특징지었다. 세미나 XX에 이르면 라캉은 그것을 신경증 너머로 가는 하나의 길로, 남성적 구조로 특징지어지는 이들의 길로 보고 있는 듯하다. 다른 길—승화의 길—은 여성적 구조로 특징지어지는 이들에게 특수한 것이다.[43]

남성적 길을 욕망(자신의 욕망의 원인이 되기)의 길이라고 할 수 있다면 여성적 길은 사랑의 길일 것이다. 그리고 앞으로 보게 되겠지만, 남성적 주체화가 작용인(기표)[44]으로서 타자성의 사유화私有化를 수반한다고 간주할 수 있다면, 여성적 주체화는 질료인(문자)[45]으로서 타자성의 사유화를 수반할 것이다. 그렇다면 이 둘은 모두 원인 혹은 타자성의 주체화를 요구하는 것이되, 다른 국면의 주체화를 요구하게 될 것이다. 나는 이 주제로 잠깐 되돌아올 것이다.

---

43) 이는 충동들의 승화가 남성적 구조로 특징지어지는 이들에게는 결코 일어나지 않는다는 점을 함축하는 것으로 이해되어서는 안 된다. 프로이트에 따르면, 모든 탈성화는 충동들의 승화를 함축한다. 비록 그가 모든 자아와 초자아의 작용들—이는 탈성화를 요구한다—이 완전한 만족을 제공하는 것이라고 암시하지는 않았지만 말이다. 강박증은 충동들이 전적이고도 완전하게 탈성화되는 그런 범주로 즉각 특징지어질 수 있다(아마도 사유만이 성화된 채로 남을 것이다). 그럼에도 불구하고 이드가 자아와 초자아로 전환되는(말하자면 '쾌락'에서 '현실'로 전환되는) 것에 수반되는 승화와 충동들의 완전한 만족으로 이어지는 승화가 수반하는 것 사이에는 뭔가 상이한 것이 명백히 존재한다.

44) *Écrits*, 1966, p. 839; 영어본으로는 Bruce Fink, Richard Feldstein, Maire Jaanus가 편집한 *Reading Seminar XI: Lacan's Four Fundamental Concepts of Psychoanalysis*(Albany: SUNY Press, 1995)의 p. 268을 보라.

45) *Écrits*, 1966, p. 875를 보라(영어판은 "Newsletter of the Freudian Field 3(1989): 22). 그리고 이 장에서 '남성적/여성적—기표/기표성' 부분을 보라.

여자는 존재하지 않는다

성 구분 공식 아래 쪽 표에서 *La*는 "**여자**는 존재하지 않는다"라는 관념을 위한 라캉의 속기速記이다. 즉 **여자** 그 자체를 위한 기표나 **여자** 그 자체의 본질은 없다는 것이다. **여자**는 따라서 지워지는 한에서만 씌어질 수 있다: **여자**와 같이 말이다. 라캉이 제안한 바대로 만약 그러한 기표가 없다면—기저에 놓여 있는 생각은 아무튼 남근은 **남자**의 기표 혹은 **남자**의 본질이라는 것이리라, 남근 기능은 그를 정의하는 것이니까 말이다—, S(Å)가 **여자**의 파트너들 중의 하나라는 사실은 하나의 기표가 조우되고 채택될 수 있을 것임을, 하나의 기표가 어떤 의미에서는 저 잃어버린 정의 혹은 본질의 자리를 차지하게 됨을 암시한다. S(Å)는 레디-메이드도 아니고 프레 타 포르테*prêt à porte*[46])도 아닌 어떤 기표를 대리하며, 어떤 새로운, 하지만 여자가 종속되어 있지는 않은, 주인기표(S₁)의 버림을 표상한다. 남자는 항상 주인기표에 종속되는 반면, 주인기표에 대한 한 여자의 관계는 근본적으로 달라 보인다. 주인기표는 남자에게는 한계로 기능하지만, 여자에 대한 관계에서의 S(Å)는 그렇지 않다.

사회적으로 말하면, **여자**의/**여자**를 위한 기표는 없다는 라캉의 단언이, 우리 문화에서 한 여자의 위치가 그녀가 파트너로 채택하는 그 남자에 의해 자동적으로 규정되거나, 아니면 엄청난 곤란을 겪어야만 규정된다는 사실과 관련이 있다는 것은 의심의 여지가 없다. 달리 말하면, 그녀를 규정하는 다른 방법을 찾는 일은 지난한 일이며 장애를 동반하는 일이라는 것이다.[47]) 서구의 사회적 **타자**는 그런 시도들을 결코 호의적으로 보지

---

46) [옮긴이 주] 원뜻은 '주문 제작식 고급 기성복'이다.

않는다. 그리고 그 때문에 그로부터 도출될 수 있는 만족은 종종 망쳐진다. 음악, 예술, 오페라, 연극, 무용, 그리고 여타의 '고급예술'은 저 **타자**에 의해 매우 잘 받아들여지지만, 한 남자와의 관계가 일차적인 것으로 증명되지 않을 때엔 덜 그러하다. 그리고 과거에는 여자들이 수녀원에서 신앙 생활에 헌신하고 남성과의 규정적 관계를 기피하는 것이 꽤 많이 용납되었던 반면, 오늘날에는 그러한 의존에 대해서조차도 눈살을 찌푸리는데, 다시 말하면 **타자**는 특정한 종교적 기표들을 채택하는 것을 점점 더 어렵게 만들고 있는 것이다. 왜냐하면 S(A)와의 관계가 어떤 조우에 의해 확립되는 것이라면, 그러한 조우는 여자 자신이 속해 있는 문화와 하위문화(들)에 의해 촉진되거나 방해될 수 있기 때문이다.

이는 여자들을 위한 자동적이거나 레디-메이드한 기표가 결코 있을 수 없을 것임을 함축하는 것은 전혀 아니다. 라캉의 진단법을 받아들인다면, 사태들의 이러한 상황은 우연적일 뿐 필연적이지 않다.

라캉은 여자들이 그들 자신의 성적 정체성을 갖지 않는다고 어떤 식으로도 암시한 적이 없다. 라캉은 여자들을 단순히 무언가가 빠져 있는 남자들로 규정하지 않는다. 이따금씩 그렇다고 말하는 문헌들이 있기는 하지만 말이다.[48] 라캉의 용어에서 성적 정체성은 적어도 두 가지 서로 다른

---

47) 오래도록 채택되어 온 가장 일반적인 규정은 '모성성'이다. 그러나 여러 측면에서 그것은 남근 기표를 경유해서만 의미를 얻는다. 어떤 특정한 사회적 지위를 떠맡는 이름들, 예컨대 '마돈나' 혹은 '마릴린 먼로'에 대해서 우리는 무엇을 생각하는가? 마돈나와 마릴린 자신의 이름들(결국, 차용된 이름들인 그것)은 그들에게 S(A)로 기능하지 않는가? 이에 대해서는 *Modern Day Hysreria* (Albany: SUNY Press, 근간)를 보라.

48) 뤼스 이리가레는 여자는 우리 문화에서 비非-남자로 규정되어 왔다는 관점을 (비록 그 관점을 라캉의 것으로 돌리지는 않지만) 강력하게 표명한다. "우리의 언어 속에서 여성성은 다른 성별로 남지 못하고 비-남성성, 말하자면 추상적이고 존재하지 않는 현실이 되었다. …… 여성의 문법적

층위에서 구성된다. 첫째는, 자아를 구성하는 잇따른 동일화들(대개는, 한쪽 부모나 양쪽 부모 모두와의 동일화들)이다. 이는 성적 정체성의 **상상 적** 층위를 설명하는데, 이 견고한 층위는 종종 둘째 층위와 매우 실질적인 갈등을 일으키기도 한다. 이 둘째 층위는 앞서 정의된 바 있는, 라캉의 성 구분 공식의 양쪽과 관계하는 남성적 혹은 여성적 구조다. 여기서 그 어떤 주어진 **주체**이든 그녀 자신을 어느 한 쪽에 위치시킬 수 있다. 그리하여, 종종 갈등을 일으키기도 하는 이 두 층위49)는 각각 자아와 주체에 상응한다. 자아 동일화의 층위에서 여자는 그녀의 아버지(혹은 사회적으로 '남성적'이라고 간주되는 인물)와 동일화할 수 있는 반면에 욕망의 층위에서 그리고 향유에 대한 주체적 역량의 층위에서 그녀는 여성적 구조로 특징지어질 수 있을 것이다.

한 여자의 성적 정체성은 사실 서로 다른 많은 가능한 조합을 내포할 수 있는데, 왜냐하면 라캉의 관점에서 양자택일either/or을 구성할 뿐 그 사이에 어떠한 중간 지대도 없는 남성적/여성적 구조와는 달리, 자아 동일화는 수많은 다양한 남성이나 여성 인물들로부터 유래하는 요소들을 포함할 수 있기 때문이다. 달리 말해서, 성적 정체성의 상상적 층위는 그 자체로 극도로 자기 모순적일 수 있는 것이다.

자아의 층위와는 **다른** 어떤 층위에 성적 정체성이 존재한다는 것, 즉 주체성의 층위에서 정체성이 존재한다는 바로 그 사실은, 라캉의 이론에

성별 그 자체는 주체적 표현으로서는 사라져 버렸다. 그리고 여자와 관련된 어휘는 남성 주체와 관련하여 그녀를 대상으로 규정하는 용어들로 종종 구성된다"(*Je, tu, nous: Towards a Culture of Difference*, Alison Martin 번역 [New York: Routledge, 1993], p. 20).

49) 우리는 사실상 세 가지 별개의 층위들이 있다고 주장할 수도 있을 것이다. 사랑, 욕망, 그리고 향유.

서 여자는 하나의 주체로 전혀 간주되고 있지 않다는, 영어권에 널리 퍼져 있는 그 잘못된 관념을 불식시킬 것이다. 여성적 구조는 여성적 주체성을 의미한다. 한 여자가 한 남자와 관계를 맺고 있는 한에서, 그녀는 그의 환상 속에서 하나의 대상으로, 대상 a로 환원되기 십상이다. 그리고 그녀가 남성적 문화의 관점에서 보여지는 한에서, 그녀는 단지 문화적으로 판에 박힌 의상을 입은, 한 남자의 환상 대상들의 모음집으로 환원되기 십상이다. i(a), 즉 대상 a를 포함하고 있지만 그러나 그것을 위장하는 어떤 이미지 말이다. 이는 상식적이고 일상적인 의미―'자기 삶에 대한 통제권을 갖는', '행위자로서 참작되어야만 하는' 등등50)―에서의 주체성의 상실을 함축할 수는 있을 것이다. 그러나 그것은 라캉적인 의미에서는 결코 주체성의 상실을 함축하지 않는다. 향유(의 경험)와 관련하여 하나의 위치나 자세를 채택한다는 바로 그것은 주체성을 내포하고 함축한다. 일단 채택되고 나면, 여성적 주체는 존재하게 되어 있을 것이다. 저 특수한 주체가 그녀 혹은 그의 세계를 어느 정도까지 주체화하느냐 하는 것은 또 다른 문제다.

오늘날 몇몇 페미니스트들이 하고 있는 작업의 일부는, 그간 결코 재현, 상징화, 주체화되어 본 적이 없는 그들 경험 속의 일정한 실재를 현시,

---

50) 이런 주체성 개념은 매우 일반적인 것이며, 라캉적이라기보다는 정치적인 용어들로 사고하는 라캉의 독자들을 엄청난 혼란으로 이끌고 있다. 문화연구, 영화연구, 비교문학, 그리고 철학에서 가장 널리 퍼져 있는 '주체성' 개념은 **능동적 행위자agent**라는 개념인 듯 보인다. 주도권을 쥐고 그/녀 자신의 삶을 영위하며, 그/녀 자신의 세계를 규정하고, 그/녀 자신을 그/녀 자신의 용어들로 (재)현시하는 행위자 말이다. 정신분석학적 관점에서 볼 때 그런 성격화는 매우 문제가 많은 것이다. 그리고 그런 주체성 관념과 라캉의 주체성 관념 사이의 간극은 이제 분명해져야만 한다. 그럼에도 불구하고 **주체화**―즉 어떤 특정한 실재를 상징화함과 더불어 주체가 존재하게 되는 것―라는 관념을 통해 두 관점 사이에 다리가 놓여질 수도 있을 것이다.

재현, 상징화하고 그로써 주체화하려는 시도를 내포하는 것으로 이해될 수 있을 것이다. 이전에는 말해지지 못했고 씌어지지 못한 그 실재란 라캉이 **타자적** 향유 그리고 **타자적** 성(**여자**는 심지어 한 여자에게도 **타자적** 성이다. 이 점은 아래에서 더 자세히 논의될 것이다)이라고 부르는 것과 관계할 것이다. 후자는 말해지지 않고, 씌어지지 않고, 재현되지 않고, 혹은 주체화되지 않는 한에서만 **타자적**(누군가에게 낯설거나 외래적)이다. 비록 많은 페미니스트들이 그들의 작업을 다른 견지에서—특별히 여성적인 층위에서의, 혹은 선-명제적/기호학적 층위에서의 경험으로서—고찰하겠지만, 환원주의의 위험을 감수하고 보다 엄격한 라캉적 용어들로 표현하자면, 그것은 실재(실재적 **타자**, 혹은 향유로서의 **타자**)를 주체화하기 위한 시도로서 이해할 수 있을 것이다.[51]

남성적/여성적—기표/기표성signifierness

내 해석을 한 걸음 더 밀고 나가 보겠다. 라캉은 **남자**는 욕망의 기표(Φ)에 의해 **정의된다**고 대놓고 말한 적은 결코 없지만, 당분간, **남자**는 그렇게 정의된다고 가정해 보자. 이는 **남자**가 정의되는 한 **여자**는 결코 정의될 수 없다는 것을 필연적으로 함축하는가? 그리고 이번에는 그것은 **여자**가

---

51) 내가 주체화라고 지칭하고 있는 것은 뤼스 이리가레에 의해 매우 훌륭하게 표현되었다. 그녀는 가부장적 문화에서의 여성은 "복잡하고 고통스러운 과정을 통과해야만 한다, **여성적 젠더로의 진정한 전환** 말이다"라고 말한다(강조는 인용자; *Je, tu, nous: Towards a Culture of Difference*, Alison Martin 번역 [New York: Routledge, 1993], p. 21). 이 특별한 여성적(혹은 **타자적** 성의) 주체화는 아마도 특정 비서구 사회들에서보다는 서구사회에서 훨씬 어렵고 고통스러울 것이다.

욕망의 기표와 동일화될 경우 **남자**는 정의될 수 없다는 것을 함축하는가? 욕망의 기표가 한 번에 오직 하나의 성과만—이론적으로는 둘 중 어느 쪽일 수도 있겠지만—동일화될 수 있는 데는 어떤 구조적인 이유가 있는가? 만약 그렇다면, 나머지 반대 성은 필연적으로 욕망의 원인으로서의 대상과 연계되는가? 하나의 성은 기표에 의해 정의되어야만 하고 다른 성은 대상으로서 규정되어야만 하는 어떤 이론적인 이유가 있는가?

아마 있을 것이다. 분리가 **타자**를 빗금 쳐진 **타자**와 대상 a로 분할시키는 것으로 이어지는 한에서, **타자**(예컨대, 부모라는 **타자**, 즉 핵가족에서 어머니와 아버지)는 두 개의 '부분들'로 쪼개진다. 그 중 하나($\cancel{A}$)는 분명 기표와 연계될 수 있을 것이고, 다른 하나는 대상과 연계될 수 있을 것이다(<그림 9>). 우리 사회처럼 조직화된 사회들에서 작동하는 라캉의 욕망의 변증법의 견지에서 볼 때, 기표와 대상의 역할이 서로 다른 성에서 체현되는 데 대한 이론적인 이유가 아마도 있을 것이다.

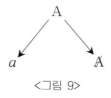

<그림 9>

성 구분에 관한 라캉의 작업이 함축하는 바는, 주체화는 서로 다르게 성 구분된 존재들에게서 서로 다른 층위에서 발생한다는 것인 듯하다. 남성적 구조를 갖는 이들은 대상과의 새로운 관계를 주체화하거나 발견해야만 하는 반면, 여성적 구조를 갖는 이들은 기표와 새로운 관계를 주체화

하거나 발견해야만 한다는 것이다. 두 성들 모두는 최초에 **타자**인 것을
주체화하지만, 그러나 이 **타자**에 대한 그들의 접근방식과 그들이 다루는
그 **타자**의 국면은 다르다. 남자들에게는 **타자**가 완전히 들어앉혀져 있으
며 그들의 '문제'는 대상과의 문제인 양 보인다고 한다면, 여자에게서 **타자**
는 결코 그 자체 완전하게 들어앉혀져 있지 않다. 그래서 여자들의 문제는
타자를 존재하게 하는 것 혹은 그것을 완성하는 것—이는 결국 도착증자
들의 기획이다—이 아닐 것이며 차라리 그것을 주체화하는 것, 그것을
그녀 자신 안에 구성하는 것일 터이다. 따라서 여성적 구조에 의해 특징화
되는 이들에게 주체화는 5장과 6장에서 개요를 그렸던 그것과는 매우
다를 것이며, 어떤 기표와의 조우를 요구할 것이다.52)

남자들과 여자들은, 언어 속에서 그리고 언어에 의해, 근본적으로 다른
방식으로 소외된다. 이는 그들이 **타자**에 대해 그리고 S_1과 S_2에 대해 맺고
있는 상이한 관계를 통해 입증된다. 주체로서 그들은 서로 다르게 분열되
어 있으며, 이 분열상의 차이는 성적 차이를 설명한다. 그리하여 성적 차이
는 남자들과 여자들이 기표와 맺는 서로 분기하는 그 관계들에서 기원하
는 것이다.

각각의 성은 언어의 바로 그 토대와 관련된 어떤 일부분을 담당할 것을
요청받는 것처럼 보인다. 남자는 기표 부분을 담당하며, 반면 여자는 라캉
의 표현대로라면 "*l'être de la signifiance*[기표성의 존재]"(세미나 XX,
p. 71)의 부분을 담당한다. 내가 아는 한 현재까지 영어권 사람들 중 누구도

---

52) 이 진술은 물론 어느 정도까지만 정당화되어야 한다. 여자가 $S(\text{Ⱥ})$와 그녀의 잠재적 연관을
실현시키지 못하는 한에서, 말하자면 hétérosexuelle[이성애적](**타자적** 성과 어떤 관련을 갖는
누군가)가 아니라 hommosexuelle[남/동성애적]로 남는 한에서, 여성적 주체화는 남성적 주체화
와 동일한 방식으로 진행된다. [두 용어에 대한 설명은 뒤에서 제시된다.─옮긴이]

*signifiance*를 번역하려고 시도하지 않았다.53) 그러나 라캉의 용법을 보면 그가 언어학으로부터 양도받은 이 용어로 뜻하려고 한 바가 무엇인지는 매우 명확하다. (언어학에서 그것은 단지 '의미를 갖는다는 사실'을 지칭하는 반면, 라캉은 그것을 반대로 뒤집는다는 의미에서, 그것은 '양도받은' 것이다.) 난 그것을 '기표성signifierness'으로 번역할 것을 제안했다. 기표성이란 말하자면 기표임being a signifier이라는 사실, 기표들이 탈-존한다는 사실, 기표들의 기체基體subsistence, 기표들의 기표적signifying 성격이다.54) 라캉이 이 용어를 사용한 것은 기표의 비의미적nonsensical 성격을, 즉 기표가 가질 법한 그 어떤 가능한 의미나 의미작용으로부터도 유리되고 분리되어 기표가 존재한다는 바로 그 사실을 강조하기 위한 것이다. 즉 기표의 존재는 기표의 의미적 역할을 초과한다는 사실, 기표의 그 실체는 그것의 상징적 기능을 초과한다는 사실을 강조하기 위한 것이다. 기표의 존재는 그것의 '지정된 역할'을, 그것이 로고스logos 안에서 맡고 있는 역할을, 즉 의미화하는 역할을 초월한다. 따라서 '의미를 갖는다는 사실'을 지칭하기보다는 차라리 '의미 효과와는 **다른** 효과를 갖는다는 사실'을 지칭하기 위해 라캉은 그 용어를 사용한다.

우리는 라캉의 signi*fiance*에서 *defiance*[도전]를 들어야만 한다! 기표는 그것에 할당된 역할에 도전하며, 의미작용이라는 임무만을 전적으로

53) 재클린 로즈는 다른 수많은 번역자들처럼 그것을 그냥 불어로 남겨 둔다. 이 개념에 대한 로즈의 설명은 다른 어떤 것보다도 혼란스럽다. 반면, Jean-Luc Nancy와 Philippe Lacoue-Labarthe의 *The Title of the Letter*(David Pettigrew & François Raffoul 번역, Albany: SUNY Press, 1992)에서의 논의는 매우 유용하며, 라캉이 초기에 그 개념을 사용할 때 내포되어 있었던 긴장을 잘 보여 준다. 그러나 불행하게도 그들은 라캉이 1970년대에는 이 개념을 보다 명확하게 사용하고 있음을 고려하지 않는다.

54) *Newsletter of the Centre for Freudian Analysis and Research* 10(1998)을 보라.

떠맡기를 거부한다. 의미meaning-만들기, 뜻sense-만들기의 너머와 바깥에서, 그것은 탈-존을 갖는다.

라캉의 작업에서 존재being는 문자와 관계한다. 1970년대에 문자는 기표의 질료적이고 비의미적인 국면이며, 의미화 없는 효과, 즉 향유 효과를 갖는 부분이다. 문자는 언어의 **질료성**과 관계하며, 세미나 XX(p. 26)에 나오는 라캉의 표현대로라면 "*substance jouissante*[향유하는 실체]"와 관계한다. 즉 향유, 혹은 "향유하는jouissing" 실체, 즐기는 실체 말이다. 남성적인 것을 기표와, 여성적인 것을 문자와 관련짓는 것은 적어도 플라톤까지 거슬러 올라가는 저 오래된 형식과 질료의 은유로 되돌아가는 것과 다르지 않아 보일지도 모른다. 그러나 라캉의 작업에서 그 되돌아감에는 언제나 어떤 변주가 가해진다. 즉 실체는 형식을 이기고, 형식에게 한두 가지 계책을 가르친다.

그녀에게 타자적인, 타자적 향유

어떤 의미에서 여자는 라캉이 암시하는 것처럼 그녀 자신에게도 하나의 **타자**인 것으로 간주될 수 있는 것일까? 그녀가 스스로를 한 남자의 견지에서(남근의 견지에서, 그 남자를 경유해서) 규정하는 한 저 다른 국면—S(Ⱥ)와의 잠재적 관련—은 불투명하고, 낯설며, **타자적**인 것으로 남는다. 라캉이 1958/1962년에 말한 바를 고려해 보자. "여기서 남자는 [거세와 관련하여] 여자가 그녀 자신에게—그녀가 그에게 그러한 것과 마찬가지로—어떤 **타자**가 되기 위한 하나의 중개물로 봉사한다"(*Écrits,*

1966, p. 732). 그녀가 남근의 견지에서만 그녀 자신을 볼 경우, 말하자면, 그녀의 위치를 한 남자와의 관계 속에서 규정되는 것으로만 볼 경우, 그렇게 규정되는 것처럼 보이지 않는 다른 여자들은 **타자**로 던져진다. 그러나 그 **다른** 잠재성이 실현될 때, 즉 S(A)와의 관련이 구축될 때, 여자는 더 이상 그녀 자신에게 **타자**가 아니다. 그것이 실현되지 않는 한에서 그녀는 라캉이 남자*homme*와 동성애*homosexual*를 합성해서 쓴 것처럼, *hommosexuelle*로 남는다. 즉 그녀는 남자들을 사랑하고, 남자처럼 사랑하며, 그녀의 욕망은 남자의 그것처럼 환상 속에서 구조화된다.

남성적 구조로 특징지어지는 이들에게 여자는, 라캉이 음탕하다고 부르는 **타자적** 향유를 체현하거나 혹은 그것의 표상으로서 보이는 한에서, **타자**로서—근본적인 **타자**, 향유의/향유로서의 **타자**로—던져진다. 왜 '음탕한'인가? 왜냐하면 그것은 남근과의 그 어떤 관계도 요구하지 않기 때문이며, 충동들이 (남성적 구조의 경우에서처럼) 상징계로 완전히 종속되어버린 이후 남겨지는 눈곱만큼의 쾌락인 남근적 향유를 무안하게 하기 때문이다. 충동들의 이런 종속은 승화의 어떤 프로이트적 형태, 즉 실재가 상징계로 방출되어 버리고[55] 향유가 **타자**에로 옮겨져 버리게 되는 승화에 상응한다.

타자적 향유는 충동들의 완전한 만족을 제공하는 사랑을 통해 이루어지는 승화 형태를 내포한다. **타자적** 향유는 사랑의 향유이고,[56] 라캉은

---

55) 혹은, 프로이트가 『자아와 이드』에서 말한 대로(SE XIX, p. 56), 이드가 자아 속으로 유출(고갈)되어 버린다. 이 책에서 프로이트는 이렇게 쓴다. "Welches dem Ich die fortschreitende Eroberung des Es ermöglichen soll[자아가 이드를 점진적으로 정복할 수 있게 해 주는]"(Studienausgabe, vol. 3[Freankfurt: Fischer Taschenbuch Verlag, 1975]. p. 322).
56) "오직 사랑만이 향유를 욕망으로 낮출 수 있습니다."(세미나 X, 1963년 4월 13일).

그것을 종교적 열락과 관계 지으며, 남근적 향유에서처럼 성기로 국지화
되지 않는, 일종의 몸의, 육체의 향유와 관계 짓는다(라캉이 분명히 진술
하고 있듯이, 이것은 클리토리스 오르가즘과 대립되는 소위 질 오르가즘
은 아니다). 라캉에 따르면 **타자적** 향유는 비성적*asexual*이다(반면에 남
근적 향유는 성적이다). 그러나 그것은 몸의, 몸에서의 향유다[57](남근적
향유는 기표의 도구로서의 기관과만 관계한다).

라캉은 거의 S(Ⱥ)에 관해서 직접 언급하지는 않지만, 그래도 그것은
S(Ⱥ)가 지시하는 **타자적** 향유가 **타자**의 절대적인 근본성 혹은 **타자성**과
관련 있다는 것을 말하고 있다. **타자**의 **타자**(즉, 외부)는 없다는 것을
말이다. **타자**는 어떤 특수한, 한정된 내부에 **상대적**인 외부인 것이 아니다.
그것은 항상 그리고 불가피하게 **타자적**이며, 그 어떤 일체의 시스템들에
대해서도 '바깥'이다.[58]

나는 **타자적** 향유에 관한 더 자세한 설명을 다른 기회로 넘길 것이고[59]
여기서는 다만 그것이 승화의 한 형태를 통해 제공되는 충동들의 완전한
만족은 '탈성화되는desexualized' 것이라는 프로이트의 생각과 관련되어
있다는 것만을 제안하고자 한다.[60] '탈성화된 리비도'는 라캉의 비성적인,

---

57) *Jouissance du corps*(세미나 XX, p. 26)는 (타인의) 몸을 향유하는 것과 (그 자신의, 혹은 **타자**의)
몸에서 경험되는 향유, 둘 다를 암시한다.

58) 이렇게 **타자**를 근본적으로 이종적인heterogeneous 것으로 묘사할 경우 그것은 여러 측면에서
명백히 대상 *a*에 비유될 수 있다.

59) 나의 *Modern Day Hysteria*(Albany: SUNY Press, 근간)를 보라. 난 이 책에서 라캉이 끌어낸
타자적 향유와 사랑 사이의 접속, 즉 신에 대한 사랑, '신성한 사랑', '사적인 종교들'에 관해 거론한
다. [이 책은 현재까지 출간되지 않았다.─옮긴이]

60) '남성적 승화'가 **실재적 대상의 상징화**로 특징지어질 수 있다면, '여성적 승화'는 **기표의 실재화**로
특징지어질 수 있을 것이다. 세미나 XXI에서의 라캉의 용어들로 정식화해본다면, 남성적 구조를
갖는 이들은 상상계(환상)의 실재(적 대상)를 상징화한다고 말해질 수 있으며 그것은 SRI에 대응

타자적 향유와 밀접히 관련되어 있는 듯 보인다. 우연히도 라캉은 (좀 다른 맥락에서) 승화를 내가 4장과 6장에서 제시한 논리적 사각형의 왼쪽 아래에 배치한다(<그림 10>을 볼 것).

행위로의 이행 　　　　　　　　　　　　　반복

승화　　　　　<그림 10>　　　　　행동화

여기서 나의 코멘트는 해석의 시작에 불과할 것이다. 하지만 이것은 <그림 8>을 이해할 수 있는 하나의 일반적인 의미인 것 같다.

내가 앞서 지적했듯이, 라캉은 (1) 성들은 따로따로 상이하게 정의된다는 것과 (2) 각 성의 파트너들은 서로 대칭적이지도 포개어지지도 않는다는 것을 보여 주려고 한다. <그림 8>에서 보았듯, 남자의 파트너는 대상 a이며, 여자 자체가 아니다. 따라서 남자는 한 여자에게서 얻는 그 무엇을 즐길 수는 있을 것이다. 그녀가 이야기하는 방식, 그녀가 그를 바라보는 어떤 방식 등등을 말이다. 그러나 그것은 단지 그가 그의 욕망을 불러일으키는 그 귀중한 대상을 그녀에게 투여했던 한에서 그러할 뿐이다. 그래서 그는 아마도 대상 a의 토대, 버팀목, 혹은 매체로서 (생물학적으로 정의된)

하고, 한편 여성적 구조를 갖는 이들은 상상계의 상징계를 실재화한다고 말해질 수 있는데, 그것은 라캉이 그 세미나에서 종교와 연결시킨 RSI에 대응한다. 하나는 '시계방향' 혹은 '우-극화된 right-polarized' 담론을 수반하며, 다른 하나는 '시계반대방향' 혹은 '좌-극화된' 담론을 수반한다.

여자를 필요로 할 수는 있을 테지만, 결코 그녀가 그의 파트너가 될 수는 없을 것이다.

그 역시 그녀의 대상 자체가 될 수 없을 것이다. 그녀는 아마도 그녀를 위한 남근을 구현하고 육화하는, 혹은 남근의 버팀목으로서 봉사하는 (생물학적으로 정의된) 남자를 요구할 수는 있을 것이다. 그러나 그녀의 파트너가 되는 것은 남근이지 남자가 아니다. 이 단절 혹은 비대칭은 그녀의 **다른** 파트너인 S(A)에 이르면 한층 더 근본적인 것이 된다. 왜냐하면 그 파트너는 '남자들'이라는 범주에 들어가지 않고, 따라서 여자는 남자와 '관계하거나' 남자를 '따르기' 위해서 남자에게 호소할 필요가 전혀 없으니까 말이다.

만일 남자와 여자의 성적 파트너들이 동일한 것임이 판명된다면—예컨대, 대상 a가 양쪽 편 모두에 대해서 유일한 파트너로 기능한다면—적어도 성적 존재로서의 그들의 욕망은 모종의 평행한(*hommosexuelle*) 방식으로 구조화될 것이며, 우리는 이에 기초하여 그들 사이의 성적 관계를 그려 볼 수도 있을 것이다. 그러나 그들 파트너들의 비대칭은 전적인 것이고 완전한 것이다. 그리고 성들 사이의 어떠한 있음직한 관계도 어떠한 형태로든 가정되거나, 표명되거나, 씌어질 수 없다.

정신분석의 진리

이것이 라캉이 일반적으로 정신분석의 유일한 진리*the* truth의 자격을 부여한 그것이다. 물론 그가 때때로 모든 진리는 수학화될 수 있다고 제안한 건 맞다. "'수학화되지 않는', 즉 씌어지지 않는, 혹은 **진리**로서 오로지 공리들에만 근거하는 것이 아닌, 그런 진리 같은 것은 없습니다. 다시 말해서, 오직 그 어떤 의미도 가지지 않은 것의 진리, 즉 수학적 연역의 [등록소]내부에서가 아니라면 그에 관해 도출될 그 어떤 다른 결과도 없는 그러한 것의 진리만 있는 것입니다"(세미나 XXI, 1973년 12월 11일).

그러나 이 논평은 우리가 예컨대 "진리표"와 기호논리학에서 보는 진眞(le vrai)에만 적용된다(10장을 볼 것). 라캉에 따르면 정신분석의 유일한 진리는 성적 관계 같은 그런 것은 없다는 것이며, 문제는 주체를 그 진리와 조우하는 지점으로 데려가는 것이다.

존재와 탈-존

N'existe que ce qui peut se dire. N'ex-siste que ce qui peut s'écrite.
[말해질 수 있는 것만이 존재합니다. 씌어질 수 있는 것만이 탈-존합니다.]

'존재'를 포함하는 역설적으로 보이는 라캉의 많은 진술들—"**여자**는 존재하지 않는다", "**타자적** 향유는 존재하지 않는다"—과 "*il y a*[~가 있다]"와 "*il n'y a pas*[~가 없다]"를 포함하는 진술들—"성적 관계와 같은 그런 것은 없다", "**하나**는 있다(*Il n'y a pas de l'Un*)", "**타자**의 **타자**는 없다(*Il n'y a pas d'Autre de l'Autre*)"—이 주어져 있는바, 나는 여기에 탈-존ex-sistence에 관한 라캉의 개념에 대해서 한마디를 보태고 싶다.

내가 아는 바에 의하면, '탈-존'이라는 단어는 하이데거(예컨대 『존재

와 시간』)를 번역하면서, 그리스어 *ekstasis*와 독일어 *Ekstase*의 번역어
로 최초로 프랑스어에 도입되었다. 그 그리스어 단어의 어원적 의미는
무언가의 '외부에 있는', 혹은 무언가로부터 '떨어져 있는'이다. 그리스어
로 그것은 일반적으로 어떤 것을 없애거나 자리바꿈하는 일을 가리키는
데 사용되었는데, 그것은 또한 오늘날 우리가 '무아경'이라고 부르는 마음
상태에 적용되게 되었다. 그래서 그 단어의 파생적 의미는 '무아경'이며,
그 때문에 **타자적** 향유와 연결된다. 하이데거는 종종, 자신의 '외부에 있
는'이나 자신의 '밖으로 나간'이라는 저 단어의 어원적 의미로 뿐만이 아니
라, 그리스어에서 그 단어가 '존재'라는 단어의 어근과 밀접한 관련이 있다
는 것으로도 언어유희를 했다. 라캉은 그것을 '~로부터 떨어져 있는 어떤
존재', 말하자면 외부로부터 존속하는insist from the outside 존재에 관해
말하기 위해 사용한다. 내부에서는 포함되지 않는not included on the
inside 어떤 것, 내밀하기보다는 차라리 '외밀한extimate' 어떤 것 말이
다.61)

　　타자적 향유는 상징계를 넘어서 있고, 상징적 거세로부터 떨어져 있다.
그것은 탈-존한다. 우리는 우리의 상징적 질서 내부에서 그것을 위한 장
소를 식별할 수 있고, 심지어 그것을 명명할 수도 있다. 그러나 그럼에도
불구하고 그것은 형언할 수 없는 것으로, 말해질 수 없는 것으로 남는다.
우리는 그것이 ($\overline{\forall x}\ \Phi x$라고) 씌어질 수 있는 것이기 때문에 탈-존하는

---

61) ["외부로부터 존속하는"이나 "내부에서는 포함되지 않는"과 같은 비통상적이고 모호한 표현은
　 '탈-존'을 '외부에 있고 내부에 없는' 어떤 것이라는 식으로 편리하게 이해하는 것을 막는다. 이
　 표현들의 모호성은 '탈-존'이나 '외밀한ex-timate' 등의 위상 자체로부터 온다.-옮긴이]

것으로 간주할 수 있다.

그러나 성적 관계가 이와 구별되는 것은 다음과 같은 측면에서다. 그것들은 씌어질 수 없고, 따라서 존재하지도 탈-존하지도 않는다는 것 말이다. 단지 그런 것은 없는 것이다.

탈-존이라는, 그리고 탈-존으로서의 **타자적** 향유라는 그런 개념은 라캉의 향유의 경제 혹은 리비도 경제를 열려 있는 것으로, 총체화될 수 없는 것으로 만든다. 향유의 보존은 없다. 희생된 향유와 획득된 향유 사이에 비례적 관계는 없다. **타자적 향유**가 남근적 향유의 부적당과 불충분을 보완하거나 벌충한다는 그런 뜻은 전혀 없다. 한마디로, 상보성이나 균형은 없다. **타자적 향유**는 근원적으로 불균형적이며, 계량 불가능하고, 비非비례적이며, '정숙한 사회'에는 음탕한 것이다. 그것은 남근 경제나 단순한 구조주의 안으로 결코 만회될 수 없다. 탈-존으로서의 대상 a처럼, **타자적 향유**는 '구조의 부드러운 작동들'에 치유될 수 없는 효과를 남긴다.

성적 차이에 대한 새로운 은유

> 기표는⋯⋯ 위상학적 용어들로 구조화되어야만 합니다.
> ─라캉, 세미나 XX, p. 22

내가 여기에서 설명하려고 애써 온 성적 차이에 대한 라캉의 견해를 어떻게 볼 것인가? 그것은 진지하게 간주될 만한 것인가? 그것은 우리에게 어떻게 유용한가?

분명 라캉은 성적 차이의 새로운 은유를 제공한다. (프로이트 자신도
만족하지 않았던) 능동과 수동의 변증법, (적어도 문법적/언어적 관점에
서는 훨씬 더 흥미로운) 소유와 존재의 변증법, 등등을 넘어서는 은유를
말이다.62) 오늘날 대부분의 비평가와 정신분석가 들이 동의할 만한 한
가지 사실은 생물학적 구분은 부적합하다는 것이다. 너무나도 많은 사람
들이 생물학적으로 결정된 성적 차이의 '완강한' 선들을 심적 층위에서
넘어가는 듯 보인다. 따라서 우리는 (어떤 방식으로 규정되는) 여성적
구조를 가지고 있는 남성들과 (어떤 다른 방식으로 규정되는) 남성적 구조
를 가지고 있는 여성들이 존재한다는 가설에서 시작한다.

라캉이 남성적/여성적 구조를 규정하는 방식은 어떤 점에서 흥미로운
가? 우선 그것은 새로운 위상학을 내포한다. 즉 그것은 일련의 동심원들
혹은 구球로서의 세계라는 서구의 오래된 개념과 단절하며, 그 대신 뫼비
우스 띠, 클라인 병, 크로스 캡 같은 역설적인 위상학적 표면을 모델로

---

62) 그럼에도 불구하고 동시대의 많은 필자들은 라캉이 낡은 프로이트의 모델에 빠져 있다는 식의
비난을 계속하고 있다. 예를 들어 Sueja Gunew가 편집한 *A Reader in Feminist Knowledge*
(New York: Routlegde, 1991)에서 Elizabeth Grosz의 논평을 보라. "[라캉의 작업들에서] 남성적
인 것과 여성적인 것은 프로이트의 작업에서 그렇듯이 능동적인 것과 수동적인 것, 주체와 대상,
남근과 거세 사이에서 규정되는 것으로 남는다."(p. 86) 이 책의 독자들은 이제, 바라건대, 저것은
마치 라캉이 1960년 즈음에 죽었다고 말하는 것과 다르지 않음을 깨달을 것이다.
예를 들어, 1964년에 쓰여진 「무의식의 지위」에 있는 다음 구절을 보라. "정신분석의 경험이
드러내 보여 주는, 남성적 존재 및 여성적 존재와 관련되어 있는 주체의 동요는, 그의 생물학적
양성성과 관련되어 있기보다는 그의 변증법에서 능동성과 수동성, 예컨대 충동 대對 외부 행동
같은 것을 제외하고는 성의 양극성을 표상하는 것이 아무것도 없다는 사실과 관련되어 있다.
그것들은 양극성의 진정한 기초를 표상하는 데 전혀 적합하지 않다.(*Écrits*, 1966, p. 849, 강조는
인용자; 영어본으로는 Bruce Fink, Richard Feldstein, Maire Jaanus가 편집한 *Reading Seminar
XI: Lacan's Four Fundamental Concepts of Psychoanalysis*(Albany: SUNY Press, 1995), p.
276을 보라.)

채택한다. 이 후자의 것들은 특히 우리가 생각하는 방식을 혁명적으로 바꾸는 풍요로운 표면이다. 만약 "위상학과 구조 사이의 엄밀한 등가성"(세미나 XX, p. 14)이 있다면, 새로운 위상학적 모델은 체계들을 사고하는 데 도움을 줄 수 있을 것이다.

본질적으로 크로스 캡은 비틀림이 있는 구다. 말하자면, **라캉식 비틀림** 말이다. 저 작은 비틀림은 구의 모든 위상학적 속성들을 변화시킨다. 사물에 관한 오래되고 친숙한 개념에서와는 달리, 아무것도 그 자신으로 되돌아오지 않는다. 그 비틀림은 아마도 50년대와 60년대에 라캉의 그토록 많은 용어들을 상징계로부터 실재로 이동시킨 비틀림과 동일한 비틀림일 것이다. (어떤 의미에서 이 과정은 라캉이 상상계, 상징계, 실재라는 세 등록소를 동등하게 중요한 것으로 다루는 보로매우스의 매듭과 만났을 때 비로소 종결되었다고 할 수 있다.) 라캉식 비틀림은 아마도 (철학과 구조주의가 단지 똑같은 옛 사물만을 보는) 상징계 너머에서 어떤 것을 보는 능력일 것이다.

뫼비우스의 띠와는 달리 크로스 캡은 **불가능한** 표면이다. 전자는 작도될 수 있다. 그래서 상상 가능한(혹은 '상상화 가능한') 것이다. 그것은 마음속에 그려질 수 있다. 반면 크로스 캡은 위상학에서의 많은 다른 여러 표면들과 동일한 방식으로, 즉 어떻게 반대 면들이 하나로 합쳐지는지를 지시하는 화살표가 모서리를 따라 있는 작은 사각형으로 묘사될 수는 있지만, 작도하기는 불가능하다. <그림 11>에 재현되어 있는 표면들을, 그들을 상징적으로 재현한 것과 함께 검토해 보라.

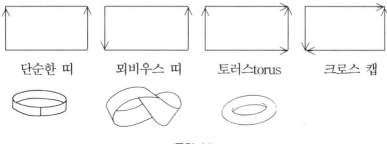

<그림 11>

이 모든 표면들은 크로스 캡을 제외하고는 정확하게 시각적으로 재현할 수 있다. 크로스 캡은 위상학적 용어들로 상징적으로 표현할 수 있는 반면 (단어 위의 사각형을 볼 것), 정확하게 시각화할 수도 작도할 수도 없다. 그것을 상상하려고 해 보자. 당신은 어떤 특정한 지점이 잘려 나가 있고 잘린 곳 각각의 측면에 있는 각각의 지점이 재연결되어 있는, 그러나 상처를 봉합하듯 그것으로부터 직접적으로 가로질러지는 지점으로 연결되는 것이 아니라 <그림 12>에서 a′가 b′에, a″가 b″에 연결되듯 반대 측면 위의 대칭적 지점에로 재연결되어 있는 구를 떠올릴 수 있을 것이다.

<그림 12>

크로스 캡은 이런 의미에서 불가능하다. 그러나 그것은 씌어질 수 있다. 그것은 상징적 기입을 허용한다. 상징계는 여기서 실재적인 어떤 것을, 상징계-외적인extra-symbolic 어떤 것을 묘사하기 위해서 사용될 수 있다.

　　만약 동심원이나 구에 관한 오래된 관념이 그 무언가에 여하간 적용될
수 있다고 한다면, 라캉은 그것을 부성적 기능에 의해 경계 지어져 있는
것으로서 남성적 구조에 적용할 것을 제안할 것 같다(<그림 13>).

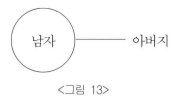

<그림 13>

프로이트는 여자는 법에 대해서 이와는 다른 관계를 맺는다고 제안하는
데, 그는 그 관계를 아직 덜 고도로 발달된 자아-이상이나 초자아와 관계
지었다. 그러나 여성적 구조에 의해 특징지어지는 주체들이 경계와 맺는
관계는 근본적으로 다르다는 것을 함축하는 것으로 이를 이해하는 편이
더 좋을 것이다. 즉 내부와 외부의 대립을 거기에 적용할 수는 없다는
것이다. 바로 그처럼 크로스 캡의 면은 밀폐된 경계를 구성하지 못하는
것이며, 내부와 외부에 대한 국지적으로 유효한 관념만이 있을 뿐 결정적
인 관념이 있는 것은 아니다. 그것의 '표면'에 있는 작은 변칙적 틈이 그것
의 모든 속성들을 바꾸어 놓는 것이다. 라캉의 새로운 은유를 정식화하는
또 다른 방법은 집합론과 위상학에서 끌어 온 '열린'과 '닫힌'이라는 용어
를 사용하는 것이다. **남자**에 의해 구성되는 집합처럼, '닫힌 집합'은 그
자신의 경계 혹은 한계를 포함한다. 그리고 **여자**처럼, '열린 집합'은 그
자신의 경계와 한계를 포함하지 않는다. 그가 성적 차이를 새로운 방식으
로 정식화할 수 있었던 것은 적어도 부분적으로는 (대다수의 정신분석가

들에게는 다소간 이례적인 연구영역인) 집합론, 논리학, 위상학에서의 그의 작업들 덕분이라고 주장할 수도 있을 것이다.[63]

성적 차이에 대한 라캉의 새로운 은유는 새로운 증상을 구성한다. 성적 차이를 보는 새로운 증상적 방식, 초기의 방식보다 더할 것도 덜할 것도 없이 증상적인 방식 말이다. 증상은 항상 우리로 하여금 어떤 것들을 보게 해 주고 다른 것들을 보는 것을 멈추게 한다.

나는 이 증상적인 봄의 방식을 '괴델식 구조주의'라고 부르고 싶기도 하다. 그것이 구조의 중요성을 고수하면서도 그 구조가 필연적으로 불완전하며 그 안에서 이루어지는 특정 진술들이 근본적 결정 불가능하다는 것을 지속적으로 지적하는 한에서 말이다. 라캉은 모든 유의미한 형식적 체계들은 어떤 결정 불가능한 진술들을 포함하며 언어의 진리를 그와 동일한 언어로 규정하는 것은 불가능하다는 괴델적인 관념을 분명하게

---

63) 여러 측면에서 라캉은 여전히 구조주의 사상가이며, 그가 남성적 구조와 여성적 구조를 (경계지어진/경계지어지지 않은, 닫힌/열린, 유한한/무한한 것으로서) 이해하는 방식은 그 두 구조를 단순한 반대항이 아닌 모순항이 되게 만든다. 그 둘 사이에는 그 어떤 중간적 토대나 연속체도 없다(그의 정신분석 판본에서, 신경증과 정신증 간에 그 어떤 '경계선장애적' 범주도 없는 것처럼 말이다). 분명 이 때문에 라캉은 이원적 사고에 대한 페미니즘적 비판이나 해체론적 비판을 받게 되는데, 이러한 비판의 명확한 표현 가운데 하나는 낸시 제이Nancy Jay의 훌륭한 논문 "Gender and Dichotomy"(in *A Reader in Feminist Knowledge*, edited by Sueja Gunew [New York: Routledge, 1991], p. 95)에서 발견된다. 아주 흥미롭게도 자신의 요점을 표현하기 위해 제이는 아리스토텔레스의 논리학적 범주인 '모순'과 '반대'에 의존하고 있다(이것은 아풀레이우스Apuleius가 라캉이 모델로서 종종 참조하고 이용하는 '논리적 사각형'에 위치시켰던 것과 동일한 범주들이다). 이 두 범주 사이에는 그 어떤 중간적 토대도 없다. 즉 **이 두 범주의 이분법은 그 자체 이원적 대립 혹은 이원적 모순이다**. 모든 모순들이나 이원성들을 제거하려는 목표는 예컨대 정신병리를 하나의 연속체로서 보고, 신경증과 정신증 사이에 그 어떤 예리한 구분선도 없다고 보는 것을 함축하지 않는가? 임상적으로 말해서 이는 라캉이 거의 받아들일 의향이 없었을 견해다. *Elements of Semiology* (New York: Hill and Wang, 1967), pp. 80~82에 나오는 롤랑 바르트Roland Barthes의 이원성에 대한 흥미로운 논의를 참고할 것.

채택한다. 라캉의 작업에서는 예외가 단순히 규칙들을 증명하는 것이라기보다는 보다 근본적으로는 그 예외가 우리로 하여금 규칙들을 재규정하도록 강요하는 것이다. 그의 작업은 히스테리의 바로 그 구조를 체현한다. 즉 그는 어떤 체계를 공식화하는 일에 접근하면 할수록, 더 왕성하게 그것을 재검토하고 의문에 부치는 것이다. 만약 그것이 '모든 체계들을 끝낼 어떤 체계'라면, 우리에게 이 표현을 새로운 방식으로 듣도록 가르치는 것이 바로 라캉이다.

성과 이성의 안락사

✤ 조운 콥젝 ✤

내가 관심을 두는 문제는, 우리가 성을 이론화할 때 일종의 "순수이성의 안락사"[1]에 빠져 든다는 느낌이 커져 간다는 점이다. 나는 '순수이성의 안락사'라는 이 구절을 칸트에게서 빌려 왔는데, 그는 이를 이성의 이율배반에 대한, 즉 이성의 자신과의 내적 갈등에 대한 두 개의 가능한 응답 중 하나를 지칭하기 위해 사용하였다.[2] 칸트가 말하길 이성은 우주론적

---

[1] Immanuel Kant, J. M. D. Meiklejohn tr., *Critique of Pure Reason*, Buffalo, NY: Prometheus, 1990, p. 231. [국역본: 전원배 옮김, 『순수이성비판』, 삼성출판사, 1990, 342쪽] 이후 이 저작의 페이지 수를 병기할 것이다.

[2] [옮긴이 주] 칸트는 이성의 이율배반에 대해 가능한 두 가지 응답을 각각 회의론과 독단론으로 요약한다. 칸트가 '순수이성의 안락사'라는 용어를 통해 비판적으로 지칭하고 있는 대상은 바로

이념들에, 즉 결코 우리 경험의 대상이 될 수 없는 사물들에 자신을 적용하려 할 때면 언제나 불가피하게 모순에 빠져 든다. 이러한 갈등의 명백한 해결 불가능성에 직면할 때, 이성은 자신의 독단적인 가정들에 더욱 집요한 애착을 보이거나 절망적인 회의주의—칸트는 자신의 격렬한 혹평을 이 후자의 선택지를 위해 남겨둔다—에 스스로를 내맡긴다. 나는 성을 고찰하려는 시도 또한 이성을 자신과의 갈등 속에 빠져 들게 한다는 것을 제시하고자 하며, 결과적으로 우리가 마주치게 되는 대안들에 대한, 특히 후자에 대한 반대를 여기서 언명하고자 한다. 그것은 단지—적어도 비판 진영 내에서는—후자가 현재 우리의 주의를 요하는 것이기 때문이다.

얼핏 논의 대상이 된 주디스 버틀러의 『젠더 트러블: 페미니즘과 정체성의 전복』Gender trouble: Feminism and the Subversion of Identity은 이 둘째 대안의 탁월한 현대적 예다.3) 논쟁의 여지가 없는 이 책의 가치는, 그것이 성적 정체성에 대한 우리의 사고에 계속해서 붙어 다니는 생기 없는 독단론의 모든 잔여물을 능숙하게 털어 내는 방식에 있다. 영속적이고 선험적인 실체로서의 성이라는 개념은 충분히 그리고—주의 깊은 논증이 설득하기에 충분했다면—결정적으로 비판된다. 나는 결코 이 책의 진정한 성취나 그 논증의 세련됨을 손상시키려는 의도 없이 그것의 근본적인 가정들 중 몇 가지에 도전하고자 하는데, 그것은 그 가정들이 이 책이 변호하고자 하는 정치적 목적들을 지지하지 못할 것이라는 근거에서

회의론이다. 콥젝이 이 용어를 빌려 오는 것은, 이 글에서 주로 비판하는 주디스 버틀러의 입장이 회의론의 현대적 판본이라고 보기 때문이다.

3) Judith Butler, *Gender Trouble: Feminism and the Subversion of Identity*, New York and London: Routledge, 1990. 이 저작의 페이지 수를 병기할 것이다.

다. 내가 보기에 이 범례적인 책의 문제는, 독단론적 선택을 기꺼이 추방하
면서도 그것이 단지 그것의 이항대립물을 단언하기 위한 공간을 개척할
뿐이라는 데 있다. 칸트가 우리에게 경고한 '절망적 회의주의'가 아니라면
회의주의의 밝은 측면인 자신만만한 주의주의主意主義의 공간 말이다. 버
틀러는 성이 우리의 행위, 담론의 기원에 각인된 실체라는 형이상학적
관념을 성공적으로 비판한 뒤, 성을 "수행적으로 이루어지는 의미작용,
(……) 그 자연화된 내부성과 표면에서 해방되어 젠더화된 의미의 패러디
적 증식과 전복적 유희를 발생시킬 수 있는 것"(33)으로 정의한다. 다시
말해, 마치 버틀러는 타고난 혹은 본질적인 성이라는 허구를 해체하는
것은 또한 성적 차이에 관한 항상적이고 불변적인 무언가가 존재한다는
관념을 거부하는 것, 즉 성은 우리가 "전복적 혼란"의 씨를 뿌리기 위해
개입할 수 있는 역사적으로 가변적인 담론적 실천의 구성물이 결코 아니
라는 관념을 거부하는 것이며 혹은 그렇게 귀착되어야 한다고 믿는 양
나아간다. 모든 종류의 실천은 남성성과 여성성을 별개의 존재자로 구성
하며, 이러한 구성의 유효성·현실성을 부정할 수는 없다고 그녀는 주장
한다. 그러나 성이 '만들어진' 무언가라면, 그것은 또한 파괴될 수도 있다.
행해진 것은 결국 언제라도 해소될 수 있다. 적어도 의미작용의 질서 내에
서는 말이다. 친숙한 것, 자연화된 것, 믿을 수 있는 것은 낯설게 될 수
있다. 즉 탈친숙화되고 탈자연화되고 '믿을 수 없게' 될 수 있다. 부정될
수 있다는 것이다.

　첫 번째 복합적 질문들: 여기서 제공된 양자택일―성은 실체다/성은
의미작용이다―은 유일하게 유효한 것인가? 그렇지 않다면 성은 그밖에
다른 무엇이 될 수 있을까?

버틀러가 우선적으로 폐지하고자 하는 것은 "이항적 성의 안정성"(6)인데, 왜냐하면 그녀는 그것을 강압적 이성애를 정립하고자 애쓰는 실천의 효과로 파악하기 때문이다. 성의 바로 그 이자성二者性, 모든 주체를 전적으로 서로 분리되고 배타적인 두 개의 범주로 분할하는 그 방식이 바로 이성애주의의 목표에 봉사하는 것이다. 그런데 이러한 주장은, 둘은 하나가 되려 하는, 즉 커플이 되려 하는 경향이 있다고 보는 그 주장의 숨겨진 가정이 진술되지 않는다면 아무런 의미가 없다. 그러나 이러한 가정은 어디에서 비롯되는가? 그것은 상보적인 것으로서의 이원 항—남성성과 여성성—이라는 개념 구성에서다. 즉 그 두 항들이 비록 격렬한 적대를 통해 지탱되는 것일지라도 우리가 그 둘을 결합시키려 하는—보다 강하게는, 강제하는—것은, 오직 우리가 그것들을 하나의 의미가 다른 하나의 의미에 의존하며 그 역도 마찬가지인 그런 상호적인 관계를 갖는 것으로 정의할 때뿐이다. 왜냐하면, 라캉의 용어로 하자면 상보적 관계란 절대적 결합과 절대적 공격성 이 모두를 포함하는 상상적 관계이기 때문이다.

두 번째 복합적 질문들: 성적 차이를 오로지 상상적 관계로만 파악해야 하는가? 아니면 규범적 이성애를 지지하지 않으면서도 두 개의 성으로 나누어지는 주체의 분할을 사고할 수 있는 다른 방식이 존재하는가?

그러나 남성/여성이라는 이원항의 안정성은 단지 그 구분의 매끄러움에 이의를 제기하며 그들을 분리하는 장벽을 허물어 버린다고 해서 폐지되지는 않는다. 버틀러가—빈번히 제기되는 최신 입장을 취하면서—우리에게 말하듯 여성, 여성성, 페미니즘의 범주들이 궁극적으로 유지될 수 없다면, 이는 또한 이 범주들이 그 목록의 통합성을 침식하는 다른 모든 종류의 범주들—인종, 계급, 민족성 등—에 의해 교차되고 있다는

사실에 기인한다. 여성들 스스로 페미니즘을 반대하는 상황 속에서 여성
이라는 범주의 바로 그 이질성이 입증된다. 정치적으로 통합된 페미니즘
은 결코 존재하지 않을 것이며 존재할 수도 없다.

　　세 번째 복합적 질문들: 성적 차이는 차이의 여타 범주들과 등치될
수 있는가? 성 정체성은 인종 정체성이나 계급 정체성과 동일한 방식으로
구성되고 동일한 수준에서 작동하는가? 아니면 성적 차이는 이 다른 차이
들과는 상이한 종류의 차이인가?

　　네 번째 복합적 질문들: 여성 범주의 이질성, 곧 모든 여성들을 끌어들
이지 못하는 페미니즘의 바로 그 실패는, 모든 남성들을 단일한 대의명분
으로 끌어들이지 못하는 실패와 유사한 것인가? 페미니즘의 분파성은
오직 인종적 · 직업적 · 계급적 차이로만 귀속될 수 있는 것인가? 왜 페미
니즘은 여성들의 통일—하나의 전체—을 만들어 내지 못하는가?

　　어쨌거나, 성이란 무엇인가? 나의 첫 질문은 또한 『젠더 트러블』의 탐
구를 시작게 한 질문이기도 하다. 버틀러는 성적 차이는 분명 해부학적으
로도 염색체적으로도 또 호르몬적으로도 표시되지 않는다는 프로이트의
주장에 공명하면서, 즉 성이 담론 이전에 존재한다는 것을 의문시하면서
내가 앞서 주목했듯이 성은 담론적으로 또는 문화적으로 구성되어야 한다
고 기계적으로 가정한다. 그러나 프로이트 자신은 이 양자택일의 제약을
피해 나갔다. 그는 정신분석을 "해부학이나 관습"[4]에의 굴복에 대한 거부

---

4) Sigmund Freud, James and Alix Strachey trs., "Femininity", *The Standard Edition of the Complete Psychological Works of Sigmund Freud*, London: Hogarth Press and the Institute of Psycho-Analysis, 1964, p. 114. [국역본: 임홍빈 · 홍혜경 옮김, 『새로운 정신분석 강의』, 열린책들, 2003, 153쪽.]

위에 정초하면서, 이들 중 어느 것도 성의 존재를 설명할 수 없다고 주장했다. 정신분석에서 결코 성은 단순히 자연적 사실일 수 없기도 하지만, 어떠한 담론적 구성이나 의미로도 끝내 환원될 수 없다. 왜냐하면 그렇게 환원한다면 성과 의미의 근본적 적대는 그 속에서 망각되어 버릴 것이기 때문이다. 라캉이 말했듯이, "인간 행동에 대한 분석 작업이 함축하는 모든 것은, 의미가 성적인 것을 반영하는 것이 아니라 그것을 보충한다는 것을 가리킨다"[5]. 성은 의미의 걸림돌이다. 이는 성이 전前담론적임을 말하려는 게 아니다. 우리는 인간의 섹슈얼리티가 의미작용의 산물임을 부정하려는 의도는 없다. 그보다 우리는 성이 의미작용의 내적 한계, 그 실패에 의해 산출된다고 주장함으로써 이러한 입장을 다듬어 보고자 한다. 성이 존재하게 되는 것은—담론적 실천이 결코 의미를 산출하는 데 성공하는 곳이 아니라—오로지 담론적 실천이 걸려 넘어지는 그런 곳에서다.

물론 버틀러는 의미작용의 한계에 대해 무언가를 알고 있다. 예컨대 그녀는 담론의 "과정을 지배하는 텔로스telos"(33)는 존재하지 않으며 담론적 실천은 결코 완전하지 않다는 것을 알고 있다. 이 때문에 그녀는 "여성 자체는, 시작되거나 종결된다고 정당하게 말할 수 없는, 과정상의 용어, 생성, 구성작용"(33)이라고 주장한다. 지금까진 좋다. 여기서는 시비를 가리고픈 것을 발견할 수 없다. 오류와 허위 진술은 다만 그 주장이 더 이상 여성이라는 용어에 관련된 것이 아니라 여성 자체에 대한 주장이

---

5) Jacqueline Rose, "Introduction II", Juliet Michell and Jacqueline Rose eds., *Feminine Sexuality: Jacques Lacan and the école freudienne*, New York and London: W. W. Norton, 1982, p. 47에서 재인용. 인용문은 라캉의 미간행 세미나 XXI에서 따온 것이다.

되는 다음 단계에서 발생한다. 왜냐하면 이 책의 테제는 여성이라는 용어의 의미가 전 역사에 걸쳐 바뀌어 왔고 계속해 바뀔 것이라는 게 아니라 "궁극적으로 여성이 되는 것은 결코 가능하지 않다"(33)는 것, 성 정체성은 결코 그 자체 완전해질 수 없으며 항상 유동적이라는 것이기 때문이다. 달리 말하면, 버틀러는 여성에 대한 변화하는 **개념**에서 여성의 **존재**, **실존**에 관한 무언가를 결론으로 도출해 낸다. 나는 그녀의 결론이 부당하게 도출된 것임을 주장할 것이다. 우리는 성적 차이에 대한 용어들이 불안정하다는 이유로 성이 불완전하고 유동적이라고 주장할 수는 없기 때문이다. 이것은 무엇보다도 **철학적 반론**이다. 버틀러가 신중하게 그러하듯이, 이성이 제약되어 있다고 주장하는 것은 바로 이성이 결정적으로 개념의 수준에서 존재의 수준으로 이동할 수 없다고 주장하는 것이다. 개념에 의해 창출된 가능성의 기초 위에서 존재의 필연성을 확립하는 것은 불가능하다.

담론이 진행 중이며 항상 과정상에 있다고 말하는 것은, 담론 내에는 어떠한 실정적인 항들도 존재하지 않으며 오직 차이의 관계들만이 존재한다는 기본적이면서도 이제는 거의 당연하게 받아들여지는 사실을 승인하는 것이다. 하나의 항은 오직─최종 항은 결코 얻을 수 없기에 무한한─다른 모든 항들과의 차이를 통해서만 의미를 획득한다. 다른 방식으로 말하자면, 담론이 진행 중이라는 진술은 단지 한 기표의 값을 결정하기 위해 우리가 밟아야 하는 과정을 규정하는 언어의 **규칙**을 전적으로 승인한다. 우리가 이 규정을 **이성의 규칙**이라고 불러도 틀린 말은 아닐 것이다. 소쉬르 이래 이성은 (칸트가 믿었듯이) 시간과 공간의 양태를 통해서가 아니라 기표를 통해서 작동하는 것으로 이해되어 왔으니 말이다. 그러나

소쉬르의 바로 그 규칙이, 『순수이성비판』에서 칸트를 괴롭혔던 것과 같
은 순수한 모순, 즉 이율배반 속에 우리를 얽혀들게 한다. 요컨대(우리는
이후에 이 지점으로 되돌아올 것이다), 이러한 언어의 규칙은 우리에게
의미 과정의 끝없음을, 즉 앞서 존재했던 모든 것의 의미를 소급적으로
결정하는 또 다른 기표가 항상 존재하리라는 사실을 믿도록 강요한다.
뿐만 아니라 그것은 또한 '다른 모든 기표들'을, 즉 한 기표의 의미를 결정
하는 데 필수적인 전체 환경을 전제할 것을 요구한다. 기표 체계의 완전성
은 똑같은 언어의 규칙에 의해 요구되면서도 배제된다. 기표 체계의 총체
성 없이는 어떠한 의미의 결정도 존재할 수 없으나, 바로 이 총체성이
그 규칙이 요구하는 기표들의 **계속적** 고려를 가로막는다.

　칸트는 이러한 모순에 대한 정당한 해법이 있음을 주장하지만, 먼저
그는 변증론의 극들 중 하나를 부정함으로써 기능하는 부당한 해법들을
공격한다. 소쉬르가 자신의 '순수 차이' 개념을 '한정적 대립determinant
oppositions'이라는 보다 '실정적인' 개념으로 대체하는 것은 '구조주의적
해법'이라 지칭할 수 있는 부당한 해법의 한 유형이다.6) 소쉬르는 언어학
자와 자기 학파의 '공시적 관점'을 강조하면서, 결국 현재라는 어떤 (가설
적인) 응결의 순간에 작동하는 기표들의 동시적 체계에 우선권을 부여하
기로 결정했다. 의미는 소급적으로 결정되어야만 한다는 그 자신의 중요
한 규정을 자신의 목적을 위해 망각한 채, 그러니까 의미의 통시적 성격을
망각한 채, 소쉬르는 결국 언어과학을 언어의 체계적 총체성 위에 정초했
다. 그리하여 구조주의적 논증은 더 이상 최종 기표 S_2가 앞서 존재하는

---

6) Samuel Weber, "Closure and Exclusion", *Diacritics* 10, no. 2, Summer 1980, p. 37.

기표 S_1을 결정한다는 식이 아니라, 대신 S_2가 S_1을 결정하며 또 S_1이 S_2를 결정한다는 식이 되었다. 즉 상호적인 대립은 공존하는 항들 사이에서 의미들을 안정시키고, 변별적 관계는 앞선 모든 기표들의 재평가를 더 이상 위협하지 않는다.

이 구조주의적 정립에 대한 몇몇 '포스트구조주의적' 응답은 의미의 완결에 대한 요구를 단순히 무시해 버리는 것을 통해 반정립의 입장을 취했다. 『젠더 트러블』에서 버틀러의 입장은 이율배반적인 언어 규칙에 대한 응답의 둘째 범주에 들어맞는다. 그것은 의미작용이란 단지 항상 과정상에 있을 뿐임을 주목하고, 그런 다음 그로부터 성의 안정성이란 존재하지 않는다는 결론을 내리는 것이다. 칸트라면 그녀의 오류가 부당하게 "단지 규칙으로서만 타당한 이념에 객관적 현실성을 귀속시킨"(288)[국역본: 403쪽] 것에, 즉 언어의 규칙과 **물 자체**—이 경우에는 성—의 기술記述을 혼동한 것에 있다고 주장할 것이다. 그러나 이것은 오해를 야기하는데, 왜냐하면 그것은 성이 언어를 넘어선 어떤 것임을, 언어가 영원히 포착하는 데 실패하는 어떤 것임을 함축하는 것처럼 보이기 때문이다. **물 자체**란 단지 그것을 사유하는—표현하는—것의 불가능성을 의미할 따름이라고 이해한다는 단서를 덧붙인다면, 우리는 이 지점에서 칸트를 따를 수 있다. 우리가 성과 관련된 언어의 실패에 대해 이야기할 때, 우리는 그것이 전前담론적 대상에 미치지 못함을 말하는 것이 아니라 그것이 자기 자신과의 모순에 빠진다는 것을 말하고 있는 것이다. 성은 이 **실패**, 이 피할 수 없는 모순과 일치한다. 그렇다면 성은 의미를 완결하는 것의 불가능성이지, (버틀러의 역사주의적/해체주의적 논의가 말하듯이) 불완전하고 불안정한 의미가 아니다. 즉 요점은 성이 언어의 구조적 불완전성이라는 것이지 성 자체가 불완전하다는 것이 아니다. 버틀러의 주장은 의미를 **결정하는** 진행형의 규칙(우리에게 의미를 소급적으로 정의하도록 요구하는 규칙)을 **결정된** 의미로 전환시킨다. 칸트적/정신분석적 논의는 자신과 다른 이 논의와 마찬가지로 성을 탈실체화하고자 하지만, 다른 방식으로 그렇게 한다. 먼저, 그것은 이성의 규칙의 모순을 무시하기보다는 인정한다. 그런 다음 그것은 성을 이성의 자기 자신과의 갈등에—단순히 갈등의 양극 중 하나가 아니라—연계시킨다.

이는 버틀러 입장에서 시도된 것보다 보다 근본적인 성의 탈실체화, 실체로서의 성 개념에 대한 보다 강력한 전복을 구성한다. 왜냐하면 성은 여기서 **불완전한** 존재자가 아니라 완전히 텅 빈 존재자이기 때문이다. 그것은 어떤 술어도 거기에 달라붙을 수 없는 것이다. 버틀러는 성을 기표에, 의미작용 과정에 연계시킴으로써 우리의 섹슈얼리티를 다른 것들과 소통하는 어떤 것으로 만든다. 소통이 하나의 과정이며 따라서 진행 중이라는 사실로 인해 지식이 완전하게 전개되는 것은 주어진 어떤 순간에도 배제되는 반면, 추가적인 지식은 여전히 가능성의 영역 안에 놓인다. 반대로 성이 기표에서 **떨어져 나올** 때, 성은 소통하지 않는 것, 알 수 없는 것으로서의 주체를 표시하는 것이 된다. 주체가 성별화되어 있다고 말하는 것은 그 또는 그녀에 대한 여하한 지식을 갖는 것이 더 이상 가능하지 않다고 말하는 것이다. 성은 단지 이성을 제한하고 주체를 가능 경험이나 순수 지성의 영역에서 떼어내는 기능에 복무할 따름이다. 결국 이것이 "성적 관계는 존재하지 않는다"[7]라는 라캉의 악명 높은 단언의 의미다. 성은

---

7) [옮긴이 주] 독자들은 이와 똑같은 말이 이 논문의 앞에 실린 브루스 핑크의 글에서는 "성적 관계는 없다"로 번역되었다는 데 유의할 필요가 있다. 똑같은 명제를 '없다'/'존재하지 않는다'로

의미와 대립하면서, 또한 그 정의상 관계, 소통과 대립하기도 한다.8)

　성에 대한 이러한 정신분석적 정의에 의해 우리는 우리의 세 번째 복합적 질문들에 이르게 되는데, 왜냐하면 성적 차이는 담론이 아닌 담론의 결점에 의해 정의됨으로써 인종적·계급적·민족적 차이들과 다른 것이 되기 때문이다. 그런 차이들이 상징계 내에 기입되어 있는 반면 성적 차이는 그렇지 않다. 성적 차이는 오직 그 기입의 실패만이 상징계 내에 표시된다. 다른 말로 하자면, 성적 차이는 실재적 차이이지 상징적 차이가 아니다. 이렇게 구별하는 것은 인종, 계급, 또는 민족성의 중요성을 폄하하는 것이 아니라 단지 성적 차이가 이런 차이들이 하는 것과 동일한 종류의 주체에 대한 기술을 제공한다는 통상의 억견에 이의를 제기하는 것이다. 또 이러한 구별은 성에 대한 고려를 다른 차이들에 대한 고려에서 떼어내는 데 이용되어서도 안 된다. 각각의 인종적, 계급적, 혹은 민족적 정체성을 떠맡는 것은 언제나 성별화된 주체다.

　그렇다면 왜 구별을 고집해야 하는가? 그 대답은 주체의 주권 자체가 그 구별에 의존하며 차이 일반을 방어할 가망이 있는 것은 오직 주체의 주권 개념뿐이라는 것이다. 우리가 주체를 계산 가능한 것으로, 이미 알려

　각기 달리 번역한 것은 이 명제에 대한 핑크와 콥젝의 해석상의 관점 차이를 염두에 두었기 때문이다. 이 글에서 개진되는 콥젝의 입장을 고려하면, '있다'/'없다'는 어떤 대상에 대해 존재 판단을 내리는 것이어서 그것은 오직 상징계 내에서만 가능한 것이다. 그러나 콥젝이 보기에 라캉적 의미에서 성은 상징계의 차원이 아니라 상징계가 실패하는 실재의 차원에서 정의되므로 그 지점은 존재 판단이 불가능한 지점이 된다. 따라서 이를 달리 해석하는 브루스 핑크의 입장에서라면 "성적 관계는 없다"로 번역할 수 있을지는 몰라도(이에 대해서는 앞에 실린 핑크의 글 각주 20을 참조할 것) 콥젝의 입장에서 그것은 그와 달리 "성적 관계는 존재하지 않는다"로 번역되어야 한다.

8) 이러한 무지의 정신분석적 변호에 대한 추가적 설명을 위해서는 나의 에세이, "The Sartorial Superego", *October* 51, Fall 1989를 보라.

져 있고 그래서 조작 가능한 법들에 종속되는 것으로 간주하기를 중단하는 것은, 오직 주체를 **자기 지배적인** 것으로, 자기 자신의 법에 종속되는 것으로 정의하기 시작할 때뿐이다. 오직 주체의 주권적 계산 불가능성이 승인될 때만이, 더 이상 차이의 지각들이 차이를 '동질화', '정화'의 과정에 굴복시켜야 한다는 요구를 조장하거나 인종주의의 발흥이 우리에게 알려주기 시작한 타자성에 대한 여타의 어떤 범죄들에 대한 요구도 조장하지 않을 것이다. 이는 우리가 언어의 법들이나 사회적 질서보다 앞서 존재하거나 어떤 방식으로든 초월적인 것으로서의 주체 개념을 지지하리라는 것을 의미하지 않는데, 그런 주체는 그녀가 소망하는 목표가 무엇이든 그것을 성취하기 위한 도구로 언어의 법들을 사용하는 계산하는 주체다. 단순히 소망하는 대로 행하거나 믿는 주체, 복종하기를 **원하는** 법에만 자신을 종속시키는 주체는 단지 계산 가능한 주체라는 테마의 한 변형일 뿐이다. 왜냐하면 주체가 자신의 감각적 성향들을 억누르고자 할 때조차 그에 빠르게 지배되는 것을 쉽게 볼 수 있기 때문이다.

　이 특수한 이율배반―주체는 법 아래에 있다(즉 법의 결정된 효과다)/주체는 법 위에 있다―을 해결하는 유일한 방법은, 에티엔 발리바르가 최근에 말했듯이 다음을 증명하는 것이다.

> [즉] 주체는 법 위도, 법 아래도 아닌, **정확히 그것과 같은 수준에 있다**[는 것]. …… 또는 다른 방식으로 하자면, 시민의 절대적 능동성(입법)과 [주체의] 절대적 수동성(법에 대한 복종. 주체는 법과 '거래하지' 않으며, 그것을 '속이지' 않는다.) 사이엔 정확한 일치가 존재해야만 한다[는 것]. …… 예컨대, 칸트에게서 이러한 주체의 형이상학은 자유와 강제라는 권리 개념의 이중적 규정으로부터 나온다.9)

주체가 **법과 같은 수준**에 있다고 주장하는 것은 주체가 바로 법이라고 주장하는 것과 등가가 아닌데, 왜냐하면 주체와 법의 어떠한 융합이라도 주체를 법으로 환원하고, 주체를 절대적으로 법에 종속시킬 뿐이기 때문이다. 법과 같은 수준에 있지만 법은 아닌 그러한 주체는 오직 법의 실패, 언어의 실패로서만 인식될 수 있다. 언어 속에 있으면서도 언어 **이상**인 주체는, 어떠한 기표로도 설명할 수 없는 원인이다. 그것은 주체가 기표를 초월하기 때문이 아니라 한계로서 기표에 거주하기 때문이다. 근본적으로 알 수 없고 근본적으로 계산 불가능한 이러한 주체가 인종주의에 대항해 우리가 가진 유일한 보증물이다. 이것은 우리가 기표에 대한 주체의 불투명성을 무시할 때면 언제나, 주체를 기표의 불발이 아닌 기표에 일치시킬 때면 언제나, 우리에게서 미끄러져 나가는 보증물이다.

버틀러가 성을 정의하는 방식에 대한 나의 첫째 철학적 반론에 덧붙여, 앞에서의 윤리적 반론뿐만 아니라 정신분석적 반론 또한 추가해야 한다. 나는 이미 성에 대한 버틀러의 입장과 정신분석적 입장 사이에는 결정적인 차이가 있음에 주목했다. 나는 이제 두 입장의 '총체적 양립 불가능성'을 드러냄으로써 좀더 나아가고자 한다. 나는 프로이트가 융에게 가한 비난을 반복하기 위해 이 구절을 선택하였는데, 리비도에 관한 융의 입장에 대해 프로이트가 묘사한 특징은 우리의 논의에도 적용할 수 있다. 프로이트가 말하길, 이러한 입장은 "삶의 교향곡에서 몇 개의 문화적 배음倍音들만을 골래[내며] …… [충동들]의 힘차고 강력한 선율을 듣는 데는 다시금 실패[한다]"[10]. 프로이트는 여기서 융이 리비도를 문화적 과정에만

---

9) Etienne Balibar, "Citizen Subject", Eduardo Cadava, Peter Connor, and Jean-Luc Nancy eds., *Who Comes After the Subject?*, New York and London: Routledge, 1991, p. 49.

배타적으로 연관시킴으로써 그것에서 모든 성적 내용들을 제거한다고 비난한다. 리비도의 본질적인 유연성 또는 적용성을 강조하도록 융을 이끈 것은 이러한 연관이었다. 그에 따르면 성은 문화의 가락에 맞춰 춤을 추는 것이다. 반대로 프로이트의 논의에 따르면 성은 문화의 영역이 아니라 충동들의 영역에서 파악되어야 하는데, 충동들은—문화 밖에서 존재하지 않는다는 사실에도 불구하고—문화적이지 않다. 대신 충동들은 문화의 타자이고, 그러한 것으로서 문화의 조작을 허락하지 않는다.

성은 (충동들의) 법, (발리바르의 문구로 돌아가자면) "'거래'하거나 '속임수'를 쓰지 않는" 그러한 법에 의해 정의된다. 우리는 성의 유연성에 대한 융적인 그리고 현대의 비판적 믿음에 반대해 문화의 관점에서 볼 때 성은 꿈쩍도 하지 않는다고 주장하고 싶다. 이것은 무엇보다도 성, 성적 차이가 해체될 수 없다고 말하는 것인데,11) 왜냐하면 해체는 오직 문화에만, 기표에만 적용될 수 있는 작업이고 그것과 상이한 이 영역과는 아무런 상관도 없기 때문이다. 성의 해체에 대해 말하는 것은 문을 내쫓는다고 말하는 것만큼이나 의미가 없다. 여기서 행동과 대상은 동일한 담론 공간에 속하지 않는다. 따라서 우리는 주체—기표에 속박되지 않는 주체, 사회적 담론의 효과이지만 그것의 실현은 아닌 주체—는 이러한 의미에서 절대적인 사회적 구속에서 자유로운 반면, 그럼에도 불구하고 그 또는 그녀가 자유롭게 어떠한 방식의 주체로도 될 수 있는 것은 아니라고 주장

---

10) Freud, "On the History of the Psycho-Analytic Movement"(1914), SE, vol. 14, p. 62. [국역본: 박성수 · 한승완 옮김, 『정신분석학 개요』, 열린책들, 2004, 124쪽]

11) 이러한 진술이 해체를 기각하는 것으로 취급될 필요는 없다. 해체는 기표와 다른 어떤 것이 '해체될 수 있다'고 또는 부정될 수 있다고 주장하지는 않을 것이다. 사실 무엇보다도 해체가 가능한 것은, 기표의 타자가 꿈쩍도 하지 않기 때문이며 부정될 수 없기 때문이다.

할 것이다. 어떠한 담론 내에서도 주체는 오직 남성적이거나 여성적인 위치를 취할 수 있을 뿐이다.

융적인—그리고 현대의 '신-융적인'—입장은 "충동들의 선율"을 듣지 못한 채 성의 이러한 강압적 차원, 그 탈출 불가능성을 인지하지 못한다. 이러한 입장은 기표의 '자유로운' 문화적 유희에만 치중함으로써 자유를 강압으로부터 분리한다. 바로 이러한 이유로 인해 그것은 자신의 모든 경계에도 불구하고, 이 비난을 예방하기 위해 취해진 모든 조치에도 불구하고 **주의주의적**이다. 예컨대 『젠더 트러블』은 이 점에서 경솔하지 않다. 이 책의 결론은 자신을 기다리고 있음을 알고 있는 주의주의라는 비난을 예측하고 그에 대한 방어를 시도한다. 책의 마지막 장은 행위성agency 개념을 재정의하면서 주체를 언어의 위(조야한 행위성 개념이 주체를 위치시킬 곳)도 아니고 언어의 아래(구성이라는 결정론적 개념이 주체를 위치시킬 곳)도 아닌 언어와 '같은 수준에 있는' 것으로 위치시키는 것을 목표로 한다. 그러나 버틀러가 놓치고 있는 것은, 그래서 그녀가 비켜서려고 애쓰는 비난 앞에 그녀를 무방비 상태로 남겨 두는 것은 극복할 수 없는 한계라는, 모든 담론적 실천을 불구로 만드는 불가능성이라는 어떤 고유한 개념이다. 강압과 실패에 대해 말할 때조차 그녀는 다음과 같이 말한다.

> 의미작용을 지배하는 규칙들이 문화적 이해 가능성intelligibility의 대안적 영역들을, 즉 위계적 이항대립주의의 경직된 코드에 저항하는 젠더를 위한 새로운 가능성들의 단언을 제한할 뿐만 아니라 가능하게 한다면, 정체성의 전복이 가능해지는 것은 오직 반복적 의미작용의 실천들 내에서일 것이다.

> 주어진 젠더로 **존재**하라는 명령은 필연적인 실패를 산출한다. …… [상이한]
> 담론적 명령들의 공존 또는 수렴은 복합적인 재배치와 재정렬의 가능성을
> 낳는다.(145)

우리가 여기서 제공받는 것은 담론의 내속적內屬的 실패의 **효과**—하나의
의미가 다른 의미들과 항상적으로 상충하는 의미의 반란. 각 담론이 지니
는 의미의 가능성들의 증식—에 대한 기술이지 그 원인—언어 안에서
모든 것을 말하는 것의 불가능성—에 대한 현실적 승인이 아니다. 프로이
트가 우리에게 가르쳐 주었듯이, 우리는 기억할 수 없기 때문에 반복한다.
그리고 우리가 기억할 수 없는 것은, 결코 그 자체로 현존할 수 없기에
우리가 결코 경험하지 못했던 것, 결코 경험할 가능성을 가질 수 없었던
것이다. 이러한 경험할 수 없는 것(기억될 수도 말해질 수도 없는 것)의
경험을 산출하는 것은 언어의 자기 자신과의 갈등이라는 교착이다. 그렇
게 반복을 필수적이게 하는 것이 이러한 교착이다. 그러나 여기서 인용된
문장들에서 반복에 고유한 제약들은 차단되며, 그것은 성 또한 마찬가지
다. 성은 말에 의해 말해질 수 없는 것이다. 성은 이 불가능성을 보상하려
애쓰는 다중의 의미들 중 그 어느 것도 아니다. 『젠더 트러블』은 담론의
이 근본적 교착을 제거함으로써, 성에 관한 그 모든 이야기에도 불구하고,
성 자체를 제거한다.

  성은 꿈쩍도 하지 않는다. 그리고 이렇게 말하는 것은 이성애주의적인
것이 아니다. 실상은 그 반대가 진실일 것이다. 왜냐하면 성이 사회적
지령에 순응하고 사회적 내용을 띠도록 강제하는 것은, 성을 기표에 순응
시키는 것을 통해서이기 때문이다. 결국 버틀러는 주체를 언어와 같은

수준에 위치시키고 싶어 하면서, 주체를 언어 아래에, 언어의 실현으로 위치시키며 끝맺는다. 자유 곧 '행위성'은 이와 같은 도식 안에서는 파악할 수 없다.

남근 함수

이제 나를 기다리고 있음을 알고 있는 반론과 대면하고자 한다. 나는 비판철학에서 차용한 논의들을 사용하여 정신분석적 입장을 제출해 왔다. 그러나 이러한 철학이 제기하는 주체—때때로 '보편적' 주체로서, 즉 구체적 개인과 대립하는 것으로서 지시되는 주체—가 정의상 **무성**無性인 *neuter* 것처럼, 그러니까 비성별화된 것처럼 보이는 반면, 정신분석의 주체는 똑같이 정의상 항상 성별화되어 있다. 그렇다면 어떻게 성적으로 분화된 주체가 비판철학의 틀 속으로 들어가는가? 어떤 경로를 통해서 우리는 '보편적' 주체는 **필연적**으로 성별화되어 있다는, 의심의 여지없이 형용모순적인 결론으로 보일 그런 것에 도달했는가?

그러나 이번에는 우리가 다음과 같이 질문할 수 있을 것이다. 철학적 주체가 무성이어야 한다고 그렇게 쉽게 가정되는 이유는 무엇인가? 우리의 관점에서 보자면, 정당화되지 않는 것처럼 보이는 것은 이러한 가정이다. 그것을 고수하는 이들이 가정하듯이, 그것을 근거 짓는 것은 구성적으로 모든 실정적 특징들을 결여한 주체라는 바로 그러한 정의다. 이로부터 우리는 주체를 탈성화脫性化하는 이들이 성을 실정적 특징으로 간주한다고 유추할 수 있을 것이다. 지금까지 우리가 말해 온 모든 것은 이러한 특징화의 거부로 요약된다. 예를 들어 우리가 성적 차이는 다른 종류의 차이들과 대등하지 않다고 진술했을 때, 우리는 성이 주체를 실정적으로 기술하는 것이 아니라고 말하고 있었던 것이다. 우리는 이것을 다음과 같은 방식으로 말할 수 있을 것이다. 즉 남성과 여성은 존재being와 마찬가지로 술어가 아니다. 이것이 의미하는 바는, 남성과 여성은 주체에 대한 우리의 지식을 증가시키기보다는 우리 지식이 실패하는 양태를 수식한다는 것이다.

우리는 주체를 언어의 내적 한계 또는 부정으로, 즉 언어의 실패로 정의해 왔다. 이것은 주체가 어떠한 실체적 존재도 가지고 있지 않음을, 그것은 가능한 경험의 대상이 아님을 주장하기 위해서다. 이 주체가 비성별화된 것으로 사고된다면, 그것은 단지 성이 실정적 특징이라고 순진하게 가정되기 때문만이 아니라 실패가 단일한 것이라고 가정되기 때문이기도 하다. 이것이 사실이라면, 즉 언어—또는 이성—가 오직 하나의 불발의 양태만을 가지고 있다면, 주체는 사실상 무성無性이 될 것이다. 그러나 이것은 사실이 아니다. 언어와 이성은 두 개의 서로 다른 방식 중 하나의 방식으로 실패할 것이다. 이러한 불발 양태들 사이의—이성이 자기 자신과 모순에 빠지게 되는 두 가지 방식 사이의—구별은 칸트에 의해 『순수이성비판』에서 최초로 행해졌으며 『판단력비판』에서 다시 한번 사용되었다. 그는 이 두 저작에서 공히 이성의 실패는 단일하지 않고 두 개의 개별 경로를 통한 이율배반적 궁지 위에서 걸려 넘어진다는 것을 논증했다. 그 첫째는 수학적인 것이고, 둘째는 역학적인 것이다.

많은 이들이 칸트의 텍스트에서 성적 차이의 장소를 찾아내려고 시도해 왔지만, 실상 그들이 찾고 있었던 것은 성적 편견 또는 성적 무관심이었다. 예컨대 어떤 이들은 미와 숭고에 대한 기술에서 성적인 종류의 분화를 식별했다. 이들 비평가들은—이렇게 말할 수 있다면—완전히 그릇된 장소에서 성을 찾고 있었던 것이다. 내가 제안하고 있는 것은, 성적 차이는 진정 칸트에게서 발견할 수 있지만, 그것은 하나의 우연한 방식 속에서, 그리고 형용사나 사례의 사용 속에서가 아니라 근본적으로, 즉 수학적 이율배반과 역학적 이율배반2)의 구별 속에서 발견할 수 있다는 것이다. 다시 말하면, 칸트는 이러한 구별을 통해 모든 주체들을 두 개의 상호 배타적인 집단—남성과 여성—으로 나누는 정신분석의 분할을 정초하는 차이를 이론화한 최초의 인물이었다.

그래서 나는 이 글의 나머지 부분에서 이성의 이율배반에 대한 칸트의 분석을 통해 정신분석에서의 주체의 성 구분을 해석하고자 한다. 좀더 명확히 하자면, 나는 라캉이 세미나 XX『앙코르』에서 제안한 성 구분 공식에 초점을 맞출 것이다. 이 세미나에서 라캉은 성적 차이에 관한 정신분석의 입장을 반복해서 말하고 있다. 라캉이 주장하는 바는 우리의 성별화된 존재는 생물학적 현상이 아니라는 것, 그것은 신체를 통해 흐르는 것이 아니라는 것, 그것은 오히려 "말의 논리적 요구에서 비롯된다"13)는 것이다. "모든 것을 말하는 것은 말 그대로 불가능하다. 말은 실패한다"14)

---

12) [옮긴이 주] 칸트가 제시한 순수이성의 이율배반은 다음 네 가지로 나타난다. (1) 양적인 차원에서 세계의 유한성과 무한성 (2) 질적인 차원에서 세계의 단순성과 복합성 (3) 관계적인 차원에서 세계의 자유와 필연성 (4) 양상적인 차원에서 세계의 필연성과 우연성. 이 중 첫 번째와 두 번째는 수학적 이율배반에 해당되고, 세 번째와 네 번째 이율배반은 역학적 이율배반에 해당한다. 좀더 상세한 내용은『순수이성비판』의 '순수이성의 이율배반' 장을 참조할 것.

13) Jacques Lacan, *Encore*, Paris: Seuil, 1975, p. 15.

14) Jacques Lacan, Joan Copjec ed., Denis Hollier, Rosalind Krauss, and Annette Michelson trs., *Television/A Challenge to the Psychoanalytic Establishment*, New York: W. W. Norton,

는 사실과 우리가 불가피하게 맞닥뜨릴 때, 이러한 논리적 요구는 우리를 근본적인 바닥 또는 막다른 골목으로 이끌고 간다. 여기에 더해 우리는 다음과 같이 덧붙일 위치에 와 있다. 즉 말은 두 개의 서로 다른 방식으로 실패한다. 혹은 라캉이 『앙코르』에서 말하듯이 "연애, 성적 관계가 실패하는 두 가지 방식이 존재한다. ……남성적 방식……[그리고] 여성적 방식이 있다"[15].

그 세미나의 7번째 세션인 「러브레터A Love Letter」에서 묘사된 바와 같이, 성 구분 공식은 다음과 같다.[16]

$$\exists x \ \overline{\Phi x} \qquad \overline{\exists x} \ \Phi x$$
$$\forall x \ \Phi x \qquad \overline{\forall x} \ \Phi x$$

네 공식 각각은 간단한 논리 명제이며, 모든 명제와 마찬가지로 **양**과 **질** 모두를 지니고 있다. 명제의 양은 주어의 양에 의해 결정된다. 기호 $\forall$와 $\exists$는 양화사量化詞인데, 즉 그것들은 주어의 양을 가리킨다. 보편 양화사 $\forall$는 어떤 것이나every, 모든all, 어떤 것도 ~아닌none 같은 단어들의 속기速記다. 그러나 고유명사 또한 보편자로 여겨진다는 점에 주목하는 것은 중요하다. 존재 양화사 $\exists$는 몇몇의some, 하나의one, 적어도 하나의 at least one, 어떤certain, 대개의most 같은 단어들을 나타낸다. 명제의

1990, p. 3.

15) Lacan, *Encore*, pp. 54~54.

16) 같은 책, p. 73. 이 도표는 또한 Mitchell and Rose, *Feminine Sexuality*에 포함된 이 세미나 세션의 번역본 149쪽에도 나온다.

질은 긍정하거나 부정하는 계사繫辭의 질에 의해 결정된다. 긍정은 표시를 하지 않는 반면 부정은 술어 위에 선으로 표시를 한다.

기호 Φ는 라캉의 다른 텍스트에서 이미 익숙한 것이므로, 이제 명제들을 번역하는 것이 가능해진다.

남근 함수에 종속되지 않는 적어도 하나의 x가 존재한다.	남근 함수에 종속되지 않는 단 하나의 x도 존재하지 않는다.
모든 x는(어떤 x나) 남근 함수에 종속된다.	모든 x가(어떤 x나) 남근 함수에 종속되는 것은 아니다.

도식의 왼쪽은 남성편으로 지칭되고, 반면 오른쪽은 여성편으로 지칭된다. 첫째로 주목해야 할 것은, 각 편을 구성하는 두 개의 명제들이 서로에 대해 이율배반적 관계에 있는 것으로 보인다는 것, 즉 그것들이 서로 모순되는 것으로 보인다는 것이다. 어떻게 이러한 명백한 이율배반들이 산출되었으며, 어떻게 그것들이 성적 차이라는 용어로 지칭되게 되었는가? 이러한 질문들에 대답하기에 앞서 우리는 공식들에 대해 좀더 많은 것을 알 필요가 있다.

라캉은 우리가 앞의 기술에서 사용한 고전논리학의 용어들 중 두 가지를 포기한다. 주어와 술어 대신에 그는 **논항**argument과 함수라는 용어를 사용한다. 이러한 대체는 개념적 차이를 표시한다. 남성과 여성이라는 두 집단은, 낡은 용어들의 경우에 그러하듯이 더 이상 유사한 속성을 가진 주체들을 결집시킴으로써 형성되지 않는다. 분류의 원리는 더 이상 기술적記述的인 것이 아니다. 즉 그것은 공유된 특징 또는 공통의 실체의 문제가 아니다. 남성 집단에 속하는지 또는 여성 집단에 속하는지 여부는 오히려 함수와 관계하는 논항으로서 스스로를 어디에 위치시키는가에, 다시 말해 어떠한 언표위치를 채택하는가에 달려 있다.

　라캉이 고전논리학의 몇몇 용어들을, 심지어는 몇몇 전제들까지도 포기하는 것을 정당화하는 것은, 네 개의 명제 각각에서 나타나는 함수—남근 함수—다. 이 함수는, 그리고 특히 그것이 실로 도표의 양편에 모두 나타난다는 사실은, 프로이트가 여성 섹슈얼리티의 이론을 처음 정교하게 다듬기 시작한 이래 논쟁의 핵심에 있었다. 페미니스트들은 항상, 양 성의 존재를 설명하기 위해서는 남근이 설정되어야 한다는 생각, 양 성의 차이는 이 단일한 항에 대한 참조를 통해 규정되어야 한다는 생각에 대해 반감을 품어 왔다. 그들은 차이를 단순한 긍정이 아니면 부정—남근을 가지고 있느냐 아니면 가지고 있지 않느냐—으로 환원하는 것이라 스스로 이해했던 바를 혐오해 왔다. 그러나 이러한 불평은 잘못된 표적을 향해 주먹을 휘두르는 것인데, 왜냐하면 남근 기표의 특이성 또는 단독성은 바로, 그것이 여하한 단순 긍정이나 부정의 가능성도 파멸시킨다는 사실에 기인하기 때문이다. 도표의 각 편에서 단일 진술이 아니라 서로 갈등하는 두 개의 진술을 산출하는 원인이 되는 것이 남근 기표다. 각 편은 남근 함수의 긍정과 부정 모두에 의해, 절대적(비남근적) 향유*jouissance*의 내포와 배제 모두에 의해 정의된다. 단지 여성편의 악명 높은 '전부가 아닌'—전부가 남근 함수에 종속되는 것은 아니다—만이 남근 지배에 종속되는 사물들의 집단 안에 여성을 배치하는 것과 관련된 근본적인 결정 불가능성에 의해 정의되는 것이 아니라 남성편 또한 그와 유사한 결정 불가능성을 품고 있다. 모든 남성을 남근 지배의 영역 속에 포함하는 것은, 적어도 하나가 그것을 벗어난다는 사실을 조건으로 하기 때문이다. 우리는 이 '벗어나는 남성'을 전부 중의 하나로서 세는가, 혹은 그렇지 않은가? 그의 향유가 남성적 종류로 제한되지 않는 남성은 어떤 종류의 '남성'인가? 그리고 그 요소들 중 하나를 상실하는 전부는 어떤 종류의 '전부'인가?

그렇다면 여러분들은 알게 될 것이다. 결정 불가능성에 관해, 성적 기표들이 자신들을 서로 분리된 두 개의 집단으로 갈라놓는 것을 거부하는 방식에 관해 정신분석을 가르치려 애쓰는 것은 부질없는 일이라는 걸 말이다. 정신분석에 해체를 설교하는 것은 소용없는 일인데, 왜냐하면 정신분석은 그것에 대해 모든 것을 알고 있기 때문이다. 양성성은 그것이 줄곧 해체주의적 개념이기 이전에 오래도록 정신분석적 개념이었다. 그러나 해체주의와 정신분석의 차이는, 후자가 양성성의 사실—즉 남성적 기표와 여성적 기표는 절대 구별할 수 없다는 사실—을 성적 차이의 부정과 혼동하지 않았다는 점이다. 해체주의는 이 실패가 일어나는 방식들 사이의 차이를 단순히 무시함으로써 이러한 혼동에 빠져 든다. 해체주의는 실패를 단일한 것으로 여김으로써 성적 차이를 성적 무구분성indistinctness으로 무너뜨리며 끝맺는다. 이것은 적어도 이 지점에서, 해체주의는 존재를 말하는 체하는 언어의 가장에 기만당하는 것으로 보인다는 사실에 덧붙여지는데, 왜냐하면 해체주의는 성적 기표들의 혼동을 성 자체의 혼동과 등치시키기 때문이다.

요컨대 이것이 성 구분 공식의 교훈이다. 이제 내가 훨씬 더 상세하게 보여 주고자 하는 바와 같이, 그것은 칸트에게서 배운 교훈이다. 그러나 먼저 우리는 이 모든 결정 불가능성의 원천인 남근 함수에 대해 좀더 애기할 필요가 있다. 그것이─도표의 양 편 모두에─나타난다는 것은, 우리가 말하는 존재speaking beings에 관여하고 있다는 사실을 보여 준다. 거세라는 프로이트적 개념에 대한 라캉의 번역에 따르자면, 그 존재는 언어에 진입하는 순간 향유에 대한 접근을 포기하는 그런 존재다. 이것은 우리가 지금까지 주장해온 바─경험할 수 없는 것, 말할 수 없는 것의 경험을 낳는 것은 언어의 궁지다─를 재진술할 뿐만 아니라, 라캉의 성적 차이에 대한 이론이 여성을 언어 외부의 암흑대륙 속에 가둬 놓는다고 단언하는 그러한 독해의 어리석음을 또한 폭로한다. 도표의 각 편은 언어의 외부라는 이러한 질문을 야기하는 서로 다른 궁지, 말의 본질적인 무력함을 드러내는 서로 다른 방식을 묘사한다. 그러나 남근 함수가 각 편에서 실패를 산출한다 하더라도, 그것은 양 편 사이의 대칭성을 산출하지는 않는다.

여성편: 수학적 실패

우리는 우리의 독해를 관습적으로 그러하듯이 공식의 왼쪽이 아닌 오히려 오른쪽 또는 여성편에서 시작하고자 한다. 정신분석은 여성을 부차적인 것으로, 일차 항인 남성의 변형에 불과한 것으로 구성한다는 매우 통상적인 편견과는 반대로, 이러한 공식은 오른쪽에 일종의 우선권이 있다는 것을 암시한다. 공식을 이렇게 독해하는 것은 칸트가 수학적 이율배반에 부여한 특권과 일관되는 것이다. 칸트는 수학적 이율배반을 처음에 다룰 뿐만 아니라, 수학적 종합에 그것의 역학적 대응물보다 좀더 직접적인 확실성의 유형을 부여한다. 칸트의 분석에서, 많은 지점에서 이차적인 것으로 출현하는 것은 역학적 이율배반(우리의 독해에서는 공식의 '남성 편')인데, 그것은 더 근본적인 **해결 불가능성**, 즉 수학적 갈등이 분명히 보여 주는 총체적이고 완전한 궁지에 대한 일종의 **해법**으로 출현한다. 이러한 두 가지 갈등 양태의 차이를 탐구하면서 우리가 주목하고자 하는 것 중 하나는 갈등과 해법이라는 바로 그 개념이 첫 번째 양태에서 두 번째 양태로 이동하는 방식이다.(그러나 최종적으로는 성별 중 하나 또는 이율배반 중 하나가 다른 하나에 대해 우선권을 지닌다는 이러한 생각은 환영으로 간주되어야 한다. 성별과 이율배반은 동일한 유에 속하는 두 개의 종이라기보다는 하나의 뫼비우스 띠 상에 있는 위치들로 해석해야 한다.) 수학적 이율배반과 역학적 이율배반 사이에는 오해의 소지가 없는 비대칭성이 존재한다. 하나에서 다른 하나로 이동하자마자 우리는 완전히 다른 공간에 진입하는 것처럼 보인다. 그리도 많은 칸트의 논평자들이 그러했듯이 이러한 차이에 좌절한 채로 있기보다는, 또 그것을 사유의 혼란으로 귀속시키기보다는, 오히려 우리는 라캉의 도움을 받아 그것을 지탱하는 논리를 추출하고자 한다.

수학적 이율배반이란 무엇인가? 어떻게 우리는 그것을 정의하는 갈등을 기술할 것인가? 칸트는 이러한 종류의 갈등을 예기치 않게 발생시키는 두 개의 '우주론적 이념들'을 분석한다. 우리는 오직 첫째 것만을 논의할 것인데, 우리에게 성 구분 공식의 '여성편'에서 발견되는 이율배반에 가장 밀접하게 상응하는 것처럼 보이는 것이 이 첫째 이념이기 때문이다. 첫째 이율배반은 '세계'를 사고하고자 하는 시도에 의해 야기되는데, 칸트에게 세계는 "모든 현상들의 수학적 전체 그리고 그것들을 종합한 총체"(237)

[국역본: 348쪽]를 의미한다. 다시 말하면, 그것은 이 세계의 조건으로서 복무하게 될 다른 어떤 현상도 더 이상 전제할 필요가 없는, 그런 현상들의 세계다. 그렇다면 이성은 무제약의 전체, 현상들의 절대적 전부를 겨냥한다. 이러한 시도는 이 전부의 본성에 관해 다음과 같이 두 개의 갈등하는 명제를 산출한다. 정립: 세계는 시간적으로 시초가 있으며, 또한 공간적으로 제약되어 있다. 그리고 그것의 반정립: 세계는 어떠한 시초도 공간상의 한계도 없으며, 시간과 공간 양자에 관해서 무한하다.

양자의 주장을 검토한 후에 칸트는 다음과 같은 결론을 내린다. 즉 각각의 주장은 상대의 거짓을 성공적으로 증명하는 반면에, 어떠한 주장도 확실하게 자기 자신의 참을 확립할 수는 없다. 이러한 결론은 칸트 자신이 벗어나야만 할 회의적 궁지를 야기하는데, 왜냐하면 스스로를 회의주의에 대립시키는 칸트철학의 기본 교의 중 하나가 이성의 모든 문제는 해법을 허용한다는 것이기 때문이다. 그가 도달하는 해법은 다음과 같다. 우리는 두 대안 사이에서 선택할 수 없다는 사실에 절망하기보다, 양자의 대안 모두가 거짓이므로 선택할 필요가 없음을 깨달아야만 한다. 다시 말해 애초 모순적 대립을 구성하는 것으로 보였던 정립과 반정립 진술은, 조사해 보면 반대명제*contraries*인 것으로 판명된다.

논리학에서 모순적 대립은 한 명제가 다른 한 명제의 전적인 부정이 되는 두 명제 사이에서 존재하는 것이다. 이 경우 두 명제를 합치면 가능성의 전 범위를 남김없이 포괄하기 때문에, 한 명제의 참은 다른 명제의 거짓을 확립하고 그 역도 마찬가지이다. 모순은 영합zero-sum 사태다. 부정—그것은 계사와 관련된다—은 자신의 너머에 어떠한 것도 남겨두지 않는다. 그것은 다른 명제를 철저히 소멸시킨다. 다른 한편 반대적

contrary 대립은, 한 명제가 다른 명제를 전적으로 부정하는 것이 아니라 다른 극단의 방향으로 단언하는 두 명제 사이에서 존재하는 것이다. 부정 —이번에는 오직 술어에만 관련된다—은 모든 가능성들을 남김없이 포괄하지 않으며, 발화하지 않는 무언가를 남겨 둔다. 이러한 이유로 인해 **양자**의 진술은 동시에 거짓일 수 있다.

이러한 논리를 덜 추상적으로 만들기 위해 칸트는 수학적 이율배반에서 문제가 되는 것을 성공적으로 예시하는, 그답지 않게 자극적인 사례에 의존한다. 그는 "몸에서 좋은 냄새가 난다"는 진술을 그 반대 진술인 "몸에서 나쁜 냄새가 난다"와 대립시킨다. 그것은 둘째 진술이 첫째 진술을 전적으로 부정하는 것이 아니라(그러고자 했다면 "몸에서 좋은 냄새가 나지 않는다"로 충분했을 것이다) 다른 냄새, 여기서는 나쁜 냄새를 정립하는 것으로 나아간다는 것을 보여 주기 위함이다. 이들 명제 모두가—향기와 악취는 서로를 상쇄하기 때문에—참이 되는 것은 가능하지 않지만, 그 모두가—어떠한 것도 또 다른 가능성, 즉 몸에서 아무런 냄새도 나지 않을 가능성을 고려하지 않기 때문에—거짓이 되는 것은 가능하다.

이러한 논리적 요점을 달리 예시하기 위해, 우리는 "당신이 아내를 때리는 걸 언제 그만뒀지?"라는 농담을 산출하는 것이 반대적 대립의 구조라는 데 주목할 수 있을 것이다. 질문의 형식은, 수신인이 그가 선택하는 어떠한 응답도 제공할 수 있는 것처럼 보이지만 실상은 오직 반대명제들 사이에서만 선택할 것을 허용한다. 그것은 그에게 질문 속에 포함된 비난을 부정하도록 허용하지 않는다.

칸트는 '세계가 유한한가 아니면 무한한가'라는 질문에 대답하기를 거부함으로써, 그리고 대신 그 질문 속에 포함된 가정—세계가 **존재한다**the world *is*—을 부정함으로써 회의적 궁지를 피해 나간다. 세계가 존재한다고 가정하는 한, 우주론적 이율배반의 정립과 반정립은 모순적인 것으로, 상호 배타적이고 아무 여지없는 양자택일로 간주되어야 한다. 그렇게 선택은 강제된다. 그러나 이러한 가정이 잘못 정초된 것으로 보이는 순간, 그 둘 중 어떤 것도 참인 것으로 취급될 필요가 없다. 즉 선택은 더 이상 필수적인 것이 아니다. 그렇다면 이러한 이율배반의 해법은, 이러한 가정의 바로 그 비정합성, 세계가 존재하는 것의 **절대적 불가능성**(294)(칸트의 말)[국역본: 409쪽]을 증명하는 것에 놓여 있다. 이것은 세계가 자기 모순적 개념이라는 것, 끝없는 진행의 절대적 총체성은 정의상 인식될 수 없다는 것을 보여 줌으로써 이루어진다.

　어떻게 그러한가? 세계의 규모를 규정하기를 그렇게도 갈망하는 이들이 가정하듯이 세계가 경험의 대상이라면, 그것을 인식함에 있어 경험의 가능성의 조건들이 충족되어야 한다. 따라서 세계라는 이념의 본질적 파산은, 그것이 이러한 형식적 조건들을 충족시킬 수 없음을 증명함으로써 가시화될 것이다. 이러한 조건들은, 가능한 경험의 대상이 현상들의 진행 또는 역진을 통해서 시공간 속에 위치할 수 있어야 함을 명시하고 있다. 그러나 현상들의 절대적 총체성이라는 개념은 그러한 **계속**의 가능성을 차단하는데, 그것은 오직 현상들의 **동시성**으로서만 포착될 수 있기 때문이다. 그러므로 우리에게 조건들을 찾을 것을 요구하는 이성의 규칙은, 규칙의 총체적 만족이라는 개념에 의해, 즉 세계라는 개념에 의해 축소된다. 규칙에 대한 집착과 규칙의 완전한 만족은 이율배반적이며, 그러한 것으로 판명난다. 세계는 그것을 발견하는 수단을 파괴하는 대상이다. 그것을 어쨌든 대상으로 부르는 것은 이러한 이유로 인해 부당하다. 현상들의 세계는 용어상 틀림없는 모순이다. 세계는 존재할 수 없으며 존재하지 않는다.

세계가 존재하는 것의 불가능성을 증명했으니, 칸트는 이제 정립과 반정립 진술 모두를 기각할 수 있다. 이것이야말로 칸트가 그의 해법을 두 번, 처음에는 부정적인 형식으로 그 다음에는 긍정적인 형식으로 진술했을 때 실로 그가 행한 바다. "세계는 시간적으로 시초가 없으며, 공간적으로 절대적 한계가 없다"라는 것은 부정적 해법이다. 그것은 반정립이 그러하듯 반反단언을 하는 것으로 나아가지 않고 정립을 부정한다. 현상적 영역에서 현상들에는 어떠한 한계도 없다. 왜냐하면 이것은 예외적인 종류의 현상, 그러니까 스스로 제약되지 않으며 따라서 우리의 역진을 중단하도록 허용하는 현상, 또는 어떠한 현상적 형태도 취하지 않는 현상, 즉 텅 빈 현상—공백의 공간 또는 공백의 시간—이 존재할 것을 요구하기 때문이다. 그러나 분명히 이러한 자기모순들은 어떠한 현실적 가능성들도 용인하지 않는다. 어떠한 현상들도, 그것들을 우리 경험의 대상으로 만드는 유일한 것인 이성의 규칙들로부터 면제되지 않는다. 즉 가능한 경험의 대상이 아닌(혹은 역진의 규칙에 종속되지 않는) 현상은 존재하지 않는다: $\overline{\exists x\ \Phi x}$.[17]

이후 칸트는 "세계의 양을 규정하기 위한 일련의 현상들 속에서의 역진은 부정적不定的으로*indefinitum* 진행된다"(294)[국역본: 409쪽]고 진술함으로써 반정립을 기각하는 것으로 나아간다. 즉 현상들의 집합에 한계가

---

17) [옮긴이 주] "남근 함수에 종속되지 않는 단 하나의 x도 존재하지 않는다." 여기서 콥젝은 첫 번째 수학적 이율배반(양적인 차원에서 세계의 유한성과 무한성의 이율배반)에 대한 칸트적 해법의 두 가지 진술 방식을 성 구분 공식 여성편의 논리 명제와 병치하면서 서술을 진행하고 있다.

없다는 인식은, 현상들은 **무한하다**infinitive는 반정립적 입장을 유지하도
록 강제하는 것이 아니다. 오히려 그것은 모든 현상들의 기본적 **유한성**
finitude을, 현상들은 불가피하게 시간과 공간의 조건에 종속되며 따라서
그것들은 부정적으로, 모든 현상들이 알려지게 될 지점인 끝에 도달할
가능성 없이 하나하나 조우되어야 한다는 사실을 인지하도록 강제한다.
세계의 지위는 무한한 것이 아니라 비규정적이다. **모든 현상들이 가능한**
경험의 대상인 것은 아니다: $\overline{\forall x}\ \Phi x.$[18]

　칸트의 비판철학이 제공하는 해법은 여하한 가능한 오해를 막기 위해
서 두 번 진술되어야 한다. 왜냐하면 현상들에는 한계가 없다는 단순한
진술은, 그 말을 듣는 사람들에게 세계가 무제약적limitless이라는 초월적
환영을 수반할 것이며, 반면 모든 현상들이 알려질 수 있는 것이 아니라는
단순한 진술은 적어도 하나의 현상이 우리의 경험을 피해 간다는 것을
함축할 것이기 때문이다.

　이제 첫째 수학적 이율배반의 해법에 관한 칸트의 두 가지 진술로부터
산출된 공식들이 라캉이 여성—세계와 마찬가지로 존재하지 않는—에
대해 제공한 공식들을 형식적으로 배가한다는 점을 명백히 해야 한다.
그러나 어떻게 여성과 세계 사이의 이러한 병치가 유지될 수 있는가?
라캉이 여성의 비존재에 대해 말할 수 있는 것은 어떻게 가능한가? 우리의
응답은 라캉 자신의 설명에서 출발해야 한다. 그 설명에 따르면, "'그것이
존재한다'고 말하기 위해서는 또한 필수적으로 그것을 구성할 수 있어야
합니다. 다시 말해 이 존재가 있는 곳을 발견하는 방법을 알아낼 수 있어야

---

18) [옮긴이 주] "모든 x가(어떤 x나) 남근 함수에 종속되는 것은 아니다."

합니다."[19] 이러한 설명에서 우리는 그것의 칸트적 논조를 들을 수 있을 테지만, 그 속에서 또한 프로이트의 반향도 들어야 한다. 그는 대상을 발견하기 위해서는 또한 그것을 재발견할 수 있어야 한다고 주장했다. 여성이 존재하지 않는다면, 이는 그녀가 재발견될 수 없기 때문이다. 이 지점에서 그리 잘 이해되지 않는 라캉의 언명에 대한 나의 설명적 재진술이 그 원본 못지않게 불가해한 것처럼 보일 것이다. 그러나 나의 의도는 역학적 이율배반에 대한 설명을 경유해 나아가면서 이 해명을 명확히 하는 것, 나아가 이를 통해 칸트와 프로이트적 정신분석 사이의 연계를 확립하는 것이다.

당분간은 계속해서 라캉 진술의 순전히 칸트적인 논조에 주목하도록 하자. 의심할 여지없이 라캉이 주장하고 있는 바는, 여성의 조건들을 완전히 전개하는 과업은 실제로는 달성될 수 없는 것이기 때문에 여성의 개념은 구성될 수 없다는 것이다. 우리는 시간과 공간에 묶여 있는 유한한 존재이기 때문에, 우리의 지식은 역사적 조건에 종속된다. 여성에 대한 우리의 개념은 이러한 한계를 '능가할' 수 없으며, 따라서 여성의 전체에 대한 개념을 구성할 수 없다. 그러나 이러한 칸트적 입장은 버틀러나 다른 이들이 표명한 것과 어떻게 다른가? 우리의 입장은 실로, 근래 그렇게도 빈번하게 모든 보편주의에 반하는 태도를 취하는 입장—여성 또는 남성의 일반 범주, 주체성의 일반 범주는 존재하지 않는다. 오직 특수하고 분산된 담론들에 의해 정의되는, 역사적으로 특수한 주체의 범주만이 존재한다—과 그렇게도 많이 어긋나는 것인가? "여성은 존재하지 않는다"

19) Lacan, *Encore*, p. 94.

라는 말에 대한 우리의 해석과 다음 해석의 차이는 무엇인가? 이 해석에 따르면 우리가 여성의 존재에 대한 주장을 할 때 우리는 그릇된 길로 이끌리고 있는데, 왜냐하면,

> '여성'이라는 범주는 규범적이고 배타적이며, 계급과 인종적 특권이라는 표시되지 않는 차원들을 손대지 않은 채 환기되기 때문이다. 다른 말로 하자면, 여성이라는 범주의 일관성과 통일성에 대한 주장은 실질적으로 '여성'의 구체적 배열이 구성되는 문화적, 사회적, 그리고 정치적 교차 지점들의 복합성을 거부해 왔다. (Butler: 14)

여기서 암시되고 있는 것은 여성이라는 보편적 범주가, 여성들이 다양한 실천들에 의해 구성될 때 그들 사이에 존재하는 계급적·인종적인 차이들을 탐구하는 현재의 작업과 모순되며 그러한 작업에 의해 반박된다는 것이다. 논증의 논리는 아리스토텔레스적이다. 즉 그 논리는 보편자를 실정적인 유한 항('규범적이고 배타적인')으로 파악하는데, 그것은 자신의 한계를 또 다른 실정적인 유한 항(특수한 여성 또는 "'여성'의 구체적 배열")에서 발견하는 그런 항이다. 그리하여 전부의 부정은 특수자the particular를 산출한다. 이러한 입장에서 시작되는 '성의 이항대립주의'에 대한 경멸은, 보편자와 특수자를 모든 것을 포괄하는 가능성들로 인식하는 이항 논리 속에서 자신의 토대를 굳건히 형성한다.

칸트가 수학적 이율배반이 이성의 한계를 증명한다고 주장했을 때, 그는 다른 무언가를 염두에 두고 있었다. 그의 요점—이는 반복할 만한 가치가 있다—은, 우리 이성이 제약되는 것은 **지식의 절차**가 어떠한 기한,

어떠한 한계도 지니지 않기 때문이라는 것, 즉 이성을 제약하는 것은 한계의 결여라는 것이다. 이러한 통찰은 우리가 비전체를 연장 편에서 파악할 때면 언제나—확증되는 것이 아니라—위협받는다.[20] 즉 그 통찰은, 세계에 대한 부정이나 보편적 이성에 대한 부정, 또 모든 현상들에 대해 말할 능력이 있다고 하는 보편적 이성 그 자신의 주장에 대한 부정은 단지 우리가 진정 알 수 있는 모든 것은 유한하고 특수한 현상들임을 함축하는 것일 뿐이라고 파악할 때면 언제나 위협받는다. 왜냐하면 이 경우에 우리는 이성을 넘어 확장되고 그럼으로써 이성을 벗어나는 시간의 단편 곧 미래를 전제함으로써, 단지 이성에 외적 한계를 부여할 뿐이기 때문이다. 이것은 이성으로부터 그것의 내적 한계를 제거한다. 그러한 내적 한계만이 이성을 정의하는데도 말이다.

칸트가 첫째 이율배반은 '현상들의 초월적 관념성'의 간접적 증명을 제공한다고 주장했음을 상기해 보라. 여기에 칸트가 요약한 바의 그 증명이 있다.

> 세계가 그 자체로 존재하는 전체라면, 그것은 유한하거나 무한해야 한다. 그러나 그것은 유한하지도 무한하지도 않다. 앞에서 보았듯이 한 편에서는 정립에 의해서, 다른 한 편에서는 반정립에 의해서 말이다. 그러므로 세계—모든 현상들의 내용—는 그 자체로 존재하는 전체가 아니다. 이것의 귀결은, 현상들은 우리의 표상과 분리해서는 아무것도 아니라는 것이다.(286) [국역본: 401쪽]

---

20) 같은 쪽. "우리가 비전체를 다루어야 하는 것은 연장 편에서가 아니다."

끝에서 두 번째 진술에 포함된 부정이 모든 현상들, 혹은 세계를 특수한 현상들로 제약하는 것으로 취급된다면 칸트의 논리는 결점 있는 것으로 보일 것이다. 끝에서 두 번째 진술을 부정不定 판단indefinite judgement으로 취급하기만 한다면 그의 결론으로 나아가는 것이 가능하다.21) 즉 여기에 포함되어 있는 것은 '모든 현상들'이 완전히 철회되거나 제거되고 그것의 보완물―몇몇 혹은 특수한 현상들―이 장場을 지배하게 하는 그런 계사의 부정이 아니라 오히려 부정적 술어의 긍정이다. 다시 말해 칸트가 촉구하고 있는 바는 세계의 이념이 우리를 함정에 빠뜨리는 이율배반을 피하는 유일한 방법은 세계가 가능한 경험의 대상이 아니라는 것을, 이를 넘어 세계의 존재를 천명하지 않고 긍정하는 것이라는 점이다. 이것은 이성을 그저 그 자신의 본성(단지 총체성이라는 규제적 이념에 불과한 것에 대한 의존)에 의해서만 제약된 것으로서, 내적으로 제약된 것으로서 파악한다.

이것이 바로 칸트적 입장과 역사주의적 입장의 차이를 가르는 급소다. 혹은 라캉이 여성에 대해 유사한 태도를 채택하는 까닭에, 우리는 이를 칸트-라캉적 입장과 역사주의적 입장의 차이라고 말해야 할 것이다. "**여성**은 전부가 아니다"라고 말할 때, 그는 우리가 이 진술을 부정不定 판단으로 읽기를 요구한다. 따라서 종종 그의 독자들이 주목하길 두려워했듯이, 그는 실로 여성이라는 이념은 이성의 모순이라고, 그래서 여성은 존재하지 않는다고 주장하는 한편으로, 여성의 존재는 이성에 의해 반박될 수도

---

21) 칸트의 부정 판단 개념과 처음 두 이율배반들에서의 갈등이 지니는 관계에 대한 탁월한 논의를 위해서는, Monique David-Ménard, *La folie dans la raison pure*, Paris: Vrin, 1990, p. 33 각주를 보라.[여기서 말하는 '처음 두 이율배반들'은 수학적 이율배반을 가리킨다.―옮긴이]

없고 명백히 확증될 수도 없다고 주장하기도 하며, 이것은 쉽사리 주목되지 않았던 바다. 달리 말하면, 라캉은 경험 속에 위치할 수 없는, 그래서 상징적 질서 안에 존재한다고 말할 수 없는 무언가—여성적 향유—가 존재할 가능성을 열어놓는다. 여성의 탈-존ex-sistence은 부정되지 않을 뿐만 아니라, '규범적·배타적인' 개념이라 경멸될 수 있는 것도 아니다. 반대로 라캉적 입장이 주장하는 바는, '규범적·배타적인' 사유를 피할 수 있으려면 그것은 오직 그녀의 탈-존에 대한 부정을—또는 확증을— 거부함으로써만 가능하다는 것이다. 즉 여성에 대한 모든 역사적 구성에 도전할 수 있으려면 그것은 오직 여성의 개념이 존재할 수 없음을, 그것이 상징적 질서 내에서는 구조적으로 불가능함을 승인함으로써만 가능하다. 왜냐하면 결국 어떠한 것도 이러한 역사적 구성이 스스로를 보편적 진리라고 단언하는 것을 금지하지는 않기 때문이다. 여성이라는 일반적이고 초역사적인 범주는 존재하지 않는다는 역사적 단언을 입증해 보라. 이러한 단언의 진리는 역사적 주체에게는 결단코 유용하지 않다.

라캉 논의의 귀결 중 하나는, 역사주의와 마찬가지로 그것 역시 하나의 전체로 묶이는 여성의 결속 가능성에 이의를 제기하는 것임을 분명히 하도록 하자. 따라서 그것 역시 제휴정치coalition politics를 위한 모든 노력이 문제 있는 것으로 간주한다. 그러나 역사주의자들과는 달리 라캉은, 여성의 결속 가능성이 위험에 처하는 것은 서로 다른 정의들이 외적으로 충돌해서가 아니라 각각의 모든 정의—그것은 어떤 식으로든 여성을 '포괄하는' 데 실패한다—가 지닌 내적 한계에 의해서 그러하다고 이해한다. 라캉의 입장은 확증하거나 부정하기가 불가능한 너머beyond를 향해 개방된다.

이러한 너머에 대한 참조를 둘러싼 페미니즘의 소동을 통해 판단컨대, 거기에는 추가적인 설명과 변호가 필요할 것이라 추측해도 무방할 것이다. 그것은 흔히 여성을 언어와 사회적 질서의 외부로 쫓아내는 또 하나의 유배, 여성을 어떤 '암흑대륙'으로 추방하려는 또 하나의 시도로 이루어져 있다고 받아들여졌다(마치 어떠한 삶의 형태도 언어라는 죽은 구조 안에서 생존하는 것이라 여태 알고 있었다는 듯이 말이다!). 따라서 우리는 여성과 관련해 '상징계의 실패'가 무엇을 의미하는지에 대해, 그리고 부정 否定 판단이 알려 주는 것이 무엇인지에 대해 좀더 명확히 해야 한다. 상징계는 여성의 **현실**을 구성하는 데 실패하는 것이 아니라, 좀더 분명히 말해 여성의 **존재**를 구성하는 데 실패한다. 좀더 정확하게 하자면, 실패하는 것, 불가능해지는 것은 존재 판단의 표현이다. 세계world 혹은 여성이 하나의 전체, 하나의 세계universe를 형성할 수 없음이─즉 언어의 현상들에는 어떠한 한계도 존재하지 않음이, 경험의 대상이 아닌 그 어떤 현상도, 그 가치가 다른 것에 의존하지 않는 그 어떤 기표도 존재하지 않음이─증명될 수 있는 한, 이러한 현상들 혹은 이러한 기표들이 우리와 독립된 현실에 관해 정보를 제공하는지 여부를 판단할 수 있는 가능성은 사라진다. 하나의 사물이 존재한다고 천명할 수 있기 위해서는 또한 필수적으로 다른 결론─그것이 존재하지 않는다는 결론─을 내릴 수 있어야 한다. 그러나 우리 경험의 대상이 아닌 그 어떤 현상도 존재하지 않는다면, 즉 우리의 경험을 피해 가는, 그래서 그렇지 않은 현상들의 타당성에 도전할 수 있는 그 어떤 메타현상도 존재하지 않는다면, 어떻게 이러한 이차적인 부정否定 판단negative judgement이 가능한가? 현상들(그리고 기표들)에 대한 한계의 결여가 차단하는 것이 바로 이것, 곧 메타언어다. 그것이 없으면 우리는 끝없는 긍정에, 즉 우리 앞에 나타나는 우연적인 현상들의 계열을 끝없이—또 그 어떤 것도 부정할 도리 없이—긍정하는 데 한정되어 버린다. 프로이트가 무의식에 대해 말했듯이, 어떠한 한계도 가능하지 않은 곳에서 '아니오'는 존재하지 않는다. 그리고 무의식에서와 마찬가지로 여기서도 또한 모순은 필연적으로 기각되는데, 왜냐하면 모든 것이 동등하게 참인 것으로 여겨져야 하기 때문이다. 아무것도 거짓으로 판단될 수 없는 곳에서는 비일관성을 제거할 수 있는 그 어떤 유용한 수단도 존재하지 않는다.

그래서 현재 역사주의적 페미니스트들이 '여성적 주체위치들'의 집합을 '여성성의 수수께끼'에 대한 해법으로 간주해야 한다고 제안하는 반면에, 즉 여성이란 무엇인가라는 질문을 최종적으로 멈추기 위해서는 이 다양한 여성의 구성 속에 존재하는 차이들과 서로에 대한 그들 관계의 비필연성을 승인해야 한다고 제안하는 반면에, 라캉은 이러한 '해법'이 설명을 요하는 자료라고 제안한다. 왜 그런가?—라캉은 우리에게 관찰에 만족해 머물러 있지 말고 좀더 탐구하라고 요구한다—여성이 전체를 형성하지 않는다면 그것은 왜 그런가? 우리가 여성이라는 담론적 구성물 속에서 분명 일련의 차이들을 보면서도 그것들 가운데에서 여성 자체와 결코 조우하지 않는다면 그것은 왜 그런가? 라캉은 여성이 한계를 결여하고 있기 때문에 비전체라고 대답한다. 이로써 라캉이 의미하는 것은 여성은 거세의 위협을 허용하지 않는다는 것이다. 그러한 위협이 체현하는 '아니오'는 그녀에게 작동하지 않는다. 그러나 이는 그릇된 길로 이끌릴 수도 있는데, 왜냐하면 위협이 여성에게 아무런 영향력도 행사하지 못한다는 것이 사실이기는 하나 여성은 부정negation의 비작동의 귀결이지 그 원인이 아니라는 데 주목하는 것이 결정적이기 때문이다. 그녀는 한계의 실패이지 실패의 원인이 아니다.

요컨대, 여성은 기표들의 전진적 전개를 금지하는 어떠한 한계도 개입하지 않는 그곳에, 따라서 존재 판단이 불가능해지는 그곳에 있다. 이것은 그녀에 대해 모든 것이 말해질 수 있고 또 말해지지만, 그 중 어떤 것도 '현실성 검사'에 종속되지는 않는다는 것을 의미한다. 즉 말해지는 그 어떤 것도 여성 존재의 확증이나 부정에 이르지 못하며, 그럼으로써 여성의 존재는 모든 상징적 표현을 피해 간다. 상징계와 남근 함수에 대한 여성의 관계는 이러한 논증으로 인해 상당히 복잡해진다. 왜냐하면 여성이 어떤 의미에서 완전히 상징계 외부에 있는 것은, 다시 말해 여성의 존재에 관한 질문이 상징계 내에서는 절대적으로 결정 불가능한 것은, 바로 여성이 상징계 내에 전적으로, 즉 무제약적으로 기입되어 있기 때문이다.

이로부터 우리는 여성이 실로 상징계의 산물이라는 것을 인정하지 않을 수 없다. 그러나 우리는 또한 상징계는 여성을 산출함에 있어 그것이 그러하다고 익숙하게 생각하는 방식으로 기능하지 않음을 인정해야 한다. 우리는 통상 상징계를 라캉의 용어로 **타자**와 동의어라고 생각한다. 그렇지만 **타자**는 그 정의상 우리의 일관성을 보증하는 것인 반면, 우리가 보아 왔듯이 여성에 관한 한 그러한 보증물은 존재하지 않는다. 그녀 혹은 그녀를 구성하는 상징계는 비일관성으로 가득 차 있다. 그리하여 우리는 여성은 '**타자** 없는 상징계'의 산물이라는 결론에 이르게 된다. 이 새롭게 파악된 존재자에 대해, 라캉은 그의 후기 저술들에서 라랑그*lalangue*라는 용어를 만들어 냈다. 여성은 라랑그의 산물이다.

남성편: 역학적 실패

우리가 역사주의의 규칙에 따라 행동하고자 한다면, 우리는 여성과 마찬가지로 남성은 존재하지 않으며 남성의 어떤 일반 범주도 모든 시대가 구축하는 남성적 주체 위치의 다중성 속에서는 그 예를 발견할 수 없을 것이라고 주장해야 할 것이다. 그리하여 명목론적 주장은 일반적으로 일종의 이론적 용매처럼 남성과 여성의 범주 모두를 애써 용해시키려고 한다. 그렇지만 라캉에 따르면 우리는 남성은 존재하지 않는다고 대칭적으로 주장할 수 없다. 성 구분 도표의 왼쪽 편을 믿을 수 있다면, 우리는 남성을 위치시키는 데, 그의 존재를 공언하는 데 아무런 문제도 없다.

이러한 진술은 놀라움으로 다가올지도 모른다. 그리고 이는 단지 역사주의자들에게만 그러한 것이 아니다. 왜냐하면 우리의 논의는 조건들의 총체성을 추구하기를 촉구하는 이성의 규칙은 분명 어떠한 존재 판단도 영원히 불가능하게 한다고 가정하도록 우리를 이끌었기 때문이다. 따라서 우리는 남성이 존재한다는 확증이 수반하는 것처럼 보이는 이러한 불가능성의 축출을 받아들일 준비가 되어 있지 않다. 칸트의 논평자들도 어김없이 이와 유사한 놀라움을 표하는데, 그들은 역학적 이율배반의 해법이 그렇게 갑자기 손쉽게 발견된다는 데 의아해한다. 수학적 이율배반의 정립과 반정립 모두 세계(혹은 총합적 실체composite substance[22])의 존재를 부당하게 단언하기 때문에 그것들은 모두 거짓으로 간주되는 반

---

22) [옮긴이 주] 앞에서도 잠깐 확인했듯이, 『순수이성비판』에서 칸트가 수학적 이율배반으로 논하는 모순은 두 가지다. 세계의 유한성/무한성 문제가 그 첫째 이율배반이라면, 부분과 전체(합성물)의 문제가 둘째 이율배반에서 다루어진다. 총합적 실체는 이 둘째 이율배반에서 그 존재판단이 거부되는 대상이다.

면, 역학적 이율배반의 정립과 반정립 모두는 칸트에 의해 참인 것으로 간주된다. 첫째 경우에, 두 명제 사이의 갈등은 해결될 수 없는 것으로 사고된다(왜냐하면 그 두 명제는 동일한 대상에 대해 서로 모순적인 주장을 하고 있는 것이기 때문이다). 둘째 경우에서 갈등은 두 진술이 서로 모순되지 않는다는 단언에 의해 '기적적으로' 해결된다. 그것이 단지 정립의 문제에 불과하다면, 이러한 논증을 받아들이는 데 아무런 어려움도 없을 것이다. 이를테면 정립—"자연법칙에 따르는 인과성은 세계의 현상들을 창시하는 데 작동하는 유일한 인과성이 아니다. 이러한 현상들을 충분히 설명하기 위해서는 자유의 인과성이 또한 필수적이다."—은 자연적 인과성의 중요성을 인정하고 단지 자유라는 보충물을 역설한다. 그렇지만 반정립을 모순에 대한 칸트의 부정과 화해시키기란 그리 쉽지 않다. "자유와 같은 것은 존재하지 않으며, 세계 내의 모든 것은 오직 자연법칙에 따라 일어난다"는 진술은 명백히 정립에 저항하거나 그것을 부정한다. 양자의 진술이 동시에 참이라는 칸트의 논증을 수용하려면, 우리는 명백한 모순에도 불구하고 그렇게 해야 할 것이다. 요컨대 우리는 비-아리스토텔레스적인 논리를 이용해야 할 것이다. 수학적 이율배반에 대해 그러했던 것처럼 말이다.

우리는 아래에서 자유와 신의 우주론적 이념들에 관한 칸트의 논증의 세부사항보다는 이율배반의 첫째 집합에 의해 나타나는 궁지를 둘째 집합이 극복하는 방식에 관심을 가질 것이다. 우리는 또한 성 구분 공식의 왼쪽 또는 남성편이 칸트의 해법의 논리를 반복하고 있다는 데 주목해야 한다. '남근 함수에 종속되지 않는 적어도 하나의 x가 있다'와 '모든 x는 남근 함수에 종속된다'는 양자 모두 참인 것으로 간주된다. 포괄성에 대한

반정립의 요청이 정립에 의해 명백히 허위화된다는 사실, 즉 반정립에서
의 전부all가 정립에 의해 부정된다는 사실에도 불구하고 말이다.

게다가 칸트는 반정립이 **참**이라고 말한다. 라캉이 남성이라는 세계의
존재를 확증하는 것과 마찬가지로, 칸트는 전부 곧 보편자의 존재를 확증
한다. 여성의 경우에는 기표연쇄에 어떠한 한계도 발견될 수 없어 그 세계
의 존재가 불가능한 것으로 여겨지기 때문에, 남성편에서 전부의 형성은
한계의 정립에 의존한다고 가정하는 것이 현명할 것이다. 그러나 이러한
해법은 입증된다기보다는 필시 추측되는 것일 텐데, 왜냐하면 우리는 여
성편에서 한계를 정립하는 것이 불가능함을, 어떠한 메타현상 곧 메타언
어도 있을 수 없다고 믿을 만한 충분한 이유를 제시받았기 때문이다. 우리
는 남성편에서 적절히 확립된 이성의 규칙에서 출발할 수 없으며 그렇게
하지도 않는다.

실상 '왼'쪽 또는 역학적 편에서의 한계는 메타언어의 가능성을 산출하
기보다는 단순히 그것의 결여를 덮어 버린다. 이것은 현상들(또는 기표들)
의 계열에 포함될 수 없는 것과 관련된 부정否定 판단을 그 계열에 추가함
으로써 성취된다. 셋째 이율배반(이것을 하나의 사례로 들자면)의 반정립
에 나타나는 "자유와 같은 것은 존재하지 않는다"는 구절은 바로 이러한
기능, 즉 한계의 기능에 복무한다. 이러한 부정 판단에 의해 자유의 인식
불가능성이 개념화되며 현상들의 계열은 더 이상 개방되지 않는다. 그것
은 이제—부정적인 형식이긴 하지만—그것에서 배제되는 것을 포함하
기 때문에, 즉 그것은 이제 **모든 것**을 포함하기 때문에 닫힌 집합이 된다.
이 **모든 것**이 셋째 이율배반의 반정립의 둘째 구절—"세계 내의 모든
것은 오직 자연법칙에 따라 일어난다"—에서 논리적 귀결로서 나타난다

는 점에 주목해야 할 것이다. 갑작스럽게, 수학적 이율배반에서 형성되는 것이 금지되었던 세계는 역학적 편에서 생성된다.

이러한 추가로서의 한계의 부과, 즉 자연적 인과성의 **보충**으로서의 한계의 부과를 말하면서, 실상 우리는 벌어지고 있는 일에 대한 정립의 판본을 제시했다. 그러나 똑같이 정확하고 똑같이 참된 또 다른 기술이 반정립에 의해 제공된다. 이 판본에 따르면, 여성편에서 남성편으로의 이동에 수반되는 것은 감축*subtraction*이다. 수학적 이율배반의 정립과 반정립 모두는 "충만하고 완전한 모순에 필요한 것보다 더 많은 것을 언표[했기]" 때문에, 즉 양자가 너무 많은 것을 말했기 때문에 자신의 공식적 기능을 넘어섰다는 칸트의 불만을 상기해 보라. 부당하기 때문에 잉여인, 존재의 긍정은 각 진술에 부담을 지운다. 역학적 편에서, 이러한 잉여는 현상의 장에서 **감축되고**—우리는 이를 다음과 같은 방식으로 파악할 수 있다— 한계를 설정하는 것은 이러한 감축이다. 기계적 인과성의 영역에서 자유를 제거하거나 분리하는 것은 역학적 편에서 근본적인 비일관성, 절대적 궁지를 해소하는 것이다. 수학적 장이 요소들(그것은 모든 현상들, 경험의 대상들이다)의 동질성과 그 진술들의 비일관성(왜냐하면 그 어떤 것도 거짓으로 여겨질 수 없기 때문이다)에 의해 정의되는 반면, 역학적 장은 그 요소들의 이질성(그것은 두 유형의 인과성, 즉 감성적 인과성과 예지적 intelligible 인과성[23])이 상이한 영역들로 **분리**된 결과다)과 함께 다른 무언가에 의해 정의된다. 그것이 무엇일까? 이쪽 편에서 다른 쪽 편에서의 비일관성에 상응하는 것은 무엇인가? 그것은 불완전성이다.[24] 즉 전부는

---

23) [옮긴이 주] 감성적 인과성과 예지적 인과성은 칸트가 『순수이성비판』에서 사용한 용어로 각각 자연의 인과성과 자유의 인과성에 대응한다.

역학적 편에서 형성되지만, 그것은 하나의 요소를 상실하고 있다. 그것은 바로 자유다. 최초의 원인은 그것이 정초하는 기계적 장에 의해 관용될 수 없으며, 혹은 그 장에서 사라진다.[25] 이는 이 편[역학적 편-옮긴이]에서 그것은 항상 **너무 적게** 말하는 것의 문제가 되리라는 것을 의미한다.[26]

라캉의 공식에서는 시종일관 동일한 기호들이 사용되기 때문에 두 편 사이의 대비는 좀더 가시적이다. 그리하여 우리는 존재의 문제가 직접적으로 역학적 편으로 이월됨을 볼 수 있다. 다시 말해 여성편에서 갈등을 야기한 존재의 잉여적 천명은 남성편에서는 억압된다. 왜냐하면 거기서 형성되는 세계로부터 **감축되는** 것은, 바로 실존—또는 존재—이기 때문이다. 이러한 방식으로 우리는 존재 양화사를 보편 양화사에 의해 규제되는 전부의 한계로 위치 짓는 라캉의 배치를 독해해야 한다. 그러므로 (오직 자연법칙에 따라 작동하는) 세계 또는 (남성의) 세계가 역학적 편에서 또는 남성적 편에서 존재한다고 말해질 수 있으려면, 우리는 그것을 위해 요청되는 존재가 개념적 존재에 불과하다는 것을 망각해서는 안 된다. 존재 자체는 세계라는 개념의 형성을 피해 간다. 따라서 형성되는 세계는 어떤 무능함에 의해 정의되는데, 왜냐하면 개념적 세계에 이질적인 존재

---

24) 자크-알랭 밀러는 미간행 세미나 *Extimité*(1985~1986)에서 비일관성과 불완전성 사이의 이러한 라캉적 구분을 성적 차이와 관련해 발전시킨다.

25) 슬라보예 지젝은 자기 자신의 효과의 장에서의 이런 원인의 소멸에 대한 라캉적인 설명을 위해 프레드릭 제임슨에게서 '사라지는 매개자'라는 개념을 빌려 와 채택한다. 지젝의 *For They Know Not What They Do* (London and New York: Verso, 1991), pp. 182~197. [국역본: 박정수 옮김, 『그들은 자기가 하는 일을 알지 못하나이다』, 인간사랑, 2004, 391~411쪽.]

26) 토마스 바이스켈Thomas Weiskel은 그의 주목할 만한 책 *The Romantc Sublime* (Baltimore: Johns Hopkins University, 1972)에서 정반대의 결론을 내린다. 그의 설명에 따르면, 수학적 숭고는 '너무 적은 의미'와 관련되는 반면 역학적 숭고는 기의의 과잉, 즉 '너무 많은 의미'를 그 특징으로 한다.

를 제외하고서야 모든 것이 그 안에 포함될 수 있기 때문이다.

그렇다면 정립과 반정립 — $\exists x\ \overline{\Phi x}$과 $\forall x\ \Phi x$ — 모두가 동시에 참이라고 진술되고 또 판단되어야 한다는 것은, 남성의 집합에서 완전히 상실된 것으로도 완전히 포함된 것으로도 이해할 수 없는 한계의 역설적 지위에 의해 설명된다. 왜냐하면 칸트가 우리에게 가르친 바와 같이, 남성이 존재한다고 말할 수 있으려면, 이 남성에, 남성의 개념에 절대적으로 아무것도 아닌 것nothing을 추가해야 하기 때문이다. 따라서 우리는 이 개념이 아무것도 아닌 것을 결여하고 있다고 주장할 수 있을 것이다. 게다가 개념은 그것이 명명하는 것이 사실상 존재한다는 사실을 포함할 수 없기 때문에, 그것은 존재를 포함하지 않으며 이런 의미에서 불충분하다.

이것은 우리가 앞서 제기한 '현실성 검사'의 문제로 되돌아가게 한다. 우리는 여성편에서 불가능한 것으로서 배제된 이 절차가 결국 남성편에서 작동할 것이라 전망했었다. 우리는 계속해 이를 유지하고자 하지만, 그렇더라도 지금은 분명 현실성 검사가 프로이트적 용어로 무엇인지를 명확히 해야 할 때다. 시작하기에는 프로이트의 에세이 「부정」보다 더 적절한 곳이 없는데, 이는 우리가 칸트와 라캉을 따라 우리의 논의를 구성할 때 사용한 것과 거의 동일한 용어로 그 텍스트가 구성되어 있기 때문이다. 프로이트가 "부정의 상징의 도움을 통해 사유는 억압의 제약에서 해방되고, 자신의 본연의 기능에 필수불가결한 재료로 풍성해진다"[27]고 논평할 때, 우리는 즉시 역학적 이율배반을 떠올려야 한다. 왜냐하면 칸트는 수학적 이율배반 속에서 세계에 대한 추론은 실패한다는 것을 수용할 수밖에

---

27) Sigmund Freud, "Negation"(1925), SE, vol. 19, p. 236. [국역본: 윤희기 · 박찬부 옮김, 『정신분석의 근본 개념』, 열린책들, 2004, 446쪽.]

없었던 반면 역학적 이율배반에서 '세계 내의 모든 것'에 대한 지식을
단언할 수 있었는데, 부정의 상징은 칸트에게 그러한 단언을 허용한 바로
그 한계이기 때문이다. 이전의 갈등[수학적 이율배반-옮긴이]에서는 이성
에는 어떠한 사유할 대상도 주어지지 않았고 그것은 그저 "논쟁할 것은
아무것도 없다"(283)[국역본: 398쪽]고 매도되었으나, 역학적 이율배반에
서 칸트는 또한 사유의 재료, 대상을 찾아낸다.

프로이트가 현실성 검사 과정에 대해 말하는 것은 무엇인가? 무엇보다
도 프로이트는 그가 『과학적 심리학 초안』*Project*(1895) 이래 말해 왔고
「섹슈얼리티 이론에 관한 세 편의 에세이」(1905)에서 가장 기념비적으로
말한 무언가를 말하고 있다. 그것은 곧 대상의 발견은 그것의 재발견이라
는 것이다. 여기서 현실성 검사의 목표는 "현실적 지각 속에서 표상된
것에 상응하는 대상을 발견하는 것이 아니라 그러한 대상을 재발견하는
것, 그것이 여전히 거기에 있음을 확신하는 것이다."28)29) 그는 또한 이러
한 과정에서 드러나는 문제의 하나가 다음과 같다고 말하고 있다.

> 표상presentation을 통한 지각의 재생산은 항상 충실한 것이 아니다. 그것은
> 생략에 의해 수정되거나 다양한 요소들의 결합에 의해 변형될 수 있다. 그러
> 한 경우에 현실성 검사는 그러한 왜곡이 어느 정도로 나아갔는지를 확인해

---

28) 같은 글, pp. 237~238. [국역본: 449쪽.]

29) [옮긴이 주] 국역본에는 이 부분이 "표상된 것과 일치하는 어떤 대상을, 그것이 기억에 아직도
존재한다는 것을 확신하기 위해서 <재발견>하는 것이다"라고 번역되어 있다. 우선 여기에는
인용문의 앞 구절("현실적 지각 속에서 표상된 것에 상응하는 대상을 발견하는 것이 아니다")의
번역이 누락되어 있다. 거기서는 또한 '현존하는, 존재하는'의 의미인 <vorhanden>을 '기억에
존재한다'로 옮기고 있는데, 이것은 과도한 해석일 뿐만 아니라, 문맥상 현실성 검사가 '외부에
현실적으로 대상이 존재함을 확신하는 것'이라는 점에서 그 본래 의미를 왜곡하는 것이다.

야 한다. 그러나 명백하게도 현실성 검사를 정초하기 위한 전제조건은, 한때
현실적 만족을 가져 온 대상들이 상실되어 있으리라는 점이다.[30]

통상적 오해와는 반대로 여기서 현실성 검사는 우리의 지각을 외적이
고 독립적인 현실과 대응시키는 과정으로서 기술되지 않는다. 사실상 우
리 지각의 객관적 지위를 규정하기 위한 전제조건은 그러한 현실—또는
실재: 결코 그 자체로서 현존하지 않았던 현실—의 항구적인 **상실**이다.
실재는 우리 지각과 비교하는 데 유용하지 않을 뿐만 아니라, 프로이트도
인정하듯 우리는 후자가 항상 다소 왜곡되고 부정확한 것이라고 가정할
수 있다. 그렇다면 주관적 지각과 객관적 지각의 구별을 설명하는 것은
무엇인가? 서로 갈등하고 왜곡되는 현상들의 뒤범벅을 우리의 경험이
객관적이라는 확신으로 변형시키는 데 개입하는 것은 무엇인가? 현재로
서는 절반쯤 추측되어야 하는 그 답은 다음과 같이 진행된다. 다양한 우리
의 지각에 새로운 지각이 아닌, 새로운 감각적 내용이 아닌 무언가가 추가
된다. 대신 이러한 추가물은 예지적intelligible이며 내용이 없다. 그것은
우리 지각의 한계를 표시하고 그리하여 "현실적 만족을 가져 온" 대상의
상실을 표시하는 부정否定 판단이다. 부정 판단은 사유에서 이 대상을 배
제한다. 혹은 좀더 정확하게 말하면 이 대상의 배제가 사유를 가능하게
한다. 프로이트가 현실적 대상과 사유 대상 사이의 명백한 관계를 암시함
에도 불구하고, 이는 배제라는 용어가 이 두 항목 사이의 비관계를 함축하
는 경향이 있는 한에서 그 용어가 완전히 정확하지는 않음을 의미한다.
왜냐하면 스쳐 가는 지각은 오직 배제되는 현실적 대상에 의해 평가되거

---

30) 같은 글, p. 238. [국역본: 449쪽.]

나 정박될 때에만 객관성의 무게를 획득하는 것처럼 보이기 때문이다. 즉 우리의 지각이 객관적인 것으로 여겨질 수 있는 것은 오직 그것이 이 상실된 만족의 대상에 스스로를 회부하게 될 때뿐이다. 스스로를 그 대상에 회부하면서, 지각들은 그것의 현시로 이해되게 된다. 그렇게 대상은 지각으로부터 배제되지만 전적으로 그런 것은 아닌데, 대상은 이제 '지각 속에 있는 지각 이상'의 것, 지각의 객관성을 보증하는 것으로 기능하기 때문이다. 프로이트가 '발견하다'보다는 '재발견하다'라는 배가된 동사를 통해 현실성 검사의 과정을 명명하기를 선호한다면, 이는 단지 상실된 대상이 결코 직접 발견될 수 없으며 대신 그것의 현시 속에서 재발견되어야 하기 때문만이 아니라 상실된 대상이 다수의 지각들 속에서 수없이, 반복해서 발견되기 때문이다. 서로가 서로에게 아무리 상이할지라도(왜곡, 변형) 그것들 전부—현상계 전체—가 자기가 담아낼 힘이 없는 동일한 접근 불가능한 현실의 증거로서 간주되어야 하는 그런 다수의 지각들 속에서 말이다. 따라서 부정否定 판단은 지각들이 어떤 객관적이고 독립적인 현실을 지칭하는 것을 보증하는 반면에, 이러한 현실을 포착할 수 없는 것으로서 유지한다. 또 유지해야만 한다. 왜냐하면 현실이 현상적 형태를 취한다면, 그것은 또 다른 지각에 불과한 것이 될 터이기 때문이다. 그러한 경우에 사유의 세계는 붕괴할 것이다.

성적 차이에 대한 우리의 논의로 되돌아가기 위해서는 이제 다음 사실에 대해, 즉 여성과 달리 남성이 존재한다고 주장할 수 있다 하더라도 남성의 탈-존ex-sistence 또는 존재는 그럼에도 불구하고 자신의 존재가 구체화되는 개념적 장 또는 상징적 장을 피해 가는 까닭에 접근 불가능한 것으로 남아 있다는 사실에 대해, 어떠한 혼동도 있어서는 안 된다. 남성들 사이의 차이가 무시될 수 있고 남성들이 동일한 사물의 현시라는 이유로 인해 한 명의 남성이 다른 남성으로 대체될 수 있다 하더라도, 이 사물이 무엇인지는 여전히 알려지지 않고 있고 또 그렇게 남아 있어야만 한다. 어떤 남성도 자신이 이러한 사물—남성성—을 체현하고 있다고 자랑할 수 없는 것은, 그와 상관적으로 어떤 개념도 존재를 체현한다고 말해질 수 없는 것과 마찬가지다.

그렇다면 남성성의 모든 가장들은 순전한 사기다. 여성성의 모든 표현이 순전한 가면masquerade인 것과 마찬가지로 말이다. 라캉은 성의 탈실체화를 통해 실정적인 성 정체성에 대한 모든 요청의 핵심에 있는 기만을 지각할 수 있도록 한다. 그리고 그는 이를 남성과 여성에 대해 동일하게 행했다. 이는 그가 남성과 여성을 대칭적으로 다루었다거나 그들을 서로의 보충물로 인식했다고 말하는 것이 아니다. 남성과 여성의 세계는 인식 불가능하다. 하나의 범주는 다른 범주를 완성하지 않으며, 다른 범주에 결여된 것을 보충하지 않는다. 그러한 세계의 가능성을 믿고자 한다면, 우리는 성적 관계를—그것이 지니는 모든 이성애주의적 함축과 더불어—믿게 될 것이다.

그러나 라캉은 그렇게 하지 않는다. 반대로 그는 우리에게 이성애주의적 가정—이것은 다음과 같이 공식화될 수 있을 것이다. 남성은 여성을 사랑하고 여성은 남성을 사랑한다—이 왜 정당한 명제가 아닌지를 정확하게 보여 준다. 왜냐하면 그것은 보편 양화사 **전부**가 남성과 **여성** 모두를 한정한다고 가정하는데, 이것이 바로 [성 구분] 공식이 논박하는 것이기 때문이다. 우리가 상세하게 논의했던 것처럼, 여성의 세계는 전적으로 **불가능**한 반면에 남성의 세계는 오직 우리가 이러한 세계로부터 무언가를 제외하는 조건 하에서만 가능하다. 그렇다면 남성의 세계는, 당신의 전부에 모든 것을 포함하지 말라는 **금지**에 의해 유발된 환영인 것이다. 라캉은 여성의 세계에 의해 보충되는 남성의 세계를 정의하기보다는 남성을 하나의 세계를 구성하지 못하게 하는 금지로서, 그리고 여성을 그렇게 하는 것의 불가능성으로서 정의한다. 성적 관계는 두 가지 이유로 인해 실패한다. 그것은 불가능한 동시에 금지 당한다. 이 두 가지 실패를 결합해 보라. 당신은 결코 전체를 산출할 수 없을 것이다.

성적 차이와 초자아

이 논의에는 단 두 개의 임무가 부여되어 있었다. 역사주의적 입장과 해체주의적 입장 모두가 흔히 정박하는 성에 대한 가정들에 도전하는 것, 그리고 비판철학에 대한 라캉의 부채를 명확히 함으로써 라캉을 통해 제공되는 대안을 분명하게 하는 것이 그것이다. 성적 차이에 대한 이 대안적 이론의 함의를 발전시키는 것은 여기에서 주어진 것보다 훨씬 더 많은 시간과 지면을 요구할 것이다. 그러나 나는 적어도 한 가지 중요한 지점에 주목하고 그것을 추구하기 위한 경로를 암시하면서 내 연구의 이 장을 마무리하고자 한다. 그 지점은 다음과 같다. 역학적 이율배반에 관한 칸트의 설명과 남성적 이율배반에 대한 라캉의 설명은 모두 초자아에 대한 정신분석적 기술과 결합된다는 것.

『판단력비판』에서 칸트는 역학적 숭고에 대해 말하면서[31] 위협적인 바위, 암운, 화산, 허리케인의 이미지들, 그러니까 강력하고 잠재적으로 파괴적임에도 불구하고 그의 말에 따르자면 "우리에게 아무런 지배력도 없는"[32] 자연의 무시무시한 이미지들을 환기한다. 역학적 숭고에 부착되는 '마치 ~인 양as if'이라는 특성은 종종 논평자들의 호기심을 자아냈다. 칸트는 실제로는 아무런 두려움도 가지지 않는 두려운 대상에 대해 말하면서 무엇을 뜻하고 있는 것인가? 그가 말하는 뜻은, 우리가 오직 신, 자유, 영혼의 가능성만을 정식화할 수 있을 뿐 그 존재는 정식화할 수 없는 것과 마찬가지로 현상적 세계 내의 위치에서 우리는 오직 이 가공할 힘의 **가능성**만을 정식화할 수 있을 뿐 그것의 **존재**는 정식화할 수 없다는 것이다. 우리의 현상적 조건들을 넘어선 영역, 우리의 현상적 조건들에 의해 제약되지 않는 영역의 이러한 가능성은 바로 존재 판단의 폐제 foreclosure에 의존한다.

이와 동일한 해명이 초자아의 역설을 설명한다. 여기서 다시 한번 말하자면 초자아의 잔인함은 정확히 두려운 것이 아니다. 왜냐하면 이 잔인함은 (초자아는 실정적으로 일종의 엄격한 아버지로 상상할 수 있다는 의미에서, 혹은 그의 명령은 실정적으로 판독될 수 있다는 의미에서) 그 금지의 가혹함에 의존하는 것이 아니라 아버지의 불가능한 실재로의 전환, 즉 그 존재를 우리가 공언할 수 없는 존재로의 전환에 의존하기 때문이다. 초자아에 고유한 금지는 확실히 무언가를 말할 수 없고 행할 수 없는 것으로 만들지만, 그것은 우리가 **무엇을** 말해서는 안 되는지 또는 **무엇을**

---

31) 장 프랑수아 리오타르는 그의 책 *Leçons sur l'analytique du sublime*, Paris: Galilee, 1991[국역본: 김광명 옮김, 『칸트의 숭고미에 대하여』, 현대미학사, 2000]에서, 두 개의 숭고가 존재하는 것이 아니라 숭고를 사고하는 두 가지 양태가 존재한다고 설득력 있게 논의하고 있다.

32) Immanuel Kant, James Creed Meredith tr., *The Critique of Judgement*, Oxford: Clarendon Press, 1988, p. 109. [국역본: 이석윤 옮김, 『판단력비판』, 박영사, 1974, 127쪽.]

행해서는 안 되는지를 말하지는 않는다. 그것은 단지 우리가 행하고 말하는 모든 것이 우리가 그럴 수 없는 것과 비교해서 쓸모없는 것처럼 보이게 만드는 한계를 부과할 뿐이다. 라캉이 설명하듯이, "초자아 …… ["즐겨라!"라는 명령]는 거세의 상관물입니다. 그것은 **타자**의 향유, **타자**의 신체는 오직 무한 속에서만 약속되어 있다는 우리의 승인을 더욱더 두드러지게 하는 표지인 것이지요."[33]

그러나 우리가 이러한 한계 또는 예외의 논리가 역학적 이율배반, 남성 주체, 그리고 초자아를 정의한다고 확증하자마자, 문제가 발생한다. 또는 언뜻 보기에 그런 것처럼 보인다. 왜냐하면 우리는 이제, 여성을 체질적으로 초자아를 발전시키는 것을 불편해 하며 따라서 윤리적 방종에 취약한 것으로 제시하는 악명 높은 주장에 지지를 보내는 것처럼 보이기 때문이다. 이에 답하면서 우리가 이 지점에서 제시할 수 있는 모든 것은, 윤리의 장이 너무나 오랫동안 예외 또는 한계의 이 특수한 초자아적 논리에 의해 이론화되어 왔다는 것이다. 이제는 내포inclusion의 윤리 또는 무제약자 the unlimited의 윤리, 즉 여성 고유의 윤리를 발전시키는 데 일정한 사유를 바쳐야 할 때다. 또 다른 초자아의 논리가 시작되어야 하는 것이다.

---

33) Lacan, *Encore*, p. 13

<'성과 이성의 안락사'의 논의 개요>

역학적/남성적	수학적/여성적
정립: 자연법칙에 따르는 인과성은 세계의 현상들을 창시하는 데 작동하는 유일한 인과성이 아니다. 이러한 현상들을 충분히 설명하기 위해서는 자유의 인과성이 또한 필수적이다.	정립: 세계는 시간적으로 시초가 있으며 또한 공간적으로 제약되어 있다.
반정립: 자유와 같은 것은 존재하지 않으며, 세계 내의 모든 것은 오직 자연법칙에 따라 일어난다.	반정립: 세계는 어떠한 사초도 공간상의 어떠한 한계도 없으며, 시간과 공간 양자에 관해서 무한하다.
$\exists x \quad \overline{\Phi x}$	$\overline{\exists x} \quad \overline{\Phi x}$
$\forall x \quad \Phi x$	$\overline{\forall x} \quad \Phi x$

코기토와 성적 차이

❧ 슬라보예 지젝 ❧

칸트적인, 우주 속의 균열

칸트와 관련하여 '우주 속의 균열'을 꺼내 드는 것은 역설적일지도 모른다. 칸트는 **보편자**에 사로잡혀 있지 않았는가? 그의 근본 목적은 인식의 (혹은 인식에 대해 구성적인) 보편형식을 확립하는 것이 아니었는가? 그의 윤리학은 도덕성의 유일한 기준으로서 우리의 행동을 규율하는 규칙의 보편형식을 제안하지 않는가? 하지만 물 자체가 획득 불가능한 것으로서 정립되자마자, 모든 보편자는 잠재적으로 중지된다. 모든 보편자는 그것의 타당성과 장악력이 취소되는 예외의 지점을 함축한다. 혹은 현대물리학의 언어로 표현하자면, 그것은 특이성singularity의 지점을 함축한다. 이 '특이성'은 궁극적으로 **칸트적 주체 그 자신**, 즉 초월적 통각이라는 텅 빈 주체다. 이 특이성으로 인해, 칸트의 세 비판들 모두는 각기 보편화에 거스르게도 '발부리가 걸린다.' '순수이성'에서는, 우리가 범주들을 사용하면서 우리의 유한한 경험을 넘어 그것들을 우주의 **총체**에 적용하려고 시도할 때, 이율배반들이 출현한다. 다시 말해, 우리가 우주를 하나의 **전체**로서 파악하려고 시도한다면 우주는 유한한 동시에 무한한 것으로서 나타나며, 모든 것을 포괄하는 하나의 인과적 연계인 동시에, 자유로운 존재들을 포함하는 것으로 나타나는 것이다. '실천 이성'에서 '균열'은 '근본 악', 즉 그 형식에 있어서 선과 일치하는 악의 가능성을 통해 도입된다(보편적인 자기 정립된 규칙들을 따르는 의지로서의 자유의지는 '정념적인' 경험적 추동들 때문이 아니라 원칙상 '악'을 선택할 수 있다). 순수이성과 실천이성의 '종합'으로서의 '판단력'에서, 분열은 두 번 발생한다. 첫째로 미학과 목적론의 대립이 있는데, 그 양 극은 한데 모여 조화로운 **전체**를 형성하지 않는다. 미는 '목적 없는 합목적성'이다. 인간의 의식적 활동의 산물로서 그것은 합목적성의 표식을 지니지만, 어떤 대상이 '아름다운' 것으로서 보이는 것은 오로지 그것이 어떠한 특정한 목적에도 봉사하지 않는 한에서, 어떠한 이유도 목적도 없이 여기 있는 어떤 것으로서 경험되는 한에서다. 다시 말해서, 미라는 것은 (다른 경우라면 도구적이며, 의식적 목적들의 실현으로 향하는) 인간 활동이 자생적인 자연적 힘으로서 기능하기 시작하는 역설적 지점을 지칭한다. 진정한 예술작품은 결코 의식적 계획에서 나오지 않으며, 반드시 '자생적으로 발생'해야 한다. 다른 한편으로 목적론은 맹목적인 기계적 법칙들에 종속된 자연, 즉 합목적성이 들어설

여지가 없는 초월적 범주들에 의해 '객관적 현실'로서 존재론적으로 구성된 자연 속에서 작동하는 숨겨진 목적들을 식별하는 일을 다룬다.[1]

숭고는 바로 **미**와 **목적**의 실패한 '종합'에 대한 표지로서 파악할 수 있다. 혹은 기초적인 수학적 언어를 사용하자면, 그것은 '아름다운' 것의 집합과 '합목적적인' 것의 집합이라는 두 집합의 교집합으로 파악할 수 있다. 확실히 그건 부정적 교집합이긴 하다. 아름답지도 합목적적이지도 않은 원소들을 포함하는 교집합. 숭고한 현상들(좀더 정확하게는, 주체 안에 숭고의 감정을 불러일으키는 현상들)은 결코 아름답지 않다. 그것들은 혼돈스러우며, 아무 형식도 없으며, 조화로운 형식의 정반대다. 그것들은 또한 아무런 목적에도 봉사하지 않는다. 즉 그것들은 자연 속의 숨겨진 합목적성을 증언하는 저 특징들의 정반대인 것이다(그것들은, 어떤 기관器官이나 대상의 불편할 정도로 과도한 부풀려진 특성을 가리킨다는 의미에서, 기괴하다). 그와 같은 것으로서 **숭고**는 순수한 주체성이 기입되는 장소이며, **미**와 **목적론**은 **조화**의 외양을 통해 그것의 심연을 은폐하려고 한다.

그렇다면 **미**의 집합과 **목적론**의 집합의 교집합인 **숭고**는, 좀더 면밀하게 보았을 때 그 두 집합과 어떻게 관련이 있는 것인가? **미**와 **숭고**의 관계와 관련하여 칸트는, 주지하듯 **미**를 **선**의 상징으로 파악한다. 동시에 그는 진정으로 숭고한 것은 숭고함의 느낌을 불러일으키는 대상이 아니라 우리 안의 도덕 **법칙**, 우리의 초감성적 본성을 불러일으키는 대상이라는 것을 지적한다. 그렇다면 **미**와 **숭고**는 단지 **선**의 서로 다른 두 가지 상징

---

1) Immanuel Kant, *The Critique of Judgement*(Oxford: Clarendon Press, 1991)을 볼 것. [국역본: 칸트, 『판단력비판』, 이석윤 옮김, 박영사, 2003.]

들로서 파악될 것인가? 혹은 반대로, 이 이중성은 도덕 **법칙** 그 자체에 귀속되어야만 하는 어떤 균열을 가리키는 것 아닌가? 라캉은 법의 두 가지 얼굴 사이에 경계선을 긋는다. 한편으로 상징적 **자아—이상**으로서의 법이 있는데, 이는 진정시키는 기능을 하는 법이며, 사회적 약정의 보증자로서의 법, 상상적 공격성의 곤궁을 해결하는 중재적 **제3자**로서의 법이다. 다른 한편으로, 초자아 차원에서의 법이 있는데, 이는 '비합리적' 압력으로서의 법, 우리의 현실적 책임과 전적으로 통약 불가능하게 죄를 부과하는 힘으로서의 법이며, 그 두 눈 앞에서는 우리가 선험적으로 죄가 있는 것이 되는, 그리고 즐기라는 불가능한 명령을 체화하고 있는 심급으로서의 법이다. **미와 숭고**가 윤리의 영역에 어떻게 서로 달리 관계하는가를 명기할 수 있도록 해 주는 것은 바로 이와 같은 **자아—이상**과 초자아의 구분이다. **미는 선**의 상징이다. 즉 **미**는 우리의 이기주의를 제어하고 조화로운 사회적 공존을 가능하게 하는, 진정시키는 작인으로서 도덕 **법칙**의 상징이다. 반면에 역학적 숭고—화산폭발, 폭풍의 바다, 산악의 절벽 등등—는 초감성적 도덕 **법칙**을 상징화(상징적으로 재현)하는 데서의 바로 그 실패를 통해 그것의 초자아 차원을 불러낸다. 따라서 역학적 숭고의 경험에서 작동하는 논리는 이렇다. 그래, 나는 격노한 자연의 힘 앞에서 무기력한 채 바람과 바다에 휩쓸려 내동댕이쳐지는 조그마한 티끌일지도 모른다, 하지만 자연의 이 모든 광포함은 초자아가 나에게 가하는 절대적 압력에 비하면 허약한 것이니, 초자아는 나에게 굴욕감을 주며 나로 하여금 나의 근본적 이해에 반하여 행위하도록 강제하는 것이다! (여기서 우리가 조우하는 것은 칸트적 이율배반의 기본 역설이다. 정확히 나의 자긍심이 도덕 **법칙**의 굴욕적 압력에 의해 분쇄되는 한에서, 나는 나의 정념적 본성

의 제약에서 해방된 자유롭고 자율적인 주체다.) 라신의 『아달랴』에서
대제사장 아브넬이 불러내는 유대교 신의 초자아 차원 역시 거기에 있는
것이다: "나는 신을 두려워합니다. 그리고 다른 두려움은 전혀 없습니다
Je crains Dieu et n'ai point d'autre crainte ……." 격노한 자연과 타인이
나에게 가할 수 있는 고통에 대한 두려움은 단순히 내가 자연의 힘이
미치는 곳 너머에 있는 내 안의 초감성적 본성을 깨닫게 됨으로써가 아니
라, 도덕 **법칙**의 압력이 어떻게 자연적 힘 가운데 가장 강력한 것보다도
더 강력한 것인가를 깨닫게 됨으로써, 숭고한 평화로 전환되는 것이다.
　이 모든 것으로부터 이끌어낼 불가피한 결론은 이렇다. **미가 선**의 상징
이라면, **숭고**는? 여기서 이미 상동성은 곤경에 빠진다. 숭고한 대상(보다
정확히는, 우리에게서 **숭고**의 감정을 불러일으키는 대상)에 있어서 문제
는 그것이 상징으로서 **실패**한다는 것이다. 그것은 그것의 **너머**를 불러낸
다. 다름 아닌 그것의 상징적 재현의 실패를 통해서 말이다. 따라서 **미가
선**의 상징이라면, 숭고는 무언가를 불러낸다. 무엇을? 가능한 답은 하나
뿐이다. 그것이 불러내는 것은 분명 비정념적인, 윤리적인, 초감성적인
차원이다. 하지만 그것은 선의 영역을 피해 가는 한에서의 초감성적·윤리
적 자세다. 요컨대 그것은 근본악, 즉 윤리적 태도로서의 근본악이다.[2]

---

2) 이러한 **숭고** 개념은 라캉의 「칸트를 사드와 더불어」에 대한, 즉 칸트의 진리로서의 사드라는
　라캉의 테제에 대한 새로운 접근방식을 제공한다. 일상적 물음에서 시작해 보자. 섹스 교본의
　매혹(이라고 주장되는 것)을 설명해 주는 것은 무엇인가? 다시 말해서, 무언가를 배우기 위해
　교본을 읽는 것이 아님은 분명하다. 우리를 매혹시키는 것은, 모든 규칙('그것'에 열중할 때 우리는
　생각을 하지 말고 그저 감정에 몸을 내맡겨야 한다, 등등)의 위반을 축약하고 있는 행위가 정반대
　형식을 취해 학교수업 같은 훈련의 대상이 된다는 것이다. (사실 흔한 충고는—적어도, 전희
　과정에서—냉정하고 무성적인 도구적 활동의 절차를 모방함으로써 성적 흥분에 다다르는 방법
　에 관한 것이다. 예를 들면, 나는 파트너와 우리가 취할 행동의 단계들을 상세하게 논의한다,

오늘날의 대중적 이데올로기 속에서, 칸트적 **숭고**의 이와 같은 역설은 아마도 토머스 해리스의 소설에 나오는 식인 연쇄살인범 해니벌 렉터 같은 형상에 대해 느끼는 대중들의 매혹의 뿌리를 간파할 수 있게 해 주는 그 무엇일 것이다. 이러한 매혹이 궁극적으로 증언하고 있는 것은 라캉적 정신분석가에 대한 깊은 갈망이다. 다시 말해, 해니벌 렉터는 엄밀히 칸트적인 의미에서의 숭고한 형상이다. 스스로에게 라캉적 정신분석가의 관념을 재현하려는 대중적 상상력의 필사적이면서도 궁극적으로 실패한 시도, 렉터와 라캉적 정신분석가의 상관관계는 칸트에 따라 '역학적 숭고'의 경험을 정의하는 관계—거칠고 혼동스럽고 길들여지지 않은 격노하는 자연과 어떠한 자연적 제약도 벗어난 이성의 초감성적 **이념** 사이의 관계—에 완벽하게 조응한다. 실로 렉터의 악—그는 희생자들을 단순히 살해하는 것이 아니라, 살해한 후에 그들의 내장 일부를 먹는다—은 동료 인간들에게 우리가 가할 수 있는 공포를 상상할 수 있는 우리의 능력을 그 극한으로까지 잡아당긴다. 하지만 렉터의 잔인성을 우리 자신에게 재현하려는 극한의 시도조차도 분석가의 행위의 진정한 차원을 포착

정교한 기술적 조작을 다루고 있는 것인 양 매 지점을 평가하면서 다양한 가능성들—구강성교로 시작할까 말까?—의 득실을 숙고한다. 때때로 이것은 '우리를 흥분하게 한다.') 여기서 우리가 조우하는 것은 일종의 역설적으로 역전된 숭고다. 칸트적 **숭고**에서 감성적 경험의 한계 없는 혼돈(사나운 폭풍우, 숨 막히는 심연)은 이성의 순수 이념에 대한 예감을 불러오는데, 그 이념의 **척도**Measure는 너무나도 큰 것이어서 경험의 그 어떤 대상도, 심지어 가장 거칠고도 막강한 힘을 보여 주는 자연조차도 그것에 근접할 수가 없다(즉 여기서 **척도**, 즉 이념적 **질서**는 획득 불가능한 이념의 편에 있으며 형식 없는 혼돈은 감각적 경험의 편에 있다). 반면에 '관료화된 성'의 경우, 관계는 역전된다. 도구적 통제를 벗어나는 상태의 전형적 경우로서 성적 흥분은 그 정반대를 통해, 즉 관료주의적 의무로서 취급되는 것을 통해 야기된다. 아마도 바로 이러한 의미에서(도) 사드는 칸트의 진리일 것이다. 도구화된 관료주의적 의무로서의 섹스 수행을 즐기는 사디스트는, 우리 경험의 혼돈스럽고 한계 없는 특성을 통해 초감성적 **척도**를 깨닫게 되는 칸트적 숭고를 역전시키고 그로써 칸트적 숭고가 그 진리에 이르게 한다.

하는 데 실패한다. 분석가는 *la traversée de fantasme*(우리의 근본적 환상의 횡단)을 초래함으로써 말 그대로 "우리 존재의 중핵을 훔친다." 즉 대상 *a*를, 비밀의 보물을, 아갈마를, 우리가 우리 자신 안에서 가장 소중하게 여기는 그 무엇을 훔친다. 그것을 한낱 유사물에 불과한 것이라고 선언하면서 말이다. 라캉은 대상 *a*를 환상적인 '나의 재료'로 정의한다. 즉 ⑤에, 상징적 질서 속의 균열에, 우리가 '주체'라 부르는 존재론적 공백에 '인격'이라는 존재론적 일관성을, 존재의 충만함의 유사물을 부여하는 것으로서 정의한다. 그리고 분석자가 분쇄하고 '집어 삼키는' 것은 바로 이 '재료'다. 이러한 이유로 인해 분석가에 대한 라캉의 정의 속에는 예기치 않은 '성체성사적' 요소가 작동한다. 즉 그는 반복해서 하이데거를 아이러니하게 넌지시 암시한다: "Mange ton *Dasein*!"―"너의 현존재를 먹어라!" 해니벌 렉터라는 형상에 귀속되는 그 매혹의 힘은 바로 거기에 있다. 이 형상은 라캉이 '주체의 궁핍'이라고 부르는 것의 절대적 한계를 획득하는 데서의 바로 그 실패를 통해 분석가라는 **이념**을 예감할 수 있게 해 준다. 따라서 『양들의 침묵』에서 렉터는 그의 희생양들과의 관계에서뿐만 아니라 클래리스 스털링과의 관계에서도 진실로 식인적이다. 그들의 관계는 분석적 상황에 대한 조롱하는 듯한 모방이 아니다. 왜냐하면 그녀가 '버팔로 빌'을 붙잡는 것을 도와주는 대가로 그는 그녀가 그를 믿고 털어놓기를 원하기 때문이다. 무엇을? 정확히, 분석수행자가 분석가에게 털어놓는 것을, 그녀 존재의 중핵을, 그녀의 근본적 환상(양들의 울음)을. 따라서 렉터가 클래리스에게 제안하는 보상물은 이렇다. "내가 당신의 현존재를 먹도록 허락한다면 당신을 도울 것이오!" '버팔로 빌'을 추적하는 일을 도와줌으로써 렉터가 클래리스에게 보상을 한다는 사실에서, 고유한 분석적 관계는 전

도되어 있다. 그리하여 그는 라캉적 분석가가 될 수 있을 만큼 충분히
잔인하지 못하다. 왜냐하면 정신분석에서는, 우리가 분석가에게 우리의
현존재를 접시 위에 올려 바치는 걸 허락받으려고 그에게 지불을 해야만
하니까 말이다.

　따라서 만일 도덕 **법칙**의 두 측면(진정 작용을 하는 **자아-이상** 대 흉포
한 초자아)과 관련하여 **숭고**가 **美**에 대립하는 것이라면, 그것을 어떻게
『판단력비판』에 나오는 그것의 대극對極으로부터, 자연 속의 목적성으로
부터 분리시킬 수 있는 것인가? **숭고**는 목적 없이 격노하는 자연을, 어떤
것에도 이바지하는 바 없이(『앙코르』의 서두에 나오는 향유에 대한 라캉
의 정의) 힘을 지출하는 자연을 지칭하는 반면, 목적론적 관찰은 자연
속에서 어떤 전제된 (구성적이지 않고 단순히 반성적인) 앎을 발견한다.
즉 목적론의 규제적 가설은 '자연은 안다'(사건들의 흐름은 '맹목적인' 기
계적 인과관계를 따르지 않는다. 그것은 어떤 의식적 합목적성에 의해
인도된다)는 것이다.[3] **숭고** 속에서 자연은 알지 못한다. 그리고 '그것이
알지 못하는' 곳에서 **그것은 즐긴다**(이로써 우리는 다시금 즐기는 법으로
서의 초자아, 외설적 향유가 배어든 법의 심급으로서의 초자아에 있게
되는 것이다). '자연의 향유'의 이와 같은 분출과 초자아의 은밀한 연계는
존 포드의 <허리케인>(1937)의 열쇠다. <허리케인>은 한때 프랑스 총독
드라주(레이먼드 머시)[4]가 관리하는 낙원의 섬이었던 어떤 모래톱에 관

---

3) 바로 이러한 의미에서, 구성적인 것과 규제적인 것에 대한 칸트의 구분은 앎과 가정된 앎에 대한
　라캉의 구분에 상응한다. 목적론적 규제적 이념은 '실제 속의 앎'이라는 지위를, 즉 이론적으로
　증명 불가능하지만 (구성적 범주들을 통해 구조화되는) 우리의 실증적 앎이 가능하려면 전제되어
　야 하는 자연에 내속된 합리적 질서라는 지위를 갖는다.
4) 레이먼드 머시가 초자아에 사로잡힌 총독 역할을 하기로 선택한 것은 그의 스크린 페로소나를

한 이야기다. 드라주는 프랑스인을 등 뒤에서 때려 형을 살게 된 원주민 테랑기에게 자비를 베풀지 않는다. 테랑기가 아내와 재결합하기 위해 감옥에서 탈출할 때, 드라주는 그를 무자비하게 추적한다. 허리케인이 모든 것을 파괴할 때까지 말이다. 물론 드라주는 근시안적 오만함으로 가득한 불합리한 법과 질서의 극단주의자다. 한마디로 그는 전형적인 초자아 형상이다. 이러한 관점에서 허리케인의 기능은 드라주에게 형법보다 더 중요한 것들이 있다는 것을 가르쳐 주는 것이 되겠다. 드라주는 허리케인이 야기한 파괴에 직면하고는 겸허하게 테랑기에게 자유를 허용한다. 하지만 역설은 허리케인은 원주민의 거주지와 낙원의 섬을 파괴한 반면 드라주는 구제된다는 것이다. 따라서 허리케인은 오히려 **드라주의 가부장적-초자아적 분노**의 현시로 간주되어야만 한다! 다시 말해서 드라주가 정신을 차리게 되는 것은 자기 자신 안에 있는 격노의 파괴적 본성과 대면하기 때문이다. 그는 허리케인을 통해 법에 대한 그의 광적인 헌신에 들어 있는 거칠고 길들여지지 않은 **향유**를 깨닫는다. 그가 테랑기에게 사면을 허락할 수 있게 되는 것은, 인간의 법이 허리케인에서 현시되는 자연의 힘의 막대함에 비교할 때 아무것도 아니라는 통찰을 얻었기 때문이 아니라 그가 자신의 도덕적 곧음이라고 보았던 것의 숨겨진 이면이 허리케인의 광포함조차도 무색하게 하는 파괴적 힘을 가진 **근본악**이라는 것을 깨닫게 되었기 때문이다.

염두에 둘 때 의미심장하다. 즉 그는 또한 존 브라운 역할을 맡기도 했는데, 이 이름은 지나치게 열성적인 특성으로 인해 격노하는 악으로 화하는 (지배 이데올로기의 관점에서의) 정의에 대한 강박을 축약한다.

기독교적 숭고, 혹은 '아래로의 종합'

기독교는 **숭고**의 경계 내에 머물기는 하지만 칸트의 것과 정반대 방식으로 숭고한 효과를 낳는다. 즉 우리의 표상 능력의 극한적 행사(그럼에도 그것은 초감성적 **이념**을 묘사하는 데 실패하며, 그리하여 역설적이게도 그것의 공간을 윤곽짓는 데 성공한다)를 통해서가 아니라, 말하자면 반대로, 즉 표상적 내용을 상상할 수 있는 가장 낮은 수준으로까지 환원함으로써. 표상의 층위에서 예수는 '사람의 아들'이며, 두 명의 평범한 도적들 사이에서 십자가형을 당한 초라하고 불쌍한 피조물이다. 그리고 그의 속세적 외양의 바로 이와 같은 전적으로 비참한 성격을 배경으로 해서 그의 신성한 본질은 더더욱 강력하게 빛을 발하는 것이다. 빅토리아 시대 말기에 '코끼리 인간'이라는 비극적 형상이 가져 온 이데올로기적 충격 또한 이와 동일한 메커니즘에 따른 것이었다. 그에 관한 책들 중 한 권의 부제('인간의 존엄에 대한 연구')가 암시하듯 말이다. 그의 내적인 영적 삶의 순수한 존엄을 가시적이게 만들었던 것은 그의 육체의 매우 기괴하고도 혐오스러운 왜곡이었다. 동일한 논리가 스티븐 호킹의 『시간의 역사』의 엄청난 성공의 본질적 성분이지 않은가? 우주의 운명에 관한 그의 생각들은, 만일 손가락 하나의 연약한 움직임을 통해서만 세상과 소통히고 기계가 생성하는 비인격적 목소리를 가지고 말을 하는 불구의 마비된 육체에 귀속되는 생각들이 아니라면, 대중에게 그토록 매력적이겠는가? '기독교적 **숭고**'는 바로 거기에 있는 것이다. 이 비참한 '실재의 작은 조각' 속에 순수한 영성의 필수적 대응물(외양 형태)이 있는 것이다. 다시 말해서 우리는 헤겔의 요점을 놓치지 않도록 매우 유의해야만 한다. 헤겔이 의도

하고 있는 것은, **초감성적인 것**은 감성적 표상들의 영역에 무관심한 까닭
에 심지어 가장 저열한 표상들의 가장假裝 속에서조차 나타날 수 있다는
단순한 사실이 아니다. 헤겔은 우리의 감성적 경험의 우주 너머 혹은 그
우주와 별도로 그 어떤 특별한 '초감성적 영역'은 없다고 거듭 주장한다.
따라서 메스꺼운 '실재의 작은 조각'으로의 환원은 엄밀한 의미에서 수행
적이며, 영적 차원에 대해 생산적인 것이다. 영적 '깊이'는 표면의 기괴한
왜곡에 의해 **생성된다.** 다시 말하면 누더기를 걸친 피조물 속에서의 신의
체현이 신과 인간 실존의 가장 저열한 형태 사이의 대조를 통해서, 그
둘의 우스꽝스럽고 극단적인 불일치를 통해서, 우리 사멸하는 인간에게
신의 참된 본성을 볼 수 있게 해 준다는 것이 요점의 전부가 아니다. 오히
려 요점은 이 극단적 불일치, 이 절대적 틈새가 '절대적 부정성'의 신성한
힘이다, 라는 것이다. 유대교와 기독교 모두는 신(성령)과 (감각적) 표상
영역의 절대적 불일치를 주장한다. 그 둘의 차이는 순전히 형식적인 성격
의 것이다. 유대교의 신은 건널 수 없는 틈새에 의해 우리와 분리된 채,
표상을 통해 도달할 수 없는 **너머**에 거주한다. 반면 기독교의 신은 이
틈새 자체다. 그리고 바로 이러한 변농으로 인해 숭고의 논리에 변화가
생기며, 표상을 금지하던 것에서 가장 공허한 표상을 허용하는 것으로
나아간다.5)

---

5) 기독교적 **숭고**의 이 역설을 놓치지 않기 위해서는, 헤겔적 이론에서 판단에 속하는 뫼비우스
띠 구조를 염두에 두는 것이 결정적으로 중요하다. 예컨대 반성판단—"소크라테스는 죽는다"—
은 두 계기의 동일성을 언도한다. 그 하나는 (논리적) 주어의 계기로, 그것은 (무매개적이고 비한
정적인, 한 존재자의 자기와의 합일성을 나타내는) 이름에 의해 지시되고 지칭되는 어떤 비개념적
'이것'이고, 다른 하나는 **이와 동일한 합일성**이지만 소외의 양태 속에서 그러한, 즉 자기로부터
분리되고 찢겨진, 무매개적 '이것'을 포섭하고 있는 보편적 '반성적 규정'이라는 가장 속에서 자기
와 대립하고 있는, 술어의 계기다(어떤 존재자의 '반성적 규정'은 그것의 바로 그 본질이며 그것의

이 '기독교적 **숭고**'는 '아래로의 종합'이라 불릴 수 있는 변증법적 운동의 한 특별한 양태를 내포한다. 여기서 결론을 짓는 계기는 승리에 찬 '종합'이 아니라 정립과 부정의 공통의 토대 그 자체가 닳아 없어지는 가장 낮은 지점이다. 우리에게 들러붙게 되는 것은 상징적 질서에서 떨어져 나가는 잔여물이다. 보편적인 상징적 매개의 질서는 말하자면 불활성 잔여물로 붕괴하고 만다. 기독교적 **숭고** 이외에 그것의 추가적 사례들로는 긍정-부정-무한판단이라는 삼항조와 골상학의 변증법("**정신**은 뼈다")이 있으며, 또한 물론 헤겔의 『정신현상학』에 나오는 이성에 관한 장을 결론짓고 **정신**과 **역사**로의 이행을 배치하는 **법**의 삼항조가 있다: 법 제정자로서의 이성, 법을 검증하는 이성, 단지 그것이 법이라는 사실에 따른 법의 수용. 처음에 이성은 곧바로 법을 보편적인 윤리적 계율들('모든 사람은 진리를 말해야만 한다' 등등)로서 **정립**한다. 일단 이성이 이 법칙들의 우연적 내용과 그것들의 성격이 서로 상충할 수 있는 가능성에 대한 통찰(상이한 윤리적 규범들은 우리에게 상호 배타적인 행동의 형태를 부과할 수도 있다)을 얻게 되면, 이성은 일종의 **반성적** 거리를 취하여 법칙들을 검증하고 그것들이 어떻게 보편성과 일관성이라는 형식적 기준

동일성의 가장 깊숙한 중핵이지만, 정반대의 가장 속에서, 즉 전적으로 무관심하고 외석인 보편적 규정이라는 가장 속에서 파악된 것이다). 따라서 두 개의 요소가 판단이라는 공통 공간 속에서 합일되고 묶이는 것이 아니라, **하나의 동일한** 요소가 처음에는 무매개적-비반성적인 자기와의 합일성이라는 양태 속에서 나타나고('이것', 논리적 주어), 그 다음에는 정반대의, 자기-외화의 양태 속에서, 즉 추상적 반성적 규정으로서 나타나는 것이다. 어쩌면 뫼비우스 띠의 두 표면이라는 이 은유보다 한층 더 적합한 것은 시간여행의 원환이라고 하는 공상과학의 역설일 것인데, 여기서 주체는 자기 자신의 어떤 다른 판본과 조우하게 된다. 즉 주체는 미래의 그 자신과 만나게 된다. 바로 여기 헤겔의 요점이 있다. 주어[주체]와 술어는 동일하며, 같은 것이며, 그것들의 차이는 순전히 위상학적인 것이다.

에 부합하는지를 평가하는 일에 스스로를 국한한다. 끝으로 이성은 이러한 절차의 공허하고 순전히 형식적인 성격에 대해 알게 되고, 구체적이고 실정적인 내용으로 채워진 현실적인 정신적 실체를 손에 넣을 수 없는 그것의 무능력에 대해 알게 된다. 그리하여 이성은, 우리가 어떤 구체적이고 **규정된** 윤리적 실체 속에―즉 단지 **그것이 법**이기 때문에, 단지 그것이 우리의 공동체의 역사적 전통을 구성하는 일부로서 받아들여지기 때문에 효력을 갖는 법 속에―뿌리박혀 있다는 것을 전제하지 않고서는 이성이 법을 정립할 수도 법에 대해 반성할 수도 없다는 사실과 스스로 화해하지 않을 수 없는 것이다. 우리는 어떤 역사적으로 특화된 '정신적 실체' 속에 삽입되어 있다는 것을 받아들인다는 토대 위에서만 엄밀한 의미에서의 역사로, 즉 **정신**의 현실적인 역사적 형상들의 연쇄로 이행한다.6) 이 세 단계 논리는 정립하기, 외적·규정적 반성, 그리고 헤겔에 정통하지 못한 사람에게 다소 의외의 것일 수도 있는, 주어진 윤리적 실체에 대한 즉각적 수용으로 이루어지는 세 번째의 결론적 계기라는 삼항조를 따른다. 사람들은 오히려 그 세 번째 계기가 '가장 낮은' 계기를, 반성적 매개를 경유하여 '전진하는' 데 직접적인 출발점을 이루리라 기대할 테지만 말이다. 그리하여 **법**의 삼항조 전체는 반성의 붕괴를 예시한다. 즉 그것은 반성하는 주체가 그의 바로 그 반성적 매개의 노력을 매개하는 보편적인 전제된 매개로서의 윤리적 실체에 길드는 것으로 끝을 맺는 것이다. 매개의 총체

---

6) 동일한 역설이 **정신**에 관한 장의 바로 그 종결부에서 반복된다. 거기서 우리는 객관적 정신으로부터 **절대적인 것**(종교, 철학)의 영역으로 이행한다. **아름다운 영혼**의 곤궁에 대한 해결을 경유해서 말이다. 의미심장하게도 헤겔은 여기서 처음으로 '화해'(*Versöhnung*)라는 용어를 사용한다. 아름다운 영혼은 그것이 개탄하는 세계의 사악한 방식들과 자신이 공모하고 있음을 깨달아야 하며, 그 자신의 주변 환경의 날 사실*factum brutum*을 '자기 자신의 것'으로 받아들여야 한다.

성 그 자체의 무매개적 성격에 대한 이와 같은 체념적 수용은 헤겔이 '규정적 반성'이라는 것으로써 염두에 두고 있는 것이다: 반성적 총체성은 '단순히 거기에' 있는 우연적이고 반성되지 않은 잔여물에 의해 '함께 묶인 다.'7)

　그 형식적 구조와 관련하여 기독교적 **숭고**의 이러한 효과는 어떤 시간적 전도에 걸려 있다. 즉 '정상적인' 선형적 순서로 제시될 때는 **숭고함**에 대한 우리의 지각에 결코 영향을 미치지 않는 재료라고 하더라도 순전히 시간적인 조작을 가하는 순간 '**숭고**'의 아우라를 획득하게 된다. 본보기적 사례는 폴 뉴먼의 멜로드라마 <감마선은 금잔화에 어떤 영향을 미쳤나?>

7) 현대영화 역사에서 '병리적인' 리비도 경제(히스테리 등등)를 어떻게 제시할 것인가에 있어서의 진보적 양태들은 이 '아래로의 종합'의 모체를 따른다. 어느 정도까지는 형식적 절차들은—비록 과다하게 보일지라도—디제시스적 현실 속에 '정박된' 채로 남아 있다. 다시 말해 그것은 디제시스적 인물의 '병리성'을 표현한다. 예컨대 알랭 레네의 영화에서 형식적 회선回旋(시간의 원환고리 등등)은 디제시스적 인물의 기억의 역설을 묘사한다. 존 카사베츠의 작품에서 디제시스적 내용—일상적인 미국의 결혼생활의 히스테리—은 영화적 형식 그 자체를 오염시킨다(카메라는 얼굴들에 '너무 가까이' 접근하며, 불쾌한 안면 경련을 상세하게 묘사한다. 또 들고찍기용 카메라로 찍은 쇼트들은 영화 프레임 그 자체에 히스테리 경제를 특징짓는 촉박한 떨림을 부여한다, 등등). 그렇지만 어떤 점에서 디제시스적 버팀목은 '폭발'해 버리고 영화는 디제시스적 내용을 전적으로 무시한 채 히스테리 경제를 곧바로 묘사한다. 따라서 다음 세 국면을 구분하는 것은 불가능하다.
　　—'리얼리즘': 형식은 아직 히스테리적 내용이나 여타의 내용에 의해 오염되어 있지 않다. 디제시스적 내용이 아무리 병리적이라 하더라도, 그것은 '객관적' 내러티브의 중립적 거리에서 묘사된다.
　　—그것의 첫 번째 부정: 히스테리적 내용은 형식 자체를 '오염시킨다.' 많은 모더니즘 영화에서, 형식은 그 자체의 이야기를 서술하고 있는 것처럼 보이는데, 이는 영화의 '공식적' 디제시스 내용을 침식한다. 디제시스적 내용과 형식 간의 이 적대는, 전자에 대한 후자의 잉여는, '쓰기'라는 말의 표준적 용법이 가리키고 있는 그 무엇이다. 존 포드의 <젊은 날의 링컨>에 대한 카이에 뒤 시네마의 유명한 분석을 떠올리는 것으로 충분하다. 이 영화에서 형식은 주연 캐릭터의 불길하고 초자아적이고 기괴한-비인간적인 측면을 등록하고 있으며, 그리하여 링컨을 애국자로서 고양시킨다는 영화의 '공식' 주제와는 반대로 나아간다.
　　—부정의 부정: 일관된 디제시스적 현실을 통한 우회를 포기하고, '병리적' 내용을 직접적으로 묘사하는 모더니즘적 '추상영화'.

이다. 이 드라마는 마틸다에 대한 이야기다. 마틸다는 10대 초반의 소녀이며, 가난한 가정에서 언니와 함께 산다. 언니는 간질병 환자이며 간질병을 통해 그녀의 좌절을 행동화한다. 그리고 어머니는 체념적이고 냉소적인 괴팍한 인물이며 '세상을 증오한다.' 마틸다는 방사선에 노출된 씨앗에 대한 생물학적 실험에 에너지를 투여함으로써 가정적 비참함에서 탈출한다. 마틸다는 실험 결과를 학교 경연에 제출하는데, 예기치 않게 우승을 한다. 집으로 돌아왔을 때 그녀는 생물학 선생님이 그녀에게 준 애완용 토끼가 그녀 침대 위에 죽어 있는 것을 본다. 어머니가 딸의 공적인 성공에 대한 앙갚음으로 토끼를 죽인 것이다. 마틸다는 토끼를 베개 위에 올려놓고 그것을 들어 층계를 내려가 정원으로 가서 묻어 준다. 그러는 동안 어머니는 계속해서 냉소적인 말들을 내뱉는다. 자신의 증오심으로 딸을 물들이려는 시도에 실패한 체념한 어머니에 대한 딸의 도덕적 승리를 그린 표준적인 교육적 멜로드라마: 딸은 우주의 신비를 깨닫게 해 준 생물학적 실험을 통해 퇴락한 가정상황을 초월한다. 이 영화를 돋보이게 하는 것은 마지막 삼십분에 나오는 단순한 시간 조작이다. 학교 경연 장면은 가장 긴장된 순간 중단되며 마틸다는 연설을 더듬는다. 우리는 즉각 그 직후로 이행하는데, 그때 술 취한 그녀 어머니는 홀로 들어와 지나가는 사람에게 누가 우승했는지를 묻는다. 우리는 영화의 바로 그 종결부에서 우주의 신비한 매력에 대한 믿음을 표현하는 마틸다의 연설의 이전 장면에서 누락되었던 부분을 듣는다. 이와 더불어 우리는 스크린에서 그 고통스러운 사건들(마틸다가 술 취한 어머니를 지나 죽은 토끼를 옮기는 장면)을 본다. 그리고 바로 이 단순한 대치, 시각적 층위(죽은 동물을 옮기는 굴욕당한 아이)와 사운드트랙('별이 총총한 머리 위의 하늘'의 신비에 대

한 진정으로 칸트적인 승리에 찬 연설)의 이 대조야말로 숭고한 효과를
낳는 것이다.

　필립 카우프만의 <프라하의 봄>8) 역시 유사한 시간적 전치에 의존하
고 있는데, 그러한 전치는 쿤데라 소설의 종결부를 성공적으로 응축한다.
늦은 밤, 체코의 시골로 좌천된 반체제 의사인 주인공은 근처 읍내의 무도
회에서 집으로 아내와 함께 돌아온다. 그들의 마지막 장면은 그들이 탄
트럭 전조등이 비추는 어두운 마까담 도로를 보여 주는 시점 쇼트다. 그리
고는 몇 주 후 캘리포니아로 바뀌는 갑작스러운 컷. 그곳에서 조각가로
사는 그들의 친구 사비나는 편지 한 통을 받는다. 그 편지에는 그들이
무도회에서 집으로 돌아가던 중 교통사고로 사망했다고 쓰여 있으며, 죽
음의 순간 그들이 틀림없이 행복했을 것이라고 덧붙여져 있다. 뒤이어
나오는 컷에서 우리는 다시금 이전의 장면으로 돌아간다. 즉 우리의 응시
가 도로를 꿰뚫어 보는 운전석 자리에서 잡은 시점 쇼트가 단순히 계속되
는 것이다. <감마선>에서와 마찬가지로 여기서도 영화를 종결짓는 이
마지막 쇼트의 숭고한 효과는 시간적 전치에서 비롯되는 것이다. 즉 그
효과는 주인공과 그의 아내가 이미 죽었다는 것에 대한 우리 관객의 앎이
이상하게 조명되는 길에서 전방으로 나아가는 그들의 응시와 공존하는
데 달려 있는 것이다. 이 이상한 조명의 유인이 죽음의 의미를 획득한다는
것만이 요점이 아니다. 오히려 요점은 이 마지막 시점 쇼트가, 이미 죽어
있음을 우리가 알고 있지만 아직 살아 있는 누군가에게 속한다는 것이다.
그들의 죽음을 알려 주는 캘리포니아로의 플래시포워드 이후에 주인공과

<hr>
8) [옮긴이 주] 영화의 원 제목은 쿤데라의 소설 원작과 동일한 <참을 수 없는 존재의 가벼움>이다.
　국내에서는 <프라하의 봄>이라는 제목으로 개봉되었다.

아내는 '두 죽음 사이의' 영역에 거주한다. 즉 플래시포워드 이전에는 살아 있는 주체의 단순한 시점 쇼트였던 것이 이제 '산 주검'의 응시가 되는 것이다.

'성 구분 공식'

그렇지만 이러한 설명이 안고 있는 문제는, 숭고의 한 가지 양태(광포한 자연 속에서, 즉 우리를 압도하는 강력하고 집중된 **힘**의 발휘 속에서 현시되는 '역학적' 초자아-숭고)를 특권화함으로써 숭고의 두 번째 양태인 '수학적' 숭고(우리가 그 총체를 파악할 수 없는 무한한 계열과 대면할 때 우리를 사로잡는 현기증)를 손상시킨다는 것이다. 숭고 자체의 이러한 분열은, 즉 미와 목적론의 교차점이 이처럼 '수학적' 숭고와 '역학적' 숭고로 분열되는 것은 결코 무시할 수 없는 것이다. 그 분열은 곧바로 성적 차이와 관련이 있으니까 말이다. 칸트뿐만이 아니라 칸트의 선구자이며 원천인 버크에 의해 이미 지지된 바 있는 '공식적' 숭고 이론은 남성적/여성적의 대립을 숭고/미의 대립에 연계시킨다.[9] 반면에 우리의 목적은 다음을 입증하는 것이다. 숭고/미의 대립에 앞서서, 성적 차이는 수학적 숭고

---

9) Immanuel Kant, *Observations on the Feeling of the Beautiful and Sublime* (Berkeley: University of California, 1991)의 3절을 볼 것. 여기서 특별히 관심을 끄는 것은 칸트가 아름다운 여자와 숭고한 남자의 상호작용을 명확히 하려고 할 때 빠지게 되는 도착적인 역설들이다. 여자에게 보내는 남자의 궁극적 메시지는 "당신이 나를 사랑하지 않더라도 나는 나의 숭고한 위엄의 힘으로 당신이 나를 존경하도록 만들 것이다"이며, 반면에 이에 대응하는 여자의 주장은 "당신이 나를 존경하지 않더라도 나는 당신이 내 아름다움 때문에 나를 사랑하도록 만들 것이다"이다.

와 역학적 숭고로 갈라지는 숭고의 내속적內屬的 분열 속에 기입되어 있다.

잘 알려진 것처럼, 숭고의 두 양태의 대립 기저에 놓인 개념적 모체는 이미『순수이성비판』에서, 순수이성의 이율배반의 두 유형 간의 차이라는 형태로 설정되었다(*CPR*, B 454~88). 초월적 범주들을 사용할 때 이성은 그 범주들을 가능한 경험의 대상이 결코 될 수 없는 존재자들(전체로서의 우주, 신, 영혼)에 적용함으로써 가능한 경험의 장 너머로 나아간다. 그때 이성은 이율배반에 얽혀들게 된다. 즉 그때 이성은 필연적으로 다음과 같은 두 개의 모순적 결론에 도달한다. 우주는 유한하고 무한하다; 신은 존재하고 존재하지 않는다. 칸트는 이 이율배반들을 두 그룹으로 정리한다. 범주들이 **전체**로서의 우주(우리의 유한한 직관에 결코 주어지지 않는, 현상들의 총체)에 적용될 때 수학적 이율배반이 생겨난다. 반면 범주들을 현상계에 전혀 속하지 않는 대상들(**신**, 정신)에 적용할 때 역학적 이율배반이 생겨난다. 여기서 핵심적으로 중요한 것은 이 두 유형의 이율배반의 상이한 논리다. 무엇보다도 먼저 이 차이는, 종합되었을 때 이율배반을 낳는 계열의 요소들이 연계되는 양상에 연관되어 있다. 수학적 이율배반의 경우 우리는 감성적 직관으로 접근 가능한 다양(*das Mannigfaltige*)을, 즉 직관에 주어지는 요소들의 단순한 공존을 다루고 있는 것이다(여기 걸려 있는 것은, 그 요소들의 분할 가능성과 무한성이다). 역학적 이율배반의 경우 우리는 지성을 다루고 있는 것이며, 한낱 감성적 직관 너머에로 다다르는 종합적 힘을 다루고 있는 것이다. 즉 요소들(원인과 결과의 개념)의 필연적인 논리적 상호연관(*Verknuepfung*)을 다루고 있는 것이다.

이율배반의 두 유형의 이러한 차이는 동질성/이질성이라는 대립을 참조함으로써 또 한번 설명해 볼 수 있다. 수학적 이율배반의 경우 모든 요소들은 동일한 시공간적 계열에 속한다. 반대로 역학적 이율배반의 경우는 결과에서 원인 혹은 근거로 나아가는데, 이 원인은 (적어도 원칙적으로) 상이한 (비감성적인, 지성적인) 존재론적 질서에 속할 수 있다. 원인이 계열 내부에 있는 원인이지 않을 수(도) 있다는 사실은 그 이율배반의 양 극 모두가 참일 가능성을 허용한다. 현상적으로 파악할 때 사건 X―예컨대, 내가 물에 빠진 사람에게 손을 내미는 사건―는 보편적인 인과관계에 의해 결정된다(물질적 사건으로서 그것은 물리적 인과성에 종속된다). 예지적으로 파악할 때 동일한 사건은 이질적인 지성적 원인에 의해 초래된다(윤리적 행위로서 그것은 자율적 주체의 자유의지에 달려 있는 것이다). 동일한 대립의 또 다른 측면은 다음과 같다. 수학적 이율배반은 그 대상(**전체**로서의 우주)의 **실제 존재**_real existence_에 관계한다. 즉 수학적 이율배반은 현실의 영역을 가능한 경험의 한계 너머로 확장시킨다. 반면에 역학적 이율배반은 가능한 경험의 영역으로서 파악되는 '현실'에 속하지 않는 대상(신, 자유의지 등을 부여받은 정신)에 관계한다.

  수학적 이율배반과 역학적 이율배반의 구조에 있어서의 이러한 차이는 현상들의 지위를 규정하는 이중적 부정―예지체noumenon는 비-현상, 현상의 한계이다. 더 나아가, 현상들의 영역 자체는 결코 완결적이거나 전체적이지 않다―에 달려 있다. 수학적 이율배반은 현상적 영역의 '비-전체non-all'의 이율배반이다. 수학적 이율배반은, 직관 속에서 우리에게 주어지는 대상들 가운데 현상적 영역에 속하지 않는 대상은 결코 없지만 그렇다고 이 영역이 '전체'인 것은 결코 아니라는 역설로부터 나온다. 반면에 역학적 이율배반은 보편성의 이율배반이다. 보편적 인과관계 내에서의 현상들의 논리적 연계는 필연적으로 하나의 예외―인과관계를 중지시키고 새로운 인과적 계열을 자신으로부터 '자생적으로' 시작하는, '돌출해 나오는' 예지적 자유행위—를 내포한다. 그러므로 논란이 되는 대상의 지위는 근본적으로 다르다. 즉 '**전체**로서의 우주'는 현상들의 총체인 반면에, '**신**'이나 '정신'은 현상들 너머의 예지적 존재자들이다. 따라서 두 경우 각각에서 이율배반의 해결 또한 다르다. 첫째 경우 정립과 반정립 모두는 거짓인데, 왜냐하면 정립에 의해 유한성이 귀속되고 반정립에 의해 무한성이 귀속되는 바로 그 대상은 존재하지 않기 때문이다(현상적 현실의 **전체**로서의 우주는 자기 모순적인 존재자다. 그것은 '현실'에 대해서 말한다, 다시 말해서 그것은 가능한 경험의 영역에 대해 구성적인 초월적 범주들을 사용한다. 하지만 동시에 그것은 가능한 경험 너머로 나아가는데, 왜냐하면 그 전체에 있어서의 우주는 결코 유한한 경험의 대상일 수 없기 때문이다). 논란이 되는 대상(정신, **신**)이 가능한 경험의 대상으로서, 즉 현실의 일부로서 파악되지 않는 둘째 경우, 정립과 반정립 모두가 참일 수 있다. 수학적 이율배반과 역학적 이율배반이라는 이 이중성은 대상과 주체의 이중성을, 이론이성과 실천이성의 이중성을 재생한다. 이론이성은 인과적 사슬을 **완결**하는 것을 목표로 한다. 즉 이론이성은 설명되어야 할 사건을 이끈 인과관계 전체를 묘사하는 것을 목표로 한다(순수이성의 규제적 이념). 반면 실천이성은, '자신으로부터' 시작하며 따라서 선행하는 인과사슬에 의해 설명될 수 없는 자유행위를 통해 인과관계를 **중지시키는** 것을 목표로 한다.

이 모두는 성적 차이와 무슨 관계가 있는가?[10] '성 구분 공식'을 통해서

---

10) 나는 라캉의 '성 구분 공식'과 칸트의 수학적 숭고와 역학적 숭고의 대립 사이에 있는 구조적 상동성이라는 핵심 개념을 조운 콥젝에게 빚지고 있다. 이 책 전체는 그녀에 대한 나의 이론적

라캉은 성적 차이를 담론적 사실로서 정식화하려고 했다. 이 공식에서, '남성'편에서 보편적 함수(∀x.Fx: 모든 x는 함수 F에 종속된다)는 하나의 예외의 존재를 함축한다(Ex.notFx: 함수 F에서 면제된 적어도 하나의 x가 있다). 반면에 여성편에서 어떤 특수한 부정(not∀x.Fx: 모든 x가 함수 F에 종속되어 있지는 않다)은 그 어떤 예외도 없다는 것을 함축한다 (notEx.notFx: 함수 F에서 면제된 그 어떤 x도 없다).

$$\exists x \; \overline{\Phi x} \qquad \overline{\exists x \; \overline{\Phi x}}$$
$$\forall x \; \Phi x \qquad \overline{\forall x \; \Phi x}$$

이 성 구분 공식들과 관련해서 우리가 유의해야만 하는 것은, 이 공식들이 반대contrariety의 극으로 구성되어 있는 것이 아니라 칸트적 의미에서 이율배반으로 구성되어 있다는 것이다. 여기서 반대의 관계는 배제된다. (예를 들어 '남성적' 이율배반의 경우 '모든 X는 함수 F에 종속되어 있다' 의 반대는 '함수 F에서 면제된 적어도 하나의 x가 있다'가 아니라 '그 어떤 x도 함수 F에 종속되어 있지 않다'이다.) 그러므로 상식적으로 말하 자면 위의 공식들은, 대각의 쌍으로 연결될 경우, 등치일 것이다. '모든 x는 함수 F에 종속되어 있다'는 엄밀히 '함수 F에서 면제될 수 있는 그 어떤 x도 없다'와 등치이지 않은가? 그리고 다른 한편으로, '모든 x가 함수 F에 종속되어 있지는 않다'는 엄밀히 '함수 F에서 면제된 (적어도) 하나의

빚을 증거한다. Joan Copjec, *Read My Desire* (Cambridge: MIT Press, 1993) 참조.[지젝이 거론하는 콥젝의 글은 *Read My Desire*의 제8장에 해당하며, 이 글은 「성과 이성의 안락사」라는 제목으로 이 책에 번역되어 함께 실려 있다.—옮긴이]]

x가 있다'와 등치이지 않은가?[11] 하지만 라캉의 목적은 이 두 등치기호를 의문시하는 것이다: 보편적 함수는 구성적 예외를 **함축한다**; 함수 F에 대한 예외의 결여는 그것의 보편적 범위를 **가로막는다**.[12]

정확히 어떠한 성sexuality 개념이 '성 구분 공식'의 기저에 놓여 있는가? 라캉의 대답은 이렇다. 성은 살아 있는 존재가 상징적 질서 속에 얽혀들게 될 때 출현하는 궁지들이 그 존재에 가하는 작용의 결과이며, 다시 말해서 보편성의 질서로서의 상징적 질서에 속하는 궁지와 비일관성이 살아 있는 신체에 가하는 작용의 결과다. 칸트는 '우주 속의 균열'을 정식화한 최초의 인물이었다. 그리고 바로 그 때문에 그가 말하는 순수이성의 이율배반들—정확히, 보편화의 이율배반들—은 라캉의 성 구분 공식을

---

11) 물론 라캉의 F는 (상징적) 거세의 함수를 의미한다. '인간은 거세에 종속된다'는 '적어도 하나'의 예외를, 즉 『토템과 타부』에 나오는 프로이트적 신화의 원초적 아버지를, 모든 여자들을 소유해 왔으며 또한 완전한 만족을 성취할 수 있었던 신화적 존재를 함축한다. 이 '성 구분 공식'에 대한 해명은 Jacques Lacan, *Le séminaire*, book 20: *Encore* (Paris: Editions du Seuil, 1975)를 볼 것. 두 핵심적 장은 Jacques Lacan and Ecole freudienne, *Feminine Sexuality* (London: Macmillan, 1982)에 번역되어 있다. 이에 대한 압축된 설명은 *For They Know Not What They Do* (London and New York: Verso, 1991)의 제3장을 볼 것. [국역본: 박정수 옮김, 『그들은 자기가 하는 일을 알지 못하나이다』, 인간사랑, 2004.]

12) 남성 공식들과 여성 공식들의 라캉적 대립이 어떻게 '실천적 유용성'을 가질 수 있는가를 입증할 수 있는 기회를 제공하는 것은 최근의 '인권' 문제의 부활이다. 인권에 대한 '남성적' 접근은 보편화—'**모든 인간 존재**는 (자유, 소유, 건강 등등에 대한) 권리를 향유해야만 한다'—에 기반하고 있으며, 이때 어떤 예외가 언제나 배경에 잠복하고 있다. 예컨대 모든 x가 '**인간 존재**라는 이름에 (즉 이에 대한 우리의 이상화된 이데올로기적인 개념에) 온전히 합당한 한에서 이러한 권리를 향유해야 한다고 단순히 주장하는 것은 손쉬운 일이다. 이는 우리의 기준에 합당하지 않은 자들(정신이상자, 범죄자, 어린이, 여자, 다른 인종 ……)을 암암리에 배제할 수 있도록 해 주는 조치다. 반면에 '여성적' 접근은 우리의 '포스트모던적' 태도에 훨씬 더 적합한 것처럼 보인다: '**자신만의 특별한 권리가 인정되지 않는** 그 어떤 사람도 있어서는 안 된다' 이는 실제로 문제가 되는 유일한 권리인 그 특별한 권리들이 겉보기에 중립적이고 포괄적인 보편성이라는 가장 속에서 배제되지 않을 것임을 보증해 주는 조치다. Renata Salecl, *The Spoils of Freedom* (London: Routledge, 1993)을 볼 것.

직접적으로 예고하는 것이다. 역설적이게 들릴지 모르겠지만, 칸트의 이 율배반은 성적 차이가 모든 이율배반의 모순적인 양극의 대립(우주는 유 한하다/우주는 무한하다, 등등)이라는 형태가 아니라 두 유형의 이율배반 에 있는 차이라는 형태로 철학적 담론 속에 처음으로 기입되는 순간을 가리 킨다.13) 처음 두 가지 ('수학적') 이율배반들은 '여성적'이며, '비-전체'라 는 라캉적 논리의 역설들을 재생한다. 반면 나중의 두 ('역학적') 이율배반 들은 '남성적'이며, 예외를 통해 구성된 보편성의 역설들을 재생한다. 다시 말해서, 수학적 이율배반들에 대한 라캉식 번역은 성 구분의 '여성'편의 두 공식을 낳는다. 우주의 무한성에 대한 정립은, 보편적 긍정으로서가 아니라 이중 부정으로서 읽혀야 한다. 즉 (함수 F를 '시간상 다른 현상이 선행하는'으로 읽는 경우) 그것은 '모든 x는 함수 F에 종속된다'가 아니라 '다른 현상이 선행하지 않는 그 어떠한 현상도 없다'(함수 F에서 면제된 그 어떤 x도 없다)로 읽어야 한다. 우주의 유한성에 대한 정립은 '함수 F에서 면제된 하나의 x가 있다'로서가 아니라 '모든 x가 함수 F에 종속되는 것은 아니다'(즉, 모든 현상들이 무한하게 분할 가능하며/하거나 다른 현 상들에 의해 선행되는 것은 아니다)로 읽어야 한다. 반면에 역학적 이율배 반들은 성 구분의 '남성적' 역설들의 구조를 드러낸다. '함수 F에서 면제된 하나의 x가 있다'(즉 자유는 가능하다; 보편적 인과사슬을 벗어나며 자율 적으로, 자기 자신에게서 새로운 인과사슬을 시작할 수 있는 하나의 요소

---

13) 혹은, 이를 라캉식으로 표현하자면, 남자와 여자는 "서로 다르게 분열되어 있으며, 이 분열상의 차이는 성적 차이를 설명한다"(Bruce Fink, "There's No Such Thing as a Sexual Relationship", *Newsletter of the Freudian Field*, vol. 5, nos. 1~2[1992]: p. 78). [브루스 핑크의 이 글은 「성적 관계 같은 그런 것은 없다」로 번역되어 이 책에 함께 실려 있다. 해당 부분은 이 책의 72쪽. ─옮긴 이]

가 있다)는 조건에서 '모든 x는 함수 F에 종속된다'(우주 안에 있는 모든 것은 보편적 인과연결망에 붙잡혀 있다).[14]

　통상 페미니스트들은 여성적인 '비-전체'에 대한 라캉의 주장을 혐오한다. 그러한 주장은 여자들이 여하간 **상징적** 질서에 완전히 참여하는 것에서 배제되어 있다는 것을, 여자들이 상징적 질서에 스스로를 완전히 통합할 수 없다는 것을, 기생적 실존을 꾸려갈 수밖에 없다는 것을 함의하지 않는가? 그리고 참으로 이러한 명제들은 가부장적 이데올로기의 최선의 논지이지 않은가? 그것들은 여자에게 손상을 입히면서 숨겨진 규범성을 증언하고 있지 않은가? 남자는 **상징계** 내에서 자신의 정체성을 발견할 수 있고 자신의 상징적 위임을 온전히 떠맡을 수 있는 반면 여자에게는 히스테리적 분열, 가면 쓰기, 그리고 자신이 원하는 척하는 것을 원하지 않기라는 선고가 내려졌다는 것이다. 상징적 동일화에 대한 이러한 여성적 저항을 우리는 어떻게 파악할 것인가? 마치 여자는 그녀의 진정한 **자연[본성]**과 부과된 상징적 가면 사이에서 분열되어 있는 것인 양, 이러한 저항을 상징화에 대립하는 선재하는 여성적 실체의 결과로 읽는다면 우리는 치명적인 잘못을 범하는 것이 될 것이다. 라캉의 '성 구분 공식'을

---

14) 이와 상반되는 독해, 즉 역학적 이율배반을 성 구분 공식의 여성편과 연계시키고 수학적 이율배반을 남성편과 연계시키는 독해를 위한 근거가 있는 것처럼 보인다. 자크 알랭 밀레가 지적했듯이, 여성적 이율배반은 비일관성의 이율배반인 반면에 남성적 이율배반은 불완전성의 이율배반이다. 그렇다면 역학적 이율배반은 보편적 인과관계와 자유의 사실 사이의 비일관성에 관한 것 아닌가? 다른 한편 수학적 이율배반은 우리의 현상적 경험의 유한성, 즉 불완전성에 달려 있지 않은가? (Jacques-Alain Miller, "Extimité"[미출간 세미나], Paris, 1985, p. 86을 볼 것.) 그렇지만 칸트에게 현상적 영역의 '비-전체', 불완전한 성격은 이 영역 너머나 외부에 무언가가 있다는 것을 함축하지 않는다. 대신 그것은 그 영역의 내속적 비일관성을 함축한다. 현상들은 결코 '전체'이지 않으며, 하지만 그럼에도 불구하고 그 어떤 예외도, 그것들 외부의 그 어떤 것도 없다. 현상들과 현상들의 예지적 **너머**의 대립을 다루는 것은 바로 역학적 이율배반이다.

대충만 보더라도 여자의 배제가 뜻하는 것이 어떤 실정적 존재자가 상징적 질서에 통합되지 못하도록 가로막혀 있다는 것이 아님을 알 수 있다. '여자의 전부가 남근적 기표에 종속되는 것은 아니다'로부터 여자에게는 그것에 종속되지 않은 무언가가 있다는 결론을 내리는 것은 잘못일 것이다. 그 어떤 예외도 없다. 그리고 '여자'란 존재하지 않는, 하지만 그럼에도 불구하고 존재하는 요소들을 '비-전체'로 만드는, 바로 이 '아무것도 아닌 것'이다.15) 그리고 $ 로서의 주체, 실체 없는 자기-관련의 순수한 '나는 생각한다'로서의 주체는, 정확히 그 어떠한 자기 자신의 실정적인 존재론적 일관성도 없지만 그럼에도 불구하고 존재의 충만 속에 틈새를 도입하는 그와 같은 '아무것도 아님'이다.

이로써 우리는 **한계**와 그 **너머**의 역설적 변증법에 와 있다.16) 라캉의 요점은, **전체**보다는 전체-아님이, **너머**에 있는 것보다는 **한계**가 논리적으로 우선한다는 것이다. 오로지 추후에야, 두 번째에서야, **한계**에 의해 열린 공백은 실정적 **너머**에 의해 채워지는 것이다. 바로 여기에 (덜 완전한 것은 더 완전한 것의 원인으로서 작용할 수 없다는 데카르트의 전제, 그가 신의 존재를 증명하기 위한 토대로서 이용하는 전제에 반대되는) '비-전체'라는 라캉적 논리의 반反데카르트적 가시가 놓여 있는 것이다. 불완전한 것은 완전한 것의 '원인'이며, **미완**은 **완벽**의 신기루에 의해 추

---

15) 오히려 다름 아닌 남자에 대해서 '그의 일부는 남근 함수를 벗어난다'라고 말할 수 있다—보편자에 대해 구성적인 예외. 그러므로 역설은 남자가 남근 함수를 **벗어나는** 어떤 것이 남자 안에 있는 한에서만 남근 함수에 **지배되는** 반면에 여자는 남근 함수에 종속되지 **않은** 그 어떤 것도 여자 안에 없는 한에서만 남근 함수의 **장악력을 벗어난다**는 것이다. 이 역설에 대한 해결은, '남근 함수'는 그 근본적 차원에 있어서 배제의 작동소라고 하는 것이다.

16) 이에 대한 좀더 상세한 설명은 Slavoj Žižek, *Tarrying with the Negative* (Durham, N.C.: Duke University Press, 1993)의 제3장을 볼 것.

후에 채워지게 되는 자리를 열어 놓는다. 이러한 관점에서 볼 때, 여자는 꼭지가 잘린 남자라고 하는 겉보기에 여성 차별적인 정의는 여자의 존재론적 우선성을 단언한다. 여자의 '자리'는 틈새의, 심연의 자리이며, 그 자리는 '남자'가 그것을 채울 때 비가시적이 되는 것이다. 남자는 역학적 이율배반에 의해 정의된다. 자신의 현상적 · 신체적 실존 너머로 그는 예지적 정신을 소유한다. 이와 반대로 '여자는 그 어떤 정신도 가지고 있지 않다'고 한다면 이는 그녀가 한낱 정신이 결여된 대상에 불과하다는 것을 함축하는 것이 결코 아니다. 오히려 요점은 이러한 부정성이, 이러한 결여 자체가 그녀를 정의한다는 것이다. 그녀는 **한계**이며, 심연인바, 정신의 신기루에 의해 소급적으로 채워지는 것이다.

'나는 내가 생각하는 곳에 있지 않다'

그러므로 '여성적' 자리와 '남성적' 자리 모두는 근본적인 이율배반에 의해 정의된다. '남성적' 우주는 예외(자신의 대상을, 즉 뉴튼 물리학의 인과적 우주를 이론적으로 포착하는 '자유로운' 주체)에 기초한 원인과 결과의 보편적 연결망을 내포한다. 그리고 '여성적' 우주는 경계가 없는 분산과 분할 가능성의 우주이며, 바로 그렇기 때문에 보편적 **전체**로 결코 마무리될 수 없는 우주다. 칸트는 수학적 이율배반의 해결책을 바로 그 대상(가능한 경험의 대상들의 총체로서의 우주)의 비존재에서 찾는다. 그렇다면 라캉에게서도 "**여자**는 존재하지 않는다(la Femme n'existe pas)"는 것은 결코 놀랄 일이 아니다. 성적 차이에 대한 이러한 개념은 데카르트적 코기토와 이에 대한 칸트의 비판에 어떻게 영향을 주는가? 해체론적인 페미니즘의 상투어는 데카르트적 코기토의 중립성은 거짓이 며 (그것의 추상적-보편적 특성 등등으로 인해) 남성의 우선성을 은폐하 고 있다는 것이다. 이러한 비판이 고려하지 못하고 있는 것은 '사라지는 매개자'의 계기, 즉 데카르트의 *res cogitans*[생각하는 사물-옮긴이]에 논 리적으로 선행하는 순수한 '나는 생각한다'의 공백이라는 계기다. 데카르 트적 코기토가 '남성적'인 것은 그것의 추상적-보편적 특성 때문이 아니 라 충분히 '추상적'이지 않기 때문이다. '생각하는 사물' 속에서 '나는 생각 한다'의 비실체적 공백은 이미 흐려지며, '생각하는 실체'로 은밀히 변형된 다. 그리고 간명하게 말해 보자면, 성적 차이는 데카르트적인 '생각하는 사물'과 칸트적인 '나는 생각한다'의 순수 형식 사이의 차이다.

　삼 년 동안 라캉은 코기토에 대한 두 개의 대립되는 독해를 세공했다. 두 경우 모두 그는 *cogito ergo sum*[나는 생각한다. 그러므로 존재한다-옮긴 이]의 통일성을 깨뜨린다. 코기토는 사유와 존재 사이에서의 강제된 선택 의 결과로서 파악되며, "나는 내가 생각하는 곳에 있지 않다"로서 파악된 다. 그렇지만 네 가지 근본 개념에 대한 세미나(1964~1965)에서, 선택은 사유의 선택이다. 사유에로의 접근('나는 생각한다')에 대한 대가는 존재 의 상실에 의해 지불된다.17) 반면에 환상의 논리에 대한 미출간 세미나 (1966~1967)에서, 선택은 존재의 선택이다. 존재에로의 접근('나는 존재 한다')에 대한 대가는 사유를 무의식으로 추방하는 것에 의해 지불된다. 그리하여 "나는 내가 생각하는 곳에 있지 않다"는 두 가지 방식으로 읽을

---

17) Jacques Lacan, *The Four Fundamental Concepts of Psycho-Analysis* (New York: Norton, 1977)의 제6장을 볼 것.

수 있다. 나의 존재인 '생각하는 **사물**'의 접근 불가능성에 기초한 순수
통각 형식으로서의 칸트적인 '나는 생각한다'로서, 아니면 사유의 배제에
기초한 주체의 존재에 대한 데카르트적 단언으로서 말이다. 우리의 착안
은 "나는 내가 생각하는 곳에 있지 않다"의 이 두 판본을 **동시**에 읽는
것이다. 즉 그것을 성적 차이를 등록하는 이원성으로서 읽는 것이다. '남성
적' 코기토는 '실체화된 의식의 허위진술'에서 비롯된다. 그것은 존재를
선택하며 그리하여 사유를 무의식으로 추방한다("나는 존재한다, 그러므
로 그것은 생각한다"). 반면에 "여자는 존재하지 않는다"는 사유를 선택하
는, 그리하여 '생각하는 사물'에서 '실체화'되기 전의 텅 빈 통각 지점으로
환원되는 코기토와 관련이 있다("나는 생각한다, 그러므로 그것은 탈-존
한다ex-sists").

  코기토에 대한 라캉적 주제화의 이러한 이원성은 라캉의 가르침 안에
서의 어떤 근본적 변동의 결과인데, 이는 아주 정확한 방식으로 위치지을
수 있다. 즉 그것은 정신분석의 윤리에 대한 세미나18)와 그 세미나에서
처음으로 제안된 몇몇 관념들에 대한 개요로서 이 년 뒤에 쓰여진 글
「칸트를 사드와 더불어」,19) 사이의 어딘가에서 발생한다. 이러한 변동의
결과들은 다양한 층위에서 식별 가능하다. '두 죽음 사이에' 있는 섬뜩한
공간에 서주하고 있는 숭고한 신체라는 모티프에서 시작해 보자. 이 신체
는 처음에는 사디스트의 희생양의 신체—끊임없는 말할 수 없는 고통을
겪으면서도 자신의 아름다움을 마법적으로 보유하는 무구한 젊은 여자의

---

18) *The Ethics of Psychoanalysis, 1959~1960, The Seminar of Jacques Lacan*, book 7, ed. Jacques-
    Alain Miller (London: Routledge/Tavistock, 1992)를 볼 것.
19) Jacques Lacan, "Kant avec Sade", in *Ecrits* (Paris: Editions du Seuil, 1966)을 볼 것.

신체─와 동일시된다. 그렇지만 「칸트를 사드와 더불어」에서 갑자기 사디스트 집행자 그 자신이 (**타자**의 향유의) 대상-도구로서 파악된다. 그는 자신의 주체적 분열을 희생양 $\lozenge$에게로 이항함으로써 이 대상 a의 지위를 획득한다. 숭고한 신체라는 모티프에서의 이러한 변화와 밀접하게 연관된 것은 안티고네의 애매한 지위다. 한편으로 그녀는 **타자**의 욕망으로서의 욕망을 축약한다(그녀가 양보하지 않는 욕망은 큰 **타자**의 욕망, 습속의 욕망인데, 그것은 (오빠의) 신체가 적절한 장례의식을 통해 상징적 전통 속으로 통합될 것을 요구한다). 다른 한편으로 그녀의 자살적 행위는 큰 **타자**로부터 기꺼이 자신을 배제시킴을, 즉 큰 **타자**의 존재의 중단을 내포한다. 좀더 일반적 층위에서 볼 때 이러한 변동은 윤리에 대한 라캉의 접근에서 근본적인 긴장을 발생시킨다. 한편으로 욕망의 윤리, '자신의 욕망에 대해 양보하지 않기(*ne pas céder sur son désir*)'의 윤리가 있다. 요컨대 향유(*jouissance*)에 굴복하는 것은 우리의 욕망에 대해 타협함을 의미하며 따라서 진정한 윤리적 태도는 우리의 욕망의 순수성을 위해 향유를 희생함을 내포한다.[20] 다른 한편으로 욕망 자체는 향유에 대한

---

20) 이 욕망의 윤리는 예컨대 우리로 하여금 라스 폰 트리에의 <유로파>─독일이 나치 과거와 화해하기 위한 유일한 매개체로서 한스-위르겐 지버베르크의 반유대 미학 프로그램을 완전히 실현하고 있는 것처럼 보이는 영화─를 거부하지 않을 수 없도록 할 것이다. (최근의 작품에서 지버베르크는 독일인들이 자신들의 나치 과거를 '돌파'할 수 없는 것에 대해 진정으로 책임이 있는 자들은 반미학적 금지─아도르노가 말한 "아우슈비츠 이후에 더 이상 시는 없다"─를 유지하고 있는 유대인 자신들이라고 주장한다.) 이 영화가 제공하고 있는 유럽의 미학적 신화는 자기 탐닉적인 퇴폐적 향유의 악순환에 붙잡힌 유럽의 신화다. 수행성의, 상징적 권위의 사회적 유대의 유효성을 중단시키는 것은 바로 이 향유의 과잉 근접성이다(명령들은 작동하지 않는다. 예를 들면 독일 기차에서 일하는 젊은 미국인이 침대차 승무원 자리를 얻기 위한 시험을 치르고 있을 때 심사위원단은 불안을 불러일으키는 대신 무의미한 질문들과 엉뚱한 꼼꼼함으로 우스꽝스럽게 행동한다.) 이 영화의 궁극적 교훈은, 순진한 미국인의 응시조차도 유럽적 향유의 퇴폐적 소용돌이를 피할 수 없으며 결국 그를 그러한 향유에로 이끌리게 한다는 것이다. 영화는 독일의

방어로서, 즉 타협의 한 양태로서 개념 파악되며(우리는 향유의 실재를 회피하기 위해 욕망의 끝없는 상징적 환유 속으로 탈주한다), 따라서 유일하게 진정한 윤리는 **충동**의 윤리이며, 우리가 향유에 대해 맺는 관계의 윤곽들을 규정하는 증환*sinthome*21)에 대한 전념의 윤리다. 더 나아가 욕망의 윤리와 충동의 윤리 사이의 이러한 긴장은, 거리두기에서 동일화로의 라캉의 이행을 규정한다. 다시 말해서 라캉의 가르침의 마지막 단계에 이르도록 라캉적 정신분석의 지배적인 윤리적 태도는 일종의 브레히트적인 거리두기의 제스처를 내포하고 있었다. 처음에는 상징적 '매개' 작업을 통해 상상적 매혹으로부터 거리두기; 그 다음으로는 상징적 거세, 욕망에 대해 구성적인 결여를 떠맡음; 그 다음으로는 '환상을 가로지르기', 즉 환상-시나리오에 의해 은폐된 **타자**의 비일관성을 떠맡음. 이 모든 규정들이 공유하고 있는 것은 정신분석 치료의 종결 계기를 일종의 '탈출'로서―상상적 사로잡힘으로부터, **타자**로부터 벗어나는 **밖으로**의 움직임으로서―파악하고 있다는 점이다. 그렇지만 마지막 국면에서 라캉은, 그 근본성에 있어서 아직 들은 바 없는, 역전된 관점을 개괄한다. 정신분석 치료의 종결 계기는 주체가 증환과의 동일시를 완전히 떠맡을 때, 그/녀가 그것에 유보 없이 '양보'할 때, 우리의 일상생활을 규정하는 거짓된 거리를 포기하고 '그것이 있었던' 장소와 재접합할 때 달성된다.

패전 직후인 1945년 가을을 배경으로 하지만, 패망한 독일은 분명 퇴폐적 향유의 순환에 붙잡혀 있는 대륙으로서 '유럽'에 대한 초시간적 은유로서 제시되고 있다. 영화 전체는 주인공에게 말을 걸면서 무엇을 해야 할 것인지와 무엇이 앞에 놓여 있는지를 그에게 말하고 있는 익명의 나레이터(막스 폰 시도우)에 의해 조종되는 일종의 최면성 트라우마로서 상연된다. 정신분석의 궁극적 목적은 바로 이러한 목소리의 지배에서 우리를 벗어나게 해 주는 것이다.

21) 즉, 증상. '증환' 개념에 대해서는 Slavoj Žižek, 위의 책, 제5장 참조.

그렇기 때문에 우리는 코기토 선택의 둘째 판본을 이 문제에서의 라캉의 '최후의 말'로 해석하면서 첫째 판본을 탈脫가치화하거나 아니면 거꾸로 그렇게 하는 덫을 피해야 한다. 그 대신 우리는 그 둘의 환원 불가능한 적대를—다시금—성적 차이의 기입에 대한 표지로서 유지해야만 한다.

하지만 코기토와 성적 차이의 이와 같은 연계는 너무나도 추상적이고 너무나도 비역사적이지 않은가? 우리는 이러한 비난에 대해 마르크스를 참조함으로써 답할 수 있다. 마르크스는 『요강』서론에서 추상적-보편적 성격으로 인해 모든 시대에 타당한 추상적 범주가 어떻게 정확하게 규정된 역사적 계기에서만 사회적 현실성을 획득하는지를 증명했다. 마르크스가 염두에 두었던 것은 그 특수한 질적 규정과 무관한 노동이라는, 자신의 노동력의 사용이라는 추상적 개념이었다. 이 개념은 노동력이 화폐와 교환 가능하며 또 그러한 것으로서 그것의 특수한 규정들에 대해 무차별적인 하나의 상품으로서 시장에 제공되는 자본주의에서만 스스로를 실현하고 '현실적이 된다.'[22] 여기서 우리가 조우하는 것은 **즉자/대자**의 논리인데, 이 논리에서 하나의 사물은 **언제나-이미 그러했던** 것이 된다. 자본주의에서 '노동'은 언제나-이미 그러했던 것이 된다. 그리고 성적 차이의 논리 역시 마찬가지다. 오로지 칸트에 와서야—즉 주체가 처음으로 명시적으로 비실체로서, '세계의 일부'가 아닌 것으로서 파악되는 순간에서야—성적 차이는 언제나-이미 그러했던 것이 된다. 즉 그것은 두 개의 실체적·실정적 존재자들의 차이인 것이 아니라 두 유형의 이율배반의 '존재론적 추문'이 되며 그로써 코기토의 두 양상의 차이가 된다.

---

22) 마르크스의 *Grundrisse*, selected and edited by David MacLellan (London: Mavmillan, 1980) 서설의 제3절 참조. [국역본: 김호균 옮김, 『정치경제학 비판 요강』, 백의, 2000.]

환상-응시로서의 코기토

데카르트에 대한 푸코의 독해를 비판하면서 데리다는 코기토를 과장되고 과잉적인 광기의 계기로서, 순수한 '나는 생각한다'의 소용돌이로서 파악한다.[23] '생각하는 사물'(*res cogitans*)에 앞서는 이 코기토는 '여성적' 코기토이다. 그러므로 여성적 코기토와 남성적 코기토 사이에서의 선택은 겉보기보다 더 복잡하게 얽혀 있다. 그것은 '사유인가 존재인가'라는 분명하게 갈라지는 선택을 벗어난다.

　－'남성적' 코기토는 존재를, '나는 존재한다'를 선택한다. 하지만 그것이 얻는 것은 실제 존재가 아니라 한낱 사유에 불과한 존재(이를 라캉은 *cogito 'ergo sum'*, 즉 나는 생각한다 '그러므로 나는 존재한다'라고 쓴다)이다. 즉 그것은 환상-존재를, '인격person'의 존재를, 환상에 의해 그 틀이 구조화되는 '현실' 속의 존재를 얻는다.

　－'여성적' 코기토는 사유를, '나는 생각한다'를 선택한다. 하지만 그것이 얻는 것은 더 이상의 술어들을 빼앗긴 사유, 순수 존재와 일치하는 사유, 혹은 좀더 정확히 말해서 사유도 존재도 아닌 과장된 지점이다. 결과적으로 세미나『앙코르』에서 라캉이 여성적 향유에 대해서, 그것을 알지 못하면서 즐기는 여자에 대해서 이야기할 때, 이는 이루 말할 수 없는 존재의 어떤 충만함에 대한 그녀의 접근을 결코 함축하지 않는다. 라캉이 명시적으로 지적하듯 여성적 향유는 비존재적이다.

　<에이리언 3>의 광고 포스터(원편에는 외계 괴물의 머리, 끈적끈적한

---

23) Jacques Derrida, "Cogito and the History of Madness", in *Writing and Difference* (Chicago: University of Chicago Press, 1978) 참조.

금속성 머리가 그 응시를 시고니 위버에게 고정하고 있다. 오른편에는
눈을 떨군 시고니 위버의 공포에 질린 얼굴이 괴물에게서 응시를 돌리고
있지만 그녀의 전 관심은 괴물에 고정되어 있다)에는 '죽음과 여자'라는
표제가 붙을 수도 있을 것이다. 여기서 우리는 주체(가 될 예정인 그 무엇)
가 끈적끈적한 향유의 실체를 거부함으로써 스스로를 구성하는 가장 순수
한 지점에서의 코기토와 조우한다.24) 따라서 **그것**(외계 **사물**)이 '우리
자신 속의 억압된 것의 투사'라고 말하는 것으로는 충분치 않다. 나 그
자체는 **사물**Thing의 거부를 통해, 향유의 실체에 대해 거리를 취함을
통해 스스로를 구성한다. 바로 이 순수 공포의 순간에 그녀는 **생각한다**.
그녀는 순수 사유로 환원된다. '에이리언'과의 대면을 피하는 순간, 이
공포의 오점에서 뒷걸음질쳐 우리 '존재'의 안식처로 퇴각하는 순간, 어떤
탈중심화된 자리에서 '그것'은 생각하기 시작한다. 그렇다면 이것은 "정신
은 뼈다"의 라캉식 판본이다. 순수한 '나는 생각한다'는 주체는 무의미한
향유의 오점과의 대면을 견디는 때에만 발생한다. 그리고 우리는 그것의
또 다른 판본을 라캉이 반복적으로 참조하는 것 가운데 하나인 에드거
앨런 포의 「M. 발드마르 사건의 진실」에서 조우하지 않는가? 발드마르가
죽음의 잠에서 잠깐 동안 깨어나 "나는 죽었네!"라는 '불가능한' 진술을
발화할 때, 지금까지 도리언 그레이 같은 차갑고 딱딱한 아름다움을 보유

---

24) '죽음과 여자'라는 모티프에 대한 수많은 변이들 가운데, 마이크 니콜스의 <실크우드>에 나오는
카렌 실크우드의 사망 사고를 언급하는 것으로 충분할 것이다. 스크린 오른쪽을 차지하고 있는,
밤에 차를 몰고 있는 운전석의 메릴 스트립. 그녀의 응시는 머리 위의 룸미러에 온통 집중되어
있는데, 이를 통해 그녀는 뒤에서 다가오는 거대한 트럭의 불빛을 본다. 그리고 차 뒤창을 통해
보이는 스크린 왼쪽에는 트럭 불빛이 형태 없는 눈부신 얼룩으로 점차 퍼지며, 스크린 전체에
흘러넘치게 된다.

했던 그의 신체는 갑자기 "거의 액체가 된 역겨운 부패물"로 변한다.25) 요컨대, 순수하고 형체 없는 끈적끈적한 향유의 실체로 말이다. 존재의 충만 속에 존재하는 이 끈적끈적한 실체의 필연적 상관물은 발드마르가 "나는 죽었네!"를 발화하는 언표위치다. 그것은 순수한 불가능한 사유이다. 그것은 존재를 박탈당한 사유의 점으로서의 코기토, 내가 나 자신의 비존재를 바라보는 존재하지 않는 불가능한 환상 응시로서의 코기토이다. 내가 불가능한 응시로서의 순수 코기토로 환원되는 바로 그 순간 향유의 실체의 형체 없는 진액이 다른 어딘가에 출현해야만 했다. 라캉이 $\$ \lozenge a$라는 공식으로 겨냥한 바는 바로 이것이다.

결국, 지금까지 이야기된 모든 것은 프랭크 카프라의 <멋진 인생>에서 요약된다. 이 영화의 틀림없는 누아르적 기조는 카프라의 우주를 포퓰리즘적 뉴딜 휴머니즘으로 통속적으로 환원하는 것이 얼마나 잘못된 것인가를 보여 준다. 주인공(제임스 스튜어트)이 극도의 절망 속에서 자살을 하기 직전 천사 클러렌스가 나타나 이를 저지하며 가능한 우주들에 대한 크립키Kripke 식의 사유 실험을 하도록 만든다. 클러렌스는 그를 매사추세츠에 있는 그의 작은 마을로 다시 보내지만 사람들이 그를 알아보지 못하게 한다. 그는 과거사를 포함해서 정체가 박탈되며 그리하여 그는 그가 존재하지 않는 경우에 사태가 어떻게 돌아갔을 것인가를 볼 수 있게 된다. 이런 식으로 주인공은 낙천성을 되찾는데, 왜냐하면 그의 부재의 재앙적 결과가 분명해지기 때문이다. 오래전에 물에 빠진 적이 있었던 그의 동생은 죽어 있다(주인공이 거기 없어서 그를 구하지 못했다). 나이

---

25) [옮긴이 주] 에드거 앨런 포, 『우울과 몽상』, 홍성영 옮김, 하늘연못, 2002, 811쪽을 볼 것.

든 마음씨 좋은 약사는 감옥에서 썩고 있다(주인공이 거기 없어서 그가 부주의로 약을 섞을 때 독약을 넣은 것에 대해 경고하지 못했다). 그의 아내는 절망하는 노처녀이고, 다른 무엇보다도, 노동계급 가족에게 신용 대부를 제공하고 그리하여 마을 전체를 통제하려는 무자비한 지역 자본가에 대항하여 서민 공동체의 마지막 방패로서 기여했던 아버지의 소규모 대여조합은 파산한다(주인공은 거기 없어서 아버지 사업을 인계하질 못했다). 따라서 연대가 승리하고 모든 가난한 가족들이 소박한 자기 집을 소유하고 있는 공동체 대신에 주인공이 발견하는 것은 지역 실력자에 의해 완전히 통제되며 무례한 술꾼들과 시끄러운 나이트클럽으로 가득한 터질 것만 같은 폭력적인 미국 소도시다. 여기서 곧바로 우리 눈을 놀라게 하는 것은, 주인공 자신이 부재할 때 어떻게 사태가 돌아갈 것인가를 목격하면서 그가 조우하는 미국이 현실의 미국이라는 것이다. 즉 그 미국의 특징들은 냉혹한 사회현실(공동체적 연대의 해체, 야간유흥의 떠들썩한 저속함 등등)로부터 가져 온 것이다. 따라서 꿈과 현실의 관계는 역전된다. 주인공에게 주어진 사유 실험에서 그가 악몽 같은 꿈으로 경험하는 것은 현실의 삶이다. 우리는 그가 영화적 꿈속에서 실재와 조우하는 것을 보는데, 주인공이 (디제시스적) '현실' 속에 피난하는 것은 바로 이 트라우마적 실재에서 벗어나기 위해서다. 즉 한가로운 마을 공동체의 이데올로기적 환상은 여전히 거대자본의 무자비한 압력에 저항할 수 있다. 트라우마적 **실재**는 꿈속에서 조우하게 된다고 말할 때 라캉이 의미했던 바는 바로 이것이다. 이데올로기는 이와 같은 방식으로 현실에 대한 우리의 경험을 구조화한다.

  그렇지만 여기서 일차적 관심을 끄는 것은 이 사유 실험의 데카르트적

차원이다. 다시 말해서 스튜어트가 이방인으로서 그의 마을에 다시 돌아
갈 때 그는 자신의 상징적 정체성 일체를 박탈당하며, 순수한 코기토로
환원된다. 천사 클러렌스가 지적하듯, 그에게는 가족도, 개인적 역사도
전혀 없다. 심지어는 그의 입술에 난 작은 상처마저도 없어졌다. 유일하게
남아 있는 확실성의 중핵은, 그 두 개의 상이한 상징적 우주 속에서 '동일
한' 것으로 남아 있는 **실재**의 중핵은 그의 코기토이며, 그 어떤 내용도
결여된 자기의식의 순수 형식이다. 코기토는 '나'가 전통이라는 상징적
연결망 속에서 자신의 지탱물을 상실하고 그리하여 결코 은유적이지 않은
의미에서 존재하기를 멈추는 바로 이 지점을 지칭한다. 그리고 핵심적
요점은, 이 순수 코기토가 환상-응시에 완벽하게 조응한다는 것이다. 그
속에서 나는 나 자신이 비존재적 응시로 환원됨을 발견했다. 즉 나의 유효
한 술어들을 모두 상실한 이후에 나는, 역설적이게도 내가 없는 세계를
관찰할 자격이 부여된 응시에 다름 아닌 것이다(예컨대, 내가 나의 현실적
실존 이전에 나 자신의 수태를 관찰하는 응시로 환원되는 부모 성교의
환상, 혹은 나 자신의 장례식을 목격하고 있는 환상처럼). 바로 이러한
정확한 의미에서, **환상**은 가장 기본적 차원에서 **존재를 대가로 한 사유의
선택**을 함축한다고 말할 수 있다. 환상 속에서 나는 나의 부재, 나의 비존
재의 시간 동안 사태의 과정을 관조하고 있는 사유라는 순간적인 점으로
자신이 환원되는 것을 발견한다. 반면에 **증상**은 존재의 선택을 함축하는
데, 왜냐하면 (왼쪽 약지를 베는 아내에 관한 프로이트의 사례에서 보게
될 것처럼) 증상 속에서 출현하는 것은 바로 존재를 선택할 때 상실되고
'억압된' 사유이기 때문이다.

　데카르트적 코기토의 이러한 환상-지위를 확증하는 또 다른 추가 특징

이 있다. 환상-응시의 근본적 구조에는 응시의 자기 배가라고 할 만한
것이 내포되어 있다. 마치 우리는 우리 자신의 눈 뒤에서 '원초적 장면'을
관찰하고 있는 것만 같다. 즉 우리는 우리의 바라봄과 직접적으로 동일시
되지 않고 그것의 '배후' 어딘가에 서 있는 것만 같다. 그리고 바로 그
때문에 히치콕의 <이창>에서 창문 자체가 거대한 눈처럼 작용한다(크레
딧에서 올라가는 커튼은 우리가 깨어날 때 열리는 눈꺼풀을 나타내며,
기타 등등이다). 제프리(제임스 스튜어트)는 바로 자기 자신의 거대한 눈
배후에 있는 대상-응시로 환원되는 한에서, 즉 눈을 통해 보이는 현실의
외부에 있는 이 공간을 차지하는 한에서, 움직일 수 없게 된다. 그렇지만
여기서 핵심적인 것은, 데카르트가 자신의 광학 저술에서 동일한 환상을
개괄했다는 점이다. 자기 자신과 죽은 동물의 눈 사이에 끼어들어가, 현실
을 직접 관찰하는 대신 동물 눈의 후면에 나타나는 상을 관찰하고 있는
남자.26) 일련의 고딕영화나 시대극영화에서도 동일한 배치*dispositif*가
작동하고 있지 않은가? 벽 위에는 통상 부조조각으로 되어 있는 거대한
눈이 있고 돌연 우리는 그 눈 뒤에 사실은 누군가가 숨어 있어 진행되고
있는 일을 관찰하고 있음을 알아차리게 된다. 여기서 역설은 **응시가 눈에
의해**, 즉 바로 그것의 기관에 의해 은폐되어 있다는 것이다. 데이빗 린치의
<블루 벨벳>에 나오는, (마땅히) 가장 유명한 장면에서도 동일한 경제가
작용하고 있지 않은가? 카일 맥러클런은 이사벨라 로셀리니와 데니스

---

26) 이에 대한 좀더 상세한 설명은 Miran Božovič, "The Man behind His Own Retina", in Slavoj Žižek, Everything You Always Wanted to Know about Lacan (But Were Afraid to Ask Hitchcock) (London: Verso, 1992.) 참조. [국역본: 「그 자신의 망막 뒤의 남자」, 슬라보예 지젝 편, 김소연 옮김, 『항상 라캉에 대해 알고 싶었지만 감히 히치콕에게 물어보지 못한 모든 것』, 새물결, 2001.]

호퍼의 사도마조히즘적인 성애적 게임을 옷장에 난 틈새를 통해서, 즉 정확히 반쯤 뜬 눈으로 기능하며 관찰자를 자기 자신의 눈 배후에 놓아두는 틈새를 통해서 관찰하고 있다. 여기서 우리의 요점은, 한편으로 주체를 움직일 수 없게 만들고 현실 속에서 그의 실존을 박탈하여 그를 그가 누락되어 있는 현실을 관찰하는 대상–응시로 환원하는 이 환상–응시와, 다른 한편으로 근본적 의심의 절정에서 자신의 신체적 현존과의 거리를 획득하게 되는―즉 현실을 '자신의 망막 뒤에서' 관찰하는―존재하지 않는 응시로 또한 환원되는 데카르트적 코기토 사이의 궁극적 일치다.

'자기의식은 하나의 대상이다'

그렇다면 라캉의 두 가지 판본의 코기토 가운데 첫 번째는 이렇다. "나는 생각한다, 그러므로 그것은 존재한다." 이제 나머지 판본인 "나는 존재한다, 그러므로 그것은 생각한다"에 대해서는 어떻게 파악할 것인가? 프로이트의 『일상생활의 정신병리학』에서 기술된 가벼운 증상적 행위를 생각해 보자.

언젠가 분석치료 모임에서 결혼한 한 젊은 여자가 연상작용을 통해 전날 밤 손톱 깎던 일을 떠올리면서 "손톱 바로 밑의 각피를 긁어내려다 그만 살을 베이고 말았다"고 하였다. 전혀 의미도 없고 관심거리도 안 되는 이 말을 듣고 우리는 그 여자가 왜 별것 아닌 그 일을 떠올려 언급했는지 궁금해 하지 않을 수 없었다. 그리고 우리는 그 행위가 바로 증상 행위가 아닌가

의심하기 시작했다. 그런데 그녀의 그 서투른 행위로 피해를 본 손가락이
결혼반지를 끼는 약지라는 사실이 밝혀졌다. 또 하나, 그날이 바로 그녀의
결혼기념일이었다는 사실도 밝혀졌다. 이런 사실에 비추어 손톱을 깎다가
살을 베고 만 그녀의 행동은 아주 분명한 의미를 지니고 있는 것으로 볼
수 있었으며, 그 의미도 쉽게 추측할 수가 있었다. 동시에 그녀는 남편의
서투름과 아내인 자신의 무감각을 간접적으로 암시하고 있는 어떤 꿈 이야
기까지 들려주었다. 그런데 (그녀 나라에서는) 결혼반지를 오른손에 끼는데,
그녀의 경우 상처 입은 손가락이 왜 왼손 약손가락이었을까? 그녀 남편은
법률가로 '법학 박사'['Doktor der Rechte', 이는 말 그대로는 '오른쪽 박사'
가 된다], 처녀 시절 그녀가 몰래 흠모하던 사람은 어느 의사(우스갯소리로
의사는 'Doktor der Linke'['왼쪽 박사']로 불린다)였다는 사실에서 단서를
찾을 수 있지 않을까? 왼손에 의한 결혼 역시 분명한 의미를 지니고 있는
것이다.27)

하찮은 실수, 약지 손가락을 조금 베인 것이 주체의 가장 내밀한 운명을
표현하는 **추론**의 전 사슬을 충분히 응축할 수 있다. 그것은 그녀의 결혼이
실패라는 인식을, 진정한 사랑인 '왼쪽 박사'를 선택하지 않은 것에 대한
후회를 증언한다. 이 사소한 피 얼룩은 그녀의 무의식적 생각이 거주하고
있는 장소를 표시한다. 그리고 그녀가 할 수 없는 것은, 그 속에서 자신을
알아보는 것이다. 즉 그녀는 "나는 거기에 있다"라고, 이 생각이 표현되어
있는 그곳에 있다, 라고 말할 수 없는 것이다. 혹은 라캉식 표현대로 하자
면, 얼룩 없이 결코 나는 없다. 즉 내가 생각하는 곳에 내가 있지 않는

---

27) Sigmund Freud, The Psychopathology of Everyday Life, Pelican Freud Library, vol. 5
(Harmondsworth: Penguin, 1976), p. 248. [국역본: 이한우 옮김, 『일상생활의 정신병리학』, 열린
책들, 2004, 252~253쪽.]

한에서만, 다시 말해서 내가 바라보는 그림이 탈중심화된 생각을 응축하는 얼룩을 포함하는 한에서만—이 얼룩이 얼룩으로 남아 있는 한에서만, 즉 내가 그 속에서 자신을 알아보지 못하는 한에서만, 내가 거기에 있지 않는 한에서만—'나는 있다.' 그렇기 때문에 라캉은 왜상歪像이라는 개념으로 되풀이해서 돌아온다. 나는 '그것이 생각하는' 지점이 형체 없는 얼룩으로 남아 있는 한에서만 '정상적' 현실을 지각한다.[28]

물론 여기서 피해야 할 이론적 유혹은 이 얼룩을 너무 성급하게 대상 a와 동일시하려는 유혹이다. a는 얼룩 그 자체가 아니며, 오히려 얼룩이 '진정한 의미' 속에서 지각될 수 있게 하는 관점, 왜상적 왜곡 대신에 주체가 형체 없는 얼룩으로서 지각하는 것의 진정한 윤곽을 식별하는 것을 가능하게 할 관점이라는 정확한 의미에서의 응시다. 바로 그렇기 때문에 분석가는 대상 a의 자리를 차지한다. 그는 안다고 가정된다. 무엇을 안다고? 바로 얼룩의 진정한 의미를. 따라서 편집증에서 대상 a는 '가시적이 된다'라는 라캉의 주장은 아주 정당한 것이다. 학대자라는 인격 속에서 응시로서의 대상은 '내 속을 들여다보고' 내 생각을 읽을 수 있는 작인이라는, 손으로 만져 볼 수 있는 경험적인 실존을 띤다.

이런 의미에서 대상 a는 자기의식의 점point을 나타낸다. 내가 이 점을 차지할 수 있다면 내가 얼룩을 없애는 것이, '나는 내가 생각하는 곳에

---

28) 그러므로 '나는 생각한다'의 순수 형식과 인식 불가능한 '생각하는 사물'이라는 칸트적 분열은 아직은 프로이트적 무의식이 아니다. 엄밀한 의미에서의 무의식이란 오로지 존재의 선택과 더불어 발생한다. 그것은 나는 '존재한다'의 순간에—주체가 존재를 선택하는 순간에—출현하는 '그것은 생각한다'를 지칭한다. 다시 말해서 라캉의 두 가지 판본의 코기토는 무의식과 이드(Es)를 분명하게 구분할 수 있게 해 준다. 무의식은 "나는 존재한다, 그러므로 그것은 생각한다"에 있는 '그것은 생각한다'인 반면에 이드는 "나는 생각한다, 그러므로 그것은 존재한다"에 있는 '그것은 존재한다'이다.

있다'고 말하는 것이 가능해지리라. 자기 투명성으로서의 자기의식에 대한 라캉의 비판이 지닌 전복적 잠재력이 가시적이 되는 것은 바로 여기서다. 자기의식 그 자체는 말 그대로 **탈중심화되어** 있다. 실수—얼룩—는 내가 자기의식에 진정 도달하는 어떤 탈중심화되고 외적인 자리의 탈-존ex-sistence을 증언한다(프로이트의 환자는 그녀의 자기 정체성에 외적인 것으로 남아 있는 어떤 자리에서 그녀 자신의 진리를, 그녀 결혼의 실패를 표현한다). 철학이 견딜 수 없는 정신분석의 추문은 바로 여기에 있다. 자기의식에 대한 라캉의 비판에 걸려 있는 것은 주체가 결코 자신에 대해 완전하게 투명하지 않다거나 그것의 심리 속에서 진행되고 있는 일에 대한 완전한 자각에 결코 도달할 수 없다고 하는 상투적인 이야기가 아니다. 언제나 무언가가 나의 의식적 자아의 포착에서 벗어나기 때문에 완전한 자기의식은 불가능하다는 것이 라캉의 요점이 아니다. 오히려 라캉의 요점은 나의 포착에서 벗어나는 이 탈중심화된 딱딱한 중핵이 궁극적으로 **자기의식 그 자체다,** 라는 훨씬 더 역설적인 테제다. 자기의식은, 그것의 지위와 관련하여, 내가 도달할 수 있는 범위 바깥에 있는 외적 대상이다.[29] 좀더 정확히 말해서 자기의식은 대상 a로서의 대상, 나 자신에 관한 견딜 수 없는 진리를 체현하는 얼룩의 진정한 의미를 지각할 수 있는 응시로서의 대상이다.[30]

---

29) 바로 이것을 배경으로 해서 우리는 컴퓨터 공포증을 온당하게 위치시킬 수 있다. '생각하는 기계'에 대한 두려움은 사유 자체가 내 존재의 자기-정체성에 외적인 것이라는 불길한 예감을 증언한다.

30) 이와 같은 자기의식으로서의 대상에 대한 전형적 사례는 히치콕적인 대상이지 않은가? 그것이 트라우마적인 충격이 되는 것은, 주체에 관한 견딜 수 없는 진실을 포착하는 **견딜 수 없는 응시를 그것이 체현하고 있다**는 사실 때문이지 않은가? 히치콕의 <스트레인저>에 나오는 첫 번째 살인에서의 희생양의 안경을 생각해 보자. 브루노가 가이의 문란한 아내인 미리엄을 교살하고 있을

이제 우리는 왜 자기의식이 자기 투명성의 정반대인가를 볼 수 있다. 나에 관한 진리가 표현되는 어떤 자리가 내 바깥에 존재하는 한에서만 나는 나 자신을 의식한다. 가능하지 않은 것은 이 두 자리(나의 자리와 얼룩의 자리)의 일치다. 얼룩은 반성되지 않은 잔여가 아니며, 자기반성을 통해, 자신의 심적 삶에 대한 더 깊은 통찰을 통해 없앨 수 있는 어떤 것이 아니다. 왜냐하면 그것은 나의 자각의 바로 그 산물이며, 그것의 객관적 상관물이기 때문이다. 라캉이 '증상'을 '증환sinthome'이라고 쓸 때 염두에 두는 것은 바로 이것이다. 암호화된 메시지로서의 증상은 해석을 통해 해소되기를 기다리는 반면 '증환'은 주체의 바로 그 (비)존재에 대해 상관적인 얼룩인 것이다.

이 구분을 예시하기 위해 <케이프 피어>의 두 판본을 생각해 보자. 60년대 초에 나온 J. 리 톰슨의 원판본과 1991년에 나온 마틴 스콜세지의

때 우리는 그녀의 안경에 그 범죄가 뒤틀려 반영되는 것을 본다. 안경은 브루노가 처음 그녀를 공격했을 때 땅에 떨어졌던 것이다. 안경은 '제3자'이며, 살인의 목격자이며, 응시를 체현하는 대상이다. (6년 후 <누명 쓴 사나이>에서 이와 동일한 역할을 맡는 것은 커다란 테이블 램프다. 그것은 매니에 대해 로즈가 터뜨린 분노의 목격자다. 레나타 살레츨, 「맞는 남자와 틀린 남자」, 슬라보예 지젝 편, 『항상 라캉에 대해 알고 싶었지만 감히 히치콕에게 물어 보지 못한 모든 것』을 볼 것.) 그렇기 때문에, 이 장면을 나중에 나오는 유일무이한 장면인 브루노가 파티에서 나이든 사교계 여인을 교살하는 장면과 함께 읽는 것이 핵심이다. 처음에 브루노는 다소 품위는 없을지언정 단순한 사교적 게임을 한다. 그는 (기꺼이 자기 목을 드리내어 제공하는) 연상의 여인에게 끽 소리도 할 수 없도록 누군가를 교살하는 것이 어떻게 가능한지를 증명해 보인다. 그렇지만 그 이중 관계가 '제3자'로 보충될 때, 즉 브루노가 조롱하듯 목 조르고 있는 그 여인 뒤에서 안경을 쓴 소녀(가이의 연인인 앤의 여동생)를 보게 될 때, 일은 통제에서 벗어나게 된다. 이 지점에서 게임은 갑자기 심각한 전환을 맞이하게 된다. 음악이 지시해 주듯이, 그 소녀의 안경은 브루노의 마음에 첫 번째 살인장면을 떠오르게 하며 이러한 단락脈絡으로 인해 브루노는 그 나이든 여인을 진짜로 교살하기 시작한다. (히치콕의 딸 패트리샤가 연기한) 이 소녀는 순전히 그녀의 안경 때문에 '너무 많이 아는 여자'가 된다. 브루노에게 살인 충동을 격발하는 것은 안경이 그에게 가하는 견딜 수 없는 압력이다. 안경은 '응시를 돌려주는' 대상이다. 즉 안경 때문에 브루노는 그 불쌍한 소녀의 놀란 응시 속에서 '확대되어 쓰여진 그의 파멸'을 본다.

리메이크 판본을 말이다. 비록 원작영화를 배려하는 스콜세지의 자의식적인 태도에 의해 반박되기는 했어도, 평론가들은 스콜세지가 핵심적 전환을 성취했다는 데 긍정적으로 주목했다. 원판본에서 출소자(로버트 미첨)는 단지 한가로운 모범적인 미국 가족에 외부로부터 침입해 그 가족을 정상궤도에서 탈선시키는 **악**의 형상이다. 반면 스콜세지의 리메이크작에서 출옥수(로버트 드 니로)는 그 가족의 바로 그 심장부에서 이미 작열하고 있는 외상들과 적대적 긴장들—성적으로 불만족스러운 아내, 여성성과 독립감에 눈을 뜬 딸—을 구현하고 체현한다. 요컨대 스콜세지의 판본은 사나운 새들의 공격을 가족생활에 이미 깃든 교란인 모성적 초자아의 구현으로 보는 히치콕의 <새>의 독해와 유사한 해석을 통합한다. 이와 같은 독해는 비록 **악**의 힘을 외적 위협으로 환원하는 이른바 '피상적인' 독해보다 '더 심오한' 것처럼 보일지 모르겠으나, 그런 독해에서 잃게 되는 것은 바로 내속적인 간주체적 긴장들의 부차적 효과로 환원될 수 없는 **외부**의 잔여물인바, 바로 그것의 배제가 주체에 대해 구성적인 것이다. 그와 같은 잔여물 혹은 대상은 언제나, 모든 간주체적 공동체의 일종의 '동행자'로서, 스스로를 간주체적 연결망에 덧붙인다. 히치콕의 <새>에 나오는 새들을 생각해 보자. 그 새들은 간주체적 지위를 지님에도 불구하고 가장 근본적인 지점에서는 손가락에 난 그와 같은 부분 얼룩이지 않은가? 만을 처음으로 가로지르던 멜라니(티피 헤드렌)가 머리를 가격하는 갈매기 공격을 받을 때, 그녀는 장갑 낀 손으로 머리를 매만지고 집게손가락 끝에서 작고 붉은 피 얼룩을 본다. 나중에 마을을 공격하는 모든 새들은 이 조그마한 얼룩에서 생겨나는 것이라고 말할 수 있을 것이다. <북북서로 진로를 돌려라>에서도 마찬가지다. 황량한 옥수수밭에서 캐리 그랜트

를 공격하는 비행기는 처음에는 지평선 위에 있는 가까스로 보이는 조그
마한 점으로 지각된다.

자기의식의 이 기원적 배가는 '간주체성'의 토대를 제공한다. 헤겔적
상투어대로 만약 자기의식이 또 다른 자기의식의 매개를 통해서만 자기의
식이라고 한다면, 나의 자각은—정확히 이 자각이 자기 투명성과 동일하
지 않는 한에서—탈중심화된 '그것은 생각한다'의 출현을 야기한다. '나
는 존재한다'와 '그것은 생각한다'의 분열이 간주체성이라는 표준적인 모
티프로 번역될 때 상실되는 것은 그 두 항의 근본적 비대칭성이다. '타자'
는 기원적으로 하나의 대상이며, 내가 출현하기 위해서는 배제되어야만
하는 것에 몸체를 제공함으로써 나의 자기 투명성을 방해하는 불투명한
얼룩이다. 다시 말해서, 자기의식의 변증법의 궁극적 역설은, '의식'은 이
질적이고 외적인 대상에 관계하는 반면 '자기의식'은 이러한 탈중심화를
폐지한다고 하는 표준적인 통념doxa을 그것이 역전시키고 있다는 것이
다. 오히려 엄밀한 의미에서, 대상이 자기의식의 상관물이다. 어떠한 대상
도 자기의식 이전에 존재하지 않는데, 왜냐하면 원래 대상은 내가 나 자신
에 대한 지각을 획득하기 위해서는 배제되어야만 하는 불투명한 중핵으로서
출현하기 때문이다. 혹은 이를 라캉적 용어로 말해 보자면, 주체—빗금
쳐진 $\$$—의 기원적인 간주체적 상관물은 또 다른 $\$$가 아니라 S, 즉 주체
가 구성적으로 결여하고 있는 것(존재, 지식)을 소유하고 있는 불투명하고
충만한 **타자**다. 바로 이러한 의미에서 **타자**—다른 인간 존재—는, 기원
적으로, 침투 불가능한 실체적 **사물**Thing이다.

그리하여 하나의 근본적 결론을 이끌어낼 수 있다. 즉 데카르트-칸트적
코기토는 '독백적'이며 그러한 것으로서 기원적 간주체성을 '억압한다'고

하는 비난은 전적으로 요점을 놓치는 것이다. 그 정반대가 참이다. 전前-데카르트적 개인은 직접적·내속적으로 공동체에 속하지만, 간주체성과 공동체(에 속함)는 엄밀히 반대되는 것이다. 즉 간주체성은, 엄밀한 의미에서, 오로지 칸트와 더불어서, $로서의, 즉 자신의 비존재에 대한 상관물로서 S를 필요로 하는 통각의 텅 빈 형식으로서의 주체 개념과 더불어서 가능해지며, 생각될 수 있는 것이다. 다시 말해서 엄밀한 의미에서 간주체성은 주체의 근본적인 탈중심화를 내포한다. 즉 나의 자기의식이 하나의 대상 속에 외화되는 때에만 나는 그것을 또 다른 주체 속에서 찾기 시작한다. 칸트적 주체 이전에 우리가 가지고 있는 것은 본연의 간주체성이 아니라 공통의 보편적-실체적 토대를 공유하고 있으며 그 속에 참여하는 개인들의 공동체다. 오로지 칸트와 더불어서, $로서의, 즉 자기 통각의 텅 빈 형식으로서의, 구성적으로 '자신이 무엇인지를 알지 못하는' 존재자로서의 주체 개념과 더불어서만, 내가 나 자신의 정체성을 정의하기 위해 **다른 주체**가 필요하게 되는 것이다. **타자**가 나라고 생각하는 그 무엇은 나 자신의 가장 내밀한 자기 정체성의 바로 그 심장부 속에 기입되어 있다. 그러므로 큰 **타자**(침투 불가능한 불투명성에 있어서의 또 다른 주체, 하지만 동시에 상징적 구조 그 자체, 내가 다른 주체들과 조우하는 중립적 장)라는 라캉의 개념에 달라붙어 있는 애매성은 단순한 혼동의 결과인 것과는 거리가 멀다. 그것은 심오한 구조적 필연성을 표현하고 있다. 정확히 내가 $인 한에서, 나는 나 자신을 어떤 공통의 실체에 참여하고 있는 것으로서 파악할 수 없다. 즉 이 실체는 **다른 주체**라는 가장 속에서 스스로를 필연적으로 나와 대립시킨다.

'나는 의심한다. 그러므로 나는 존재한다'

코기토와 의심에 관련한 라캉의 성취는 데카르트적 의심과 강압적(강박적) 신경증의 바로 그 심장부에 있는 의심의 친근성을 지각하는 (그리고 그런 연후에 이로부터 이론적 결론을 이끌어내는), 기초적이지만 널리 영향을 끼친 작업 속에서 요약될 수 있을 것이다. 이러한 한 걸음은 결코 '철학의 정신의학화'—철학적 태도들을 정신의 병리적 상태들로 환원하는 것—에 해당하는 것이 아니다. 오히려 그것은 정반대에, 즉 임상적 범주들의 '철학화'에 해당한다. 라캉과 더불어 강박신경증, 도착증, 히스테리 등등은 단순한 임상적 명칭으로서 기능하는 것을 멈추고 존재론적 자리들에 대한, 헤겔이 『철학백과사전』 서론에서 *Stellungen des Gedankens zur Objektität*('객관성을 향한 사유의 태도들')라고 불렀던 것에 대한 이름이 된다. 요컨대 라캉은 데카르트의 나는 의심한다, 그러므로 나는 존재한다—나의 가장 근본적인 의심이 생각하는 주체로서의 나의 실존을 함축한다는 사실에 의해 제공되는 절대적 확실성—를 그것의 논리를 역전시키는 또 다른 나사 돌리기—나는 의심하는 한에서만 존재한다—를 가지고서 이를테면 보충하는 것이다. 이러한 방식으로 우리는 강박신경증자의 태도에 대한 기본 공식을 얻는다: 강박신경증자는 자신의 존재에 대한 유일한 확고한 지탱물로서 자신의 의심에, 자신의 불확정적인 지위에 집착하며 자신의 동요를, 그의 이것도 저것도 아닌 지위를 중단시킬 결정을 내리도록 강제될 가능성에 대해 극도로 우려한다. 이 불확실성은 주체의 평정을 침식하거나 더 나아가 주체의 자기 정체성을 붕괴시키는 위협을 가하기는커녕 그의 최소한의 존재론적 일관성을 제공한다. 히치콕의 <의

혹>에 나오는 여주인공 리나를 생각해 보는 것으로 족하다. 남편이 자신
을 죽이려 한다는 의혹으로 괴로워하는 그녀는 자신의 우유부단을 고집하
며 참을 수 없는 긴장을 즉각 해소할 수 있게 해 줄 행위를 무기한 연기한
다. 유명한 마지막 장면에서 그녀의 응시는 그녀를 괴롭히는 의심과 의혹
에 대한 해답을 담고 있는 흰 우유잔에 고정된다. 하지만 그녀는 꼼짝도
할 수가 없으며 행위할 수가 없다. 왜인가? 의혹에 대한 해답을 발견함으
로써 그녀는 주체로서의 지위를 상실할 것이기 때문이다.31) 의심과 의혹
의 주체를 특징짓는 것은 바로 이와 같은 내속적인 변증법적 전도顚倒다.
'공식적으로' 주체는 필사적으로 확실성을 찾으려고, 그를 갉아먹고 있는
의심의 벌레에 대항한 치료약을 제공할 명백한 해답을 찾으려고 분투한
다. 하지만 실제로는 그가 어떤 대가를 치르더라도 피하려고 하는 진정한
재앙은 바로 이 해결이며, 최종적이고도 명백한 해답의 출현인데, 바로
그 때문에 그는 그의 불확실하고 불확정적이고 동요하는 지위를 끝없이
고수하는 것이다. 여기엔 일종의 반성적 역전이 작동하고 있다. 주체는
자신의 우유부단을 고집하고 선택을 연기하는데, 이는 양자택일의 한 쪽
을 선택함으로써 다른 쪽을 잃을 것을 (리나의 경우, 무구함을 선택함으로
써 그녀의 남편이 악의 방향으로일지언정 그 어떠한 내적 힘도 결여한
한낱 시시한 불한당에 불과하다는 사실을 받아들여야만 할 것) 두려워
하기 때문이 아니다. 그가 진정으로 상실을 두려워하는 것은 의심 그 자체,
불확실성이며, 모든 것이 아직 가능하고 그 어떤 선택항들도 제외되지

---

31) Mladen Dolar, "The Father Who Was Not Quite Dead", in Žižek, *Everything You Always
Wanted to Know about Lacan* (*But Were Afraid to Ask Hitchcock*)를 볼 것. [국역본: 「죽지
않은 아버지」, 『항상 라캉에 대해 알고 싶었지만 감히 히치콕에게 물어 보지 못한 모든 것』,
지젝 편, 새물결, 2001.]

않은 열린 상태다. 바로 그렇기 때문에 라캉은 행위에 대상의 지위를 부여
한다. 행위는 주체성의 차원 그 자체('주체들은 행위하고 대상들은 행위의
작용을 받는다')를 가리키기는커녕, 주체를 대상들의 세계와 분리시키는
거리를 제공하는 불확정성을 중단시킨다.

　이러한 고려들 덕분에 우리는 '칸트를 사드와 더불어'라는 모티프를
새로운 관점에서 접근할 수 있다. 오늘날 칸트를 강박신경증자로 규정하
는 것은 상투적인 일이다. 주체의 불확실한 지위는 칸트 윤리학의 바로
그 심장부에 기입되어 있다. 즉 칸트적 주체는 정의상 결코 '자신의 과업의
절정에' 있지 않다. 그는 자신의 윤리적 행위가 비록 의무에 **부합**해 이루어
졌다 하더라도 의무 그 자체를 **위해서** 이루어지지 않았고 어떤 숨겨진
'정념적' 고려들에 의해 동기화되었을 (예컨대, 내 의무를 다함으로써 내
가 타인들에게 존경심과 경의를 불러일으킬 것이라는) 가능성으로 영원
히 괴롭힘을 당한다. 칸트에게 숨겨진 채로 남아 있는 것은, 그가 당위
(*Sollen*)의 논리, 즉 도덕적 이상을 실현하는 무한한 접근선적 과정의 논
리를 통해 비가시적인 것으로 만드는 것은, 윤리적 보편성의 차원을 지탱
하는 것이 바로 이러한 불확실성의 얼룩이라는 것이다. 칸트적 주체는
자신의 윤리적 지위를 유지하기 위해 자신의 의심, 자신의 불확실성에
필사적으로 달라붙는다. 여기서 우리가 염두에 두고 있는 것은, 일단 이상
이 실현되면 모든 삶의 긴장은 상실되며 노곤한 권태만이 우리를 기다린
다고 하는 통속적 이야기가 아니다. 훨씬 더 정교한 무언가가 여기 걸려
있다. 그것은 바로, 일단 '정념적' 얼룩이 없어지게 되면, 보편적인 것은
특수한 것으로 붕괴되고 만다는 것이다. 정확히 이것이 사드적 도착증에서
발생하는 것인데, 바로 그러한 이유로 이는 칸트적인 강박적 불확실성을

절대적 확실성으로 역전시킨다. 도착증자는 자신을 **타자**의 **향유에의 의지**의 도구-대상으로서 생각하기 때문에 자신이 하고 있는 것을, **타자**가 그에게서 무엇을 원하는지를, 완벽하게 알고 있다. 바로 이러한 의미에서 사드는 칸트의 진리를 상연한다. 당신은 그 어떠한 강박적 의심으로부터도 자유로운 윤리적 행위를 원하는가? 여기서 우리는 사드적 도착증을 갖게 된다![32]

주체의 이와 같은 존재론적 불확실성은 좀더 정확하게는 무엇으로 이루어지는가? 이에 대한 열쇠는 불안과 **타자**의 욕망 사이의 연계에 의해 제공된다. 불안은 '나는 **타자**의 욕망에 대해 어떠한 대상 a인지를 알지 못 한다'라는 의미에서 **타자**의 욕망에 의해 일깨워진다. **타자**는 나에게서 무엇을 원하는가, 내가 **타자**의 욕망의 대상이 되게끔 하는 '내 안에 있는 나 이상의' 그 무엇이 있는 것인가? 혹은 철학적 용어로 하자면, 실체 속에서, '존재의 대사슬' 속에서 나의 자리는 어디인가? 불안의 중핵은 내가 무엇인지에 대한 이 절대적 불확실성이다. "(내가 나인 것은 오로지

---

32) 패트리샤 하이스미스의 걸작『올빼미의 울음』은 도착적 위치를 정의하는 미묘한 균형을 완벽하게 상연한다. 시골집에서 혼자 사는 한 여자가 갑자기 자신이 집 뒤편 숲 속에 숨어 있는 소심한 관음증자에 의해 관찰당하고 있음을 깨닫게 된다. 그녀는 그에 대한 연민을 품고 그를 집으로 초대하고 친구처럼 지내자고 제안하며, 결국은 그와 사랑에 빠진다. 그리고 이로써 그의 욕망을 지탱했던 보이지 않는 장벽을 무심코 침해하게 되며, 그리하여 그의 혐오감을 불러일으킨다. 도착적 경제의 중핵이 바로 여기 있다. 주체가 '정상적인' 성적 관계에 연루되는 것을 막아주는 적절한 거리가 유지되어야만 한다. 그에 대한 위반은 사랑-대상을 혐오스러운 배설물로 바꾸어놓는다. 이것이 바로 '부분 대상'의 영-층위인 것인데, 그것은 성적 관계를 차단한다는 가장 하에서 실제로는 내속적 불가능성을 은폐하는 것이다. 여기서 '부분 대상'은 거리 그 자체로, 내가 성적 관계를 완성하는 것을 막아주는 보이지 않는 장벽으로 환원된다. 이는 마치 물신fetish 없는 물신주의와 관계하고 있는 것과도 같다. (일반적으로 패트리시아 하이스미스는 순종이 침입으로 화하는 지점을 탁월한 감수성으로 묘사할 때가 가장 뛰어나다. 그녀의 다른 걸작『개의 몸값』에서, 개를 도난당한 커플에게 도와주겠다고 하는 젊은 경찰관은 당혹스러운 침입자가 된다.)

타자를 위해 그러한 것이므로, 타자를 위해) 내가 무엇인지를 나는 알지
못한다." 이러한 불확실성이 주체를 정의한다. 주체는 '실체 속의 균열'로
서만, 타자 속에서 주체의 지위가 동요하는 한에서만 '존재한다.' 그리고
마조히즘적 도착증자의 위치는 궁극적으로 이러한 불확실성을 회피하려
는 시도인데, 바로 그렇기 때문에 그것은 주체의 지위의 상실을, 즉 근본적
인 자기 대상화를 내포한다. 도착증자는 자신이 타자를 위해 무엇인지를
안다. 왜냐하면 그는 스스로를 타자의 향유의 대상-도구로서 정립하니까
말이다.[33]

　이와 관련하여 도착증자의 위치는 분석가의 위치와 섬뜩할 정도로 가
깝다. 그들은 거의 보이지 않는 얇은 선에 의해서만 분리된다. 라캉의
분석가 담론 수학소의 상층부가 도착증의 공식($a \diamondsuit \$$)을 재생한다는 것은
결코 우연이 아니다. 자신의 수동성 때문에 분석가는 분석자에게 대상
a로서, 분석자의 환상-틀로서, 분석자가 자신의 환상을 투사하는 일종의
텅 빈 스크린으로서 기능한다. 도착증의 공식이 환상 공식($\$ \diamondsuit a$)의 역전
인 것은 그 때문이다. 도착증자의 궁극적 환상은 그의 타자(파트너)의
환상의 완벽한 하인이 되는 것이며, 그 자신을 타자의 향유에의 의지의
도구로 제공하는 것이다(예컨대 돈 지오반니가 그러한데, 그가 여자들을

---

33) 신경증과 도착증의 차이는 이와 동일한 점에 달려 있다(Colette Soler, "The Real Aims of the
　　Analytic Act", *Lacanian Ink 5* [1992]: pp. 53~60을 볼 것). 신경증자는 증상으로 인한 문제
　　말고는 없다. 증상이 그녀를 불편하게 한다. 그녀는 그것을 반갑지 않은 짐으로, 그녀의 균형을
　　교란하는 무언가로 경험한다. 요컨대 그녀는 증상 때문에 고통스럽다(따라서 분석가에게 도움을
　　청한다). 반면에 도착증자는 그의 증상을 태연히 즐긴다. 그가 나중에 그것을 부끄럽게 여기거나
　　그것 때문에 혼란스러워진다고 해도, 증상 자체는 심원한 만족의 원천이다. 그것은 그의 심적
　　경제에 확고한 정박점을 제공하며 바로 그렇기 때문에 그는 분석가를 전혀 필요로 하지 않는다.
　　즉 분석가에 대한 요구를 지탱하는 고통의 경험이 전혀 없다.

유혹할 때 그는 그들 각각의 특별한 환상을 하나씩 실연함으로써 그들을 유혹한다. 돈 지오반니는 여성적 신화라고 지적했을 때 라캉은 옳았다). 도착증자와 분석과의 차이 일체는 어떤 비가시적 한계에, 그들을 분리시키는 어떤 '아무것도 아닌 것'에 달려 있다. 도착증자는 주체의 환상을 확증하는 반면 분석가는 그/녀가 그것을 '횡단'하도록, 그것에 대한 최소한의 거리를 획득하도록 유도한다. 환상—시나리오가 덮고 있는 공백(**타자** 속의 결여)을 가시화함으로써 말이다.

이러한 이유에서, 근본적 차원에서의 도착증을 항문기의 '마조히즘'과 연결시키는 것은 전적으로 정당하다. 전이에 대한 세미나[34]에서 라캉은 어떻게 해서 구강기에서 항문기로의 이행이 생물학적 성숙과정과 아무런 상관도 없는 것이며 간주체적인 상징적 경제 내에서의 어떤 변증법적 이행에 전적으로 기초하고 있는 것인가를 분명히 했다. 항문기는 주체의 욕망을 **타자**의 요구에 적응시키는 것으로 정의된다. 이는 곧 주체의 욕망의 대상—원인(a)이 **타자**의 요구와 일치하는 것인데, 바로 그렇기 때문에 '항문적' 강박신경증에 대한 라캉의 수학소는 충동의 수학소인 $\text{S} \lozenge \text{D}$인 것이다. 실로 구강기는 '그것 모두를 집어삼키고' 그로써 모든 필요들을 만족시키길 원하는 태도를 함축한다. 그렇지만 인간이라는 동물의 미성숙 상태에서의 탄생으로 인해 야기된 아이의 의존성 때문에 아이의 필요들을 만족시키는 일은, 바로 그 처음부터, 필요들을 만족시키는 대상들을 제공해 달라고 **타자**(일차적으로는, 어머니)에게 건네는 요구에 의해 '매개'되며 그 요구에 의존한다. 그런 다음 항문기에서 발생하는 것은 필요와

---

34) Jacques Lacan, *Le séminaire*, book 8: *Le transfert* (Paris: Editions du Seuil, 1991)의 14장을 볼 것.

요구의 이러한 관계에서의 변증법적 역전이다. 즉 필요의 만족은 타자의 요구에 **종속된다**. 다시 말해 주체(아이)가 자신의 필요를 만족시킬 수 있는 것은 오로지 그가 그로써 **타자**의 요구에 순응한다는 조건 하에서다. 배변이라고 하는 유명한 사례를 상기해 보자. 아이는 예컨대 규칙적으로 배변하라는, 팬츠가 아니라 요강에 배변하라는 등등의 어머니의 요구에 순응하는 방식으로 배변의 필요를 만족시키려고 노력할 때 '항문기'에 진입한다. 음식의 경우도 마찬가지다. 아이는 자신이 얼마나 품행이 좋은가를, 접시를 끝까지 비우고 이때 손이나 식탁을 더럽히지 않고 똑바로 하라는 어머니의 요구에 부응할 준비가 되었다는 것을, 입증하기 위해서 먹는다. 요컨대 우리는 사회적 질서 안에서 우리의 자리를 벌기 위해서 우리의 필요를 만족시킨다. 항문기의 근본적 장애는 바로 여기 있다. 쾌락은 직접적으로는, 즉 그것이 대상에서 직접적 만족을 취하는 것을 내포하는 한에서는, '빗금 쳐져' 있으며 금지되어 있다. 바로 이러한 의미에서 항문기는 강박-강압적 태도의 기본 모체를 제공한다. 여기서 성인들의 삶에서 추가적 사례를 인용하는 것은 손쉬운 일일 것이다. 아마도 '포스트모던' 이론이 보여 주는 그것의 가장 분명한 사례인 그 무엇, 즉 히치콕에 대한 강박, 그의 그리 중요치 않은 영화들에서조차도 이론적 솜씨를 식별하려고 노력하는 끝없는 책들과 학술모임들('실패를 구출하라' 운동). 히치콕의 영화가 주는 쾌락에 단순히 그냥 굴복하고말 수가 없어서, 사실은 어떤 이론적 논점(관객의 동일시의 메커니즘, 남성 관음증의 변천 등등)을 입증하기 위해서 히치콕 영화를 보는 것임을 증명해야 한다고 느끼는 지식인들 편에서의 강압적인 '양심의 가책'을 통해 이러한 강박을 적어도 부분적으로는 설명할 수 없을까? 나의 큰 **타자**로서의 **이론**에 봉사하는 한에서만 나는 어떤 것을 즐기도록 허용되는 것이다.[35] 구강 경제의 항문 경제로의 이러한 역전이 지닌 헤겔적 특성이 눈에 띄지 않을 수 없다. 우리의 요구는 **타자**의 요구에 대한 순응이 우리의 필요를 만족시키는 필수조건으로서, '초월적 틀'로서, 가능성의 조건으로서 직접적으로 정립될 때 '그것의 진리를 획득한다'고 응답하는 **타자**를 통한 우리 필요의 만족. 그리고 세 번째 '남근기'의 기능은 물론 주체를 **타자**의 요구에 대한 이러한 종속에서 풀어 주는 것이다.

촉박한 동일화

알튀세르적인 '이데올로기적 호명'[36]은 '언제나—이미'라는 사후적 환영을 지칭한다. 이데올로기적 인지의 이면은 수행적 차원의 오인이다.

---

35) 비싼 레스토랑에서 값진 식사를 홀로 탐닉할 수 없는 이러한 노선의 저자가 이에 대한 한 가지 사례를 제공할 수 있을 것이다. 그렇게 한다는 바로 그 생각은 외설적이고 근친상간적인 단락短絡의 느낌을 낳는다. 그렇게 할 수 있는 유일한 길은, 좋은 식사를 하는 것은 공동체 의례의 일부가 되는 곳에서, 즉 좋은 음식을 즐기는 것이 내가 그것을 즐긴다는 것을 타인들에게 드러내는 것과 일치하는 곳에서, 동료들과 함께 하는 것이다. 강박신경증자의 **윤리**를 보여 주는 어떤 환자의 사례가 하나 더 있다. 모든 여자와 관련하여 그는 그녀를 유혹하려고 노력했으며, 그녀를 기쁘게 해 주기 위해 과도하게 애썼다(그리하여 몇 번이고 반복해서 그는 그의 실패를 조직화하는 데 성공했다). 심해 다이빙을 아주 좋아한 한 여자를 유혹하려고 할 때 그는 즉시 다이빙 코스에 등록을 했다(개인적으로는 다이빙 생각만 해도 거부감이 들었지만 말이다). 그 여자가 그를 영영 떠나 버리고 그가 연애의 관심을 다이빙에 아무런 관심도 없는 새로운 여자에게 바칠 때조차 그는 의무감에서 그 다이빙 코스에 계속 참석했다!

36) Louis Althusser, "Ideology and Ideological State Apparatuses", in *Lenin and Philosophy, and Other Essays* (London: Verso, 1991)을 볼 것. [국역본: 「이데올로기와 이데올로기적 국가장치」, 김동수 옮김, 『아미앵에서의 주장』, 솔, 1991.]

다시 말해서, 주체가 스스로를 이데올로기적 부름 속에서 인지할 때 그는 바로 이 인지라는 형식적 행위가, 그가 그 속에서 자신을 인지하는 바로 그 내용을 창출한다는 사실을 자동적으로 간과하는 것이다. (스탈린주의 공산주의자라는 고전적 사례를 생각해 보는 것으로 충분하다. 그가 '공산주의를 향한 역사적 진보의 객관적 필연성'의 도구로서 스스로를 인지할 때, 그는 이 '객관적 필연성'이 공산주의적 담론에 의해 창조되는 한에서만, 공산주의자들이 그것을 자신들의 활동에 대한 합리화로 불러내는 한에서만 존재한다는 사실을 오인하는 것이다. 이러한 상징적 동일화의 제스처, 상징적 위임 속에서 자신을 인지하는 제스처에 대한 알튀세르적 설명에 누락되어 있는 것은, 그것이 주체가 자신의 지위에 대해 안고 있는 근본적 불확실성(**타자**를 위한 대상으로서 나는 무엇인가?)의 곤궁을 해결하려는 목적을 가진 조치라는 점이다. 따라서 라캉적 접근에서 호명과 관련하여 해야 할 첫 번째 일은 '개인들을 주체로 호명하는' 알튀세르의 이데올로기 공식을 역전시키는 것이다. 주체로서, 주체로*into* subject 호명되는 것은 결코 개인이 아니다. 오히려 주체 그 자신이 x(어떤 특별한 주체-자리, 상징적 정체성이나 위임)로서 호명되며, 그로써 $ S 의 심연을 피해 가는 것이다. 고전적인 자유주의 이데올로기에서 주체는 정확히 '개인'으로서 호명된다. 종종 인용되곤 하는 막스 형제의 라벨리에 대한 농담("당신은 라벨리처럼 생겼네요.—하지만 전 라벨리인걸요!—그렇다면 당신이 라벨리처럼 생긴 것도 놀라운 일은 아니군요!")은 라벨리가 기뻐하면서 "그러니까 나는 정말로 닮은 거로군요!"라고 결론을 내리는 데서 끝을 맺는다. 위임된 것을 이처럼 기쁘게 떠맡는 것, 나는 나 자신의 상징적 형상과 닮았다고 이처럼 의기양양하게 확인하는 것은 내가 '케 보이

Che vuoi?'37)의 불확실성을 피하는 데 성공했다는 안심을 표현하고 있는
것이다.38)

바로 이러한 이유 때문에 주체의 상징적 동일화는 언제나 예기적豫期的
인, 서두르는 성격을 가지고 있다(이는 거울단계에서의 '나 자신'에 대한
예기적 인지와 유사하지만 그것과 혼동되어서는 안 된다). 40년대에 라캉
이 그 유명한 논리적 시간에 대한 논문에서 이미 지적한 것처럼,39) 상징적
동일화, 즉 상징적 위임의 떠맡음의 근본적 형식은, 나를 'X에 속하는'
자들의 공동체에서 쫓아낼 수도 있을 타인들을 추월하기 위해서, '나 자신
을 X로서 인지하는' 것이며, 나 자신을 X로서 선언하고 공표하는 것이다.
라캉이 논리적 시간의 세 양태를 전개한 세 명의 죄수에 관한 논리적
수수께끼의 다소 단순화되고 축약된 판본은 이렇다. 교도소장은 특별 사
면으로 세 명의 죄수 중 한 명을 석방시킬 수 있다. 누구를 석방시킬 것인
지를 결정하기 위해 그는 그들이 논리적 테스트를 통과하게 한다. 죄수들
은 세 개는 하얀 색이고 두 개는 검은 색인 다섯 개의 모자가 있다는

---

37) [옮긴이 주] '당신은 무엇을 원하는가'라는 뜻으로, 이는 타자의 욕망의 수수께끼에 대한 물음이
다. 주체는 이 물음에 대한 답을 실제로는 결코 알 수 없지만, 스스로 환상을 만들어냄으로써
그 사실을 봉합한다. 그런 측면에서 환상의 공식은 '나는 네가 무엇을 원하는지를 안다'가 될
것이다. '케 보이'와 관련한 보다 상세한 이론적 논의는 슬라보예 지젝, 이수련 옮김, 『이데올로기
라는 숭고한 대상』(인간사랑, 2002)의 제3장을 참조할 것.

38) 어떤 사람이 '닮아 보일' 수 있는 본보기적 사례는 루비치의 <사느냐 죽느냐>에서 찾아볼 수
있다. 나치를 속일 복잡한 책략의 일환으로 한 폴란드 배우는 악명 높은 게슈타포 도살자로 분장한
다. 그는 큰 소리로 떠들어대고 웃는다. 그래서 우리 관객은 자동적으로 그의 연기를 캐리커처적
과장으로 지각한다. 하지만 마침내 '원래' 그 자신—진짜 게슈타포 도살자—이 무대에 등장하자
그는 정확히 동일한 방식으로 행동한다. 말하자면 그 자신의 캐리커처로서 연기한다. 요컨대 그는
[자기 자신과] '닮아 보인다.'

39) Jacque Lacan, "Logical time and the Assertion of Anticipated Certainty", in *Newsletter of
the Freudian Field*, vol. 2, no. 2 (1988)을 볼 것.

것을 알고 있다. 이 모자들 중 세 개를 죄수들에게 나누어 준다. 그러고 나서 죄수들은 삼각형 형태로 앉는다. 즉 죄수 각각은 나머지 둘의 모자 색깔을 볼 수 있지만 자기 머리에 쓴 모자 색깔을 볼 수는 없다. 승자는 자기 모자 색깔을 가장 먼저 알아맞히는 사람이다. 색깔을 알게 된 죄수는 일어나서 방을 나가는 것으로 이를 신호한다. 가능한 세 가지 상황이 있다.

　─한 명의 죄수가 하얀 모자를 쓰고 있고 나머지 둘은 검정 모자를 쓰고 있다면, 하얀 모자를 쓴 죄수는 즉각 자기 것이 하얀 색임을 '볼' 수 있을 것이다. 단지 다음과 같이 추리함으로써 말이다. "검정 모자는 둘밖에 없었지. 나는 다른 두 명이 그걸 쓰고 있는 것을 보고 있다. 따라서 내 것은 하얀 색이다." 따라서 여기엔 그 어떤 시간도 연루되지 않는다. 단지 '응시의 순간'만 있을 뿐이다.

　─둘째 가능성은 두 개의 하얀 모자와 한 개의 검정 모자가 있는 경우다. 내 것이 하얀 모자라면 나는 다음과 같이 추리할 것이다. "나는 한 개의 검은 모자와 한 개의 하얀 모자를 보고 있다. 따라서 내 것은 하얀 색이거나 검은 색이다. 그렇지만 내 것이 검정이라면 하얀 모자를 쓴 죄수는 두 개의 검정 모자를 볼 것이고 즉시 자신의 것이 하얀 모자라는 결론을 내릴 것이다. 그가 그렇게 하고 있지 않으므로 내 것 또한 하얀 색이다." 여기서 얼마간의 시간이 경과해야만 한다. 즉 우리는 이미 어떤 '이해를 위한 시간'을 필요로 한다. 나는 말하자면 나 자신을 타자의 추리 속으로 '이항시킨다.' 나는 타자가 행동하지 않는다는 사실을 근거로 내 결론에 도달한다.

　─셋째 가능성은 세 개가 모두 하얀 모자인 경우인데, 이 경우가 가장 복잡하다. 여기서 추리는 다음과 같을 것이다. "나는 두 개의 하얀 모자를

보고 있다. 따라서 내 것은 하얀 모자이거나 검은 모자다. 내 것이 검정이라면 나머지 두 죄수 중 어느 한 명은 다음과 같이 추리할 것이다. '나는 한 개의 검은 모자와 한 개의 하얀 모자를 보고 있다. 따라서 내 것이 검정이라면 하얀 모자를 쓴 죄수는 두 개의 검정 모자를 볼 것이고 즉시 일어나서 나갈 것이다. 그렇지만 그는 그렇게 하지 않는다. 따라서 내 것은 하얀 모자다. 나는 일어나서 나갈 것이다.' 하지만 다른 두 죄수 가운데 어느 누구도 일어나지 않으므로, 내 것 역시 하얀 색이다."

그렇지만 여기서 라캉은 이러한 해결이 어떻게 이중의 지연을 요구하는지를, 방해받고 중단된 제스처를 요구하는지를 지적한다. 다시 말해서, 세 명의 죄수 모두가 똑같은 지적 능력을 가지고 있다면, 최초의 지연 이후에, 즉 다른 죄수들 중 아무도 전혀 움직이지 않고 있음을 감지할 때, 그들은 동시에 일어날 것이다. 그리고는 당혹스러운 시선을 교환하면서 경직될 것이다. 문제는 그들이 다른 죄수들의 제스처의 의미를 알지 못할 것이라는 점이다(그들 각자는 이렇게 자문할 것이다. "다른 이들이 나와 똑 같은 이유로 일어난 것인가? 하지만 그들이 내 머리에서 검은 모자를 보았기 때문에 일어난 것인가?"). 지금에서야, 즉 그들 모두가 동일한 주저함을 공유하고 있다는 것을 감지하는 순간에서야 그들은 최종 결론으로 도약할 수 있을 것이다. 주저함이 공유되고 있다는 사실은 그들 모두가 동일한 상황에 있다는, 즉 그들 모두가 머리에 하얀 모자를 쓰고 있다는 증거다. 바로 이 순간 지연은 조급함으로 변한다. 죄수 각자는 스스로에게 이렇게 말하게 되는 것이다. "다른 이들이 나를 따라잡기 전에 문으로 돌진하자!"[40]

어떻게 주체성의 어떤 특별한 양태가 논리적 시간의 세 계기 각각에

대응하는지를 깨닫는 것은 쉬운 일이다. '응시의 순간'은, 그 어떤 간주체
적 변증법도 없는, 비인격적 '어느 한 사람one'('어느 한 사람이 본다one
sees')을, 즉 논리적 추론의 중립적 주체를 함축한다. '이해의 시간'은 이미
간주체성을 내포한다. 즉 내 모자가 하얀 색이라는 결론에 도달하기 위해
서 나는 나 자신을 타인의 추리 속으로 '이항'해야만 한다(하얀 모자를
쓴 다른 죄수가 내 머리에서 검은 모자를 본다면 그는 즉시 그의 것이
검정 색임을 알게 될 것이고 일어날 것이다. 그가 그렇게 하지 않으므로
내 것 역시 하얀 색이다). 그렇지만 이 간주체성은 라캉의 표현대로 '비한
정적인 상호적 주체'의 간주체성으로 머문다. 타인의 추리를 고려할 수
있는 단순한 상호적 능력. 세 번째 계기, 즉 '결론의 계기'만이 진정한
'나의 발생'을 제공한다. 거기서 일어나는 일은 S에서 S_1으로의 이행, 즉
내가 무엇인지에 관한 근본적 불확실성으로—즉 나의 지위에 대한 전적
인 비결정성으로—요약되는 주체성의 공백으로부터 상징적 정체성의 떠
맡음—"저것이 나다!"—으로의 이행이다.

　여기서 우리는 이러한 라캉의 숙고가 갖는 반反레비-스트로스적인 요
점을 염두에 두어야 한다. 클로드 레비-스트로스는 상징적 질서를 비주체
적 구조로, 즉 그 안에서 모든 개개인이 자신의 예정된 자리를 점유하고
채우는 어떤 객관적 징場으로 파악했다. 라캉이 불러내고 있는 것은 이
객관적 사회-상징적 질서의 '발생'이다. 상징적 자리가 우리에게 할당되
기를 단지 기다리기만 한다면 우리는 생전 결코 그것을 보지 못할 것이다.
즉 상징적 위임의 경우 우리는 바로 우리인 그것을 단순히 확인하는 것이

---

40) 그리고 아마도 (미래의) 주인은 바로 기회를 잡아서 조치를 취하는, 즉 "나는 하얀 색이다"라고
　　말하는 최초의 인물일 것이다. 그는 그의 으름장에 성과가 있을 때 새로운 주인이 된다.

결코 아니다. 우리는 촉박한 주체적 제스처를 통해 '바로 우리인 그것이
된다.' 이 촉박한 동일화는 대상에서 기표로의 이행을 내포한다. (하얗거
나 검은) 모자는 바로 나인 그 대상이며, 내가 그것을 볼 수 없다는 것은
내가 '대상으로서 바로 나인 그것'에 대한 통찰을 결코 얻을 수 없다(즉
S와 a는 위상학적으로 양립 불가능하다)는 사실을 묘사한다. 내가 "나는
하얀 색이다"라고 말할 때 나는 나의 존재에 관한 불확실성의 공백을
메우는 상징적 정체성을 떠맡는다. 이 예기적豫期的 추월을 설명해 주는
것은 인과사슬의 비결정적 성격이다. 상징적 질서는 '불충족이유율'에 의
해 지배된다. 상징적 간주체성의 공간 내부에서 나는 내가 무엇인지를
단지 전혀 확인할 수가 없는 것인데, 바로 이 때문에 나의 '객관적' 사회적
정체성은 '주체적' 예기를 통해 확립된다. 통상 침묵 속에서 간과되고 마는
중요한 세부사항이 있는데, 그것은 라캉이 논리적 시간에 관한 텍스트에
서 그와 같은 집단적 동일화의 범례적인 정치적 사례로서 정통에 대한
스탈린주의 공산주의자의 다음과 같은 확언을 인용한다는 점이다. 나는
타인들이 나를 수정주의적 반역자로 쫓아낼까봐 나의 진정한 공산주의자
증명서를 서둘러 공표하는 것이다.41)

바로 여기에 **상징계**와 죽음의 애매한 연계가 있다. 상징적 정체성을
떠맡음으로써, 즉 나 자신을 잠재적으로 나의 묘비명인 어떤 상징과 동일

41) 다른 차원에서 보자면, 로자 룩셈부르크는 혁명적 과정의 모체 속에서 이와 동형적인 예기적
조치를 식별했다. 우리가 혁명의 '올바른 순간'을 기다린다면, 결코 그것은 발생하지 않을 것이다.
'올바른 순간'은 일련의 실패한 '때 이른' 시도들 이후에야 출현한다. 즉 우리가 혁명적 주체로서
우리의 정체성을 획득하는 것은 오로지 우리 자신을 '추월'하여 이 정체성을 '때가 오기 전에'
주장하는 것을 통해서다. 이 역설에 대한 보다 상세한 해석은 Slavoj Žižek, *The Sublime Object
of Ideology* (London: Verso, 1991)의 제5장을 볼 것. [국역본: 이수련 옮김, 『이데올로기라는
숭고한 대상』, 인간사랑, 2002.]

화함으로써, 나는 이를테면 '나 자신을 초월해 죽음으로 나아가는' 것이다. 그렇지만 이러한 죽음을 향한 촉구는 동시에 그 반대로서도 기능한다. 그것은 죽음을 기선제압하기 위해, 즉 나의 죽음 이후에도 계속 살아남을 상징적 전통 속에서 나의 사후의 삶을 보장해 놓기 위해 고안된 것이다. 강박적 전략이라는 것이 도대체 있다고 한다면 이게 바로 그것이다. 촉박한 동일화의 행위 속에서 나는 **죽음을 피하기 위해 서둘러 죽음을 떠맡는다.**

그러므로 예기적 동일화는 일종의 선제공격이며, '나는 **타자**에게 무엇인가'에 대한 답을 미리 제공하여 **타자**의 욕망에 속하는 불안을 완화시키려는 시도다. **타자** 속에서 나를 표상하는 기표는 나는 **타자**에게 어떤 대상인가라는 궁지를 해결한다. 따라서 상징적 동일화를 통해 내가 실제로 추월하는 것은 나 자신 안에 있는 대상 a이다. 그 형식적 구조에 대해 말하자면, 상징적 동일화는 언제나 바로 나인 그 대상으로부터의 '앞당겨 도망침'이다. 예컨대 "당신은 내 아내야"라고 말함으로써 나는 **사물**로서의 당신 존재의 바로 그 중핵에서 당신이 무엇인지에 관한 나의 근본적 불확실성을 회피하고 말소하는 것이다.[42] 호명에 대한 알튀세르의 설명에 빠져 있는 것이 바로 이것이다. 그 설명은 소급성의 계기를, '언제나-이미'의 환영을 정당하게 다루고 있다. 하지만 이 소급성의 내속적 역전으로서의 예기적 추월을 고려에서 **빠뜨린다.**

---

42) *Séminaire*, book 20: *Encore* (Paris: Editions du Seuil, 1975), pp. 47~48에 나오는 라캉의 핵심적 언급을 볼 것. 이런 의미에서 **히스테리**는 호명의 실패를 지칭한다. 히스테리적 질문은 "왜 나는 당신이 나라고 하는 그 무엇인 것이지요?"이다. 즉 나는 주인이 내게 부과한 상징적 정체성에 의문을 던진다. 나는 '나 안에 있는 나 이상의' 어떤 것, 즉 대상 a의 이름으로 그것에 저항한다. 바로 여기에 라캉의 반反알튀세르적 요지가 있다. S로서의 주체는 호명의, 이데올로기적 부름 속에서의 인지의 효과가 아니다. 오히려 주체는 호명을 통해 그에게 수여된 정체성에 의문을 던지는 바로 그 제스처를 나타낸다.

이러한 핵심적 요점을 분명하게 할 한 가지 방법은 우회로를 경유하는 것이다. 즉 분석철학의 가장 정교한 성과물 가운데 하나로 진출해 보는 것인데, 그것은 (의도적) 의미의 구조에 대한 그라이스의 세공작업이다.[43] 그라이스에 따르면 온전한 의미에서 우리가 어떤 것을 말하고자 의도한다고 할 때, 이는 복잡한 네 층위의 구조를 내포한다. (1) 우리는 X를 말한다. (2) 수신자는 우리가 의도적으로 X를 말했다는 것을, 즉 X의 언표가 우리 편에서의 의도적 행위였다는 것을 지각해야만 한다. (3) 수신자는 우리의 X라는 말뿐만 아니라 우리가 X를 말하기를 원했다는 것을 그가 지각하기를 우리가 원한다는 것 역시 지각해야만 한다는 것을 우리는 의도한다. (4) 수신자는 (3)을—즉, 우리의 X라는 말을 그가 하나의 의도적 행위로서 지각하기를 우리가 원한다는 우리의 의도를—지각해야만(알고 있어야만) 한다. 요컨대 우리가 "이 방은 밝다"라고 말하는 것은 수신자가 다음과 같은 것을 알고 있을 때에만 성공적인 소통의 사례가 된다. 즉 "이 방은 밝다"라고 말함으로써 우리는 이 방이 밝다고 말하기를 원했을 뿐 아니라 우리의 "이 방은 밝다"라는 말을 하나의 의도적 행위로서 그가 지각하기를 우리가 원했다는 것을 알고 있을 때에만 말이다. 이것이 쓸데없는 것을 따지는, 극히 인위적인 무익한 분석처럼 보인다고 한다면, 다음과 같은 상황을 생각해 보는 것으로 족하다. 즉 외국 도시에서 길을 잃은 우리에게 그곳에 거주하는 어떤 사람이 그의 모국어로 하는 말을 우리가 이해하게끔 하기 위해서 필사적으로 노력하고 있는 것을 우리가 듣고 있는 상황 말이다. 여기서 우리가 마주치는 것은 순수한—말

43) Paul Grice, "Meaning", in *Studies in the Ways of Words* (Cambridge: Harvard University Press, 1989), pp. 377~388을 볼 것.

하자면 증류된―형식에서의 층위 4이다. 다시 말해서, 비록 그곳 거주자
가 정확히 우리에게 말하고자 하는 것을 알지는 못하더라도 우리는 그가
우리에게 무언가를 말하려고 한다는 사실뿐만 아니라, 우리에게 무언가를
말하려고 하는 그의 바로 그 노력을 우리가 알아차리기를 그가 원하고 있다
는 사실 역시 잘 알고 있다. 우리의 요점은, 히스테리적 증상의 구조가
바로 그라이스의 층위 4와 정확히 동형적이라는 것이다. 증상에 걸려 있는
것은 어떤 메시지(해독되기를 기다리는 증상의 의미)를 전달하려는 히스
테리증자의 노력뿐만이 아니라, 보다 근본적인 층위에서는, 자기 자신을
확언하려는, 소통의 파트너로서 받아들여지려는 그의 필사적 노력이다.
그가 우리에게 궁극적으로 말하려고 하는 것은 그의 증상이 무의미한
심리적 교란이지 않다는 것, 즉 그가 우리에게 말할 어떤 것을 가지고
있으므로 우리가 그에게 귀를 빌려 주어야 한다는 것이다. 요컨대 증상의
궁극적 의미는 그것이 의미를 갖는다는 것을 **타자**가 알아차려야 한다는
것이다.

　아마도 바로 이러한 특징과 관련하여 컴퓨터 메시지는 인간적 간주체
성과 차이가 있을 것이다. 컴퓨터가 결여하고 있는 것은 의미의 이 자기
지칭성(헤겔적으로 말하자면, 반성성)이다. 그리고 다시금, 이 자기 지칭
성 속에서 논리적 시간성의 윤곽을 식별하는 것은 어렵지 않다. 이 반성적
의미의 기표를 통해, 즉 의미의 현존만을 '의미하는' 기표를 통해 우리는
말하자면 우리 자신을 '추월'할 수 있는 것이며, 예기적 조처 속에서 우리
의 정체성을 어떤 실정적 내용 속에서가 아니라 도래할 의미를 암시하는
어떤 순수한 자기 지칭적 기표 형식 속에서 확립할 수 있는 것이다.[44]
결국 우리가 그 이름을 걸고서 우리의 전투를 벌이는 모든 이데올로기적

주인-기표의 논리는 그러한 것이다. 조국, 아메리카, 사회주의 등등, 이러한 것들은 모두가 어떤 명백하게 정의된 실정적 내용과의 동일화가 아니라 동일화의 바로 그 제스처와의 동일화를 지칭하지 않는가? 우리가 "나는 x(아메리카, 사회주의 등등)를 믿는다"고 말할 때 그것의 궁극적 의미는 순수한 간주체성이다. 그것은, 나는 내가 혼자가 아님을 믿는다는 것을 의미한다. x를 믿는 다른 사람들도 있다는 것을 나는 믿는다는 것을 말이다. 이데올로기적 **대의**는, 엄밀한 의미에서, 그것의 주체들의 편에서 그것에 퍼부어진 믿음의 효과인 것이다.45)

알려지지 않은 것과의 '촉박한' 동일화의 이 역설은 라캉이 남근적 (부성적) 기표를 기표의 결여의 기표로서 규정할 때 염두에 두고 있는 것이다. 기표의 결여가 결여의 기표로 이처럼 역전되는 것이 일부러 고안된 책략처럼 보인다면, 전설적인 아프리카계 미국인 지도자인 말콤 X의 이야기를 상기하는 것으로 충분하다. 여기 스파이크 리의 영화 <말콤 X>와 관련한 『뉴욕 타임즈』 기사의 발췌가 있다. 그리고 분명 『뉴욕 타임즈』를 라캉적으로 경도되었다고 비난할 수는 없을 것이다.

---

44) 일상적 경험에서, 의도의 상이한 층위들을 분리시키는 이 틈새는 우리가 '공손함'이라고 부르는 것에서 작동한다. 대화에 참여하면서 우리가 "오늘 어떻습니까?"라고 말할 때 우리는 물론 '그것을 진지하게 의도하지 않는다.' 단지 우리는 의례적인 "좋아요"를 청하는 텅 빈 대화 형식을 제공하고 있는 것이다(형식의 이 텅 빔을 가장 잘 증명해 보이는 것은 상대방이 그 질문을 '진지하게' 받아들여서 공들인 대답을 할 때 출현하는 불편함이다). 그럼에도 불구하고 이 질문을 성의 없이 상대방을 걱정하는 생색내기로 기각해 버리는 것은 전적으로 부적절한 것이다. 그것의 축자적인 첫 번째의 의도 층위가 '진지하게 의도된' 것이 아니라 할지라도, 즉 내가 오늘 당신이 어떤지에 진짜로 관심이 있는 것이 아닐지라도, 그 질문은 정상적이고 우호적인 소통을 당신과 하려고 한다는 나의 절대적으로 '성의 있는' 의도를 보여 주는 것이다.

45) 히치콕의 영화에서 그와 같은 요소는 그 유명한 '맥거핀'—그 자체로는 '전혀 아무것도 아닌 것'임에도 불구하고 내러티브를 작동시키는 비밀—이다. 그것의 의미는 순전히 자기-지칭적이다. 그것은 내러티브에 연루된 주체가 그것에 의미를 귀속시킨다는 사실로 귀결된다.

X는 알려지지 않은 것을 나타낸다. 아프리카계 미국인의 알려지지 않은 언어, 종교, 조상, 문화. X는 노예 주인에 의해 노예들에게 주어진 최후의 이름에 대한 대체물이다. …… 'X'는 실험, 위험, 독약, 외설, 그리고 약물에 의한 황홀경을 가리킬 수 있다. 그것은 또한 자신의 이름을 쓸 수 없는 사람의 서명이기도 하다. …… 아이러니한 것은 말콤 X가, 네이션 오브 이슬람 Nation of Islam[46]의 흑인들이나 60년대의 다른 많은 흑인들처럼, (이제는 그의 정체성을 나타내는 것으로서 여겨지는) 그 문자를 정체성의 결여의 표현으로 취했다는 것이다.[47]

말콤 X의 제스처는, 그러니까 부과된 성姓, 즉 **아버지의 이름**을 알려지지 않은 것의 상징으로 교체하는 그의 행위는, 겉보기보다 훨씬 더 복잡하다. 우리가 피해야만 하는 것은 '잃어버린 기원에 대한 탐색'이라는 덫에 걸려드는 것이다. 말콤 X의 제스처를 잃어버린 기원에 대한 (흑인들이 노예 상인들 때문에 그들의 원래 환경에서 떨어지게 될 때 상실한 '진정한' 아프리카 민족의 정체성에 대한) 갈망의 단순한 사례로 환원할 경우 우리는 전적으로 요점을 놓치게 된다. 오히려 요점은 잃어버린 기원에 대한 이러한 참조가 주체로 하여금 부과된 상징적 정체성의 손아귀에서 벗어날 수 있게 해 주고 '자유를 선택'할 수 있게, 고정된 정체성의 결여를 선택할 수 있게 해 준다는 것이다. 공백으로서의 X는 모든 실정적인 상징적 정체성을 초과한다. 그것의 틈새가 출현할 때 우리는 그 어떤 새로운 상징적 정체성으로도 메울 수 없는 '실험, 위험, 독약, 외설, 그리고 약물에 의한

---

46) [옮긴이 주] 월러스 파드 무하마드가 창설한 영적·정치적 흑인 무슬림 운동을 가리킨다.

47) Phil Patton, "Marketers Battle for the Right to Profit from Malcolm's 'X'", *New York Times*, Monday, November 8, 1992, B1 and 4.

황홀경'의 환상 영역에서 우리 자신을 발견하게 된다.

그렇지만 추가해야 할 요점이 있다. 즉 알려지지 않은 것과의 동일화는, 예외이기는커녕 상징적 동일화 그 자체에 대해 구성적인 특징을 드러낸다. 모든 상징적 동일화는 궁극적으로 X와의 동일화이며, 알려지지 않은 내용을 나타내는 '텅 빈' 기표와의 동일화다. 즉 그것은 우리로 하여금 정체성[동일성]의 결여에 대한 바로 그 상징과 동일화하도록 만든다. **아버지의 이름**, 즉 상징적 정체성[동일성]의 최고 기표는 라캉이 되풀이해서 강조하고 있는 것처럼 '기의 없는 기표'다. 말콤 X와 관련해서 이것이 의미하는 바는, X가 비록 잃어버린 아프리카 기원들을 나타내는 것으로 의도되었지만 그와 동시에 그 기원들의 회복 불가능한 **상실**을 나타낸다는 것이다. 우리 자신을 X와 동일화함으로써 우리는 기원들의 상실을 '완성'하는 것이다. 그러므로 아이러니한 것은 '모성적' 기원들로 되돌아가는, 즉 그 기원들에 대한 우리의 헌신을 표시하는 바로 그 행위를 통해서 우리가 그것들을 되돌이킬 수 없이 단념한다는 것이다. 혹은 라캉식으로 말하자면, 말콤 X의 제스처는 가장 순수한 오이디푸스적 제스처다. 어머니의 욕망을 **아버지의 이름**으로 대체하는 제스처 말이다.[48]

---

48) 여기서 라캉의 오이디푸스 개념은 부분 충동들의 다형도착에 수로水路를 내주고 그것을 길들이는, 그 충동들을 아버지-어머니-아이라는 프로크루스테스적인 삼각형에 억지로 끼워 맞추는, '억압적' 힘으로서의 오이디푸스라는 '반오이디푸스적' 개념에 대립되는 것이다. 라캉에게 '오이디푸스'(즉 **아버지의 이름**의 부과)는 '탈영토화'의 순수하게 부정적인 논리적 연산자다(Nom-du-Père와 Non-du-Père라는 동음어에 대한 그의 프랑스어 말장난을 볼 것). '**아버지의 이름**'은 모든 욕망의 대상을 결여의 기호로 낙인찍는, 즉 모든 획득 가능한 대상을 결여의 환유로 바꾸어 놓는 기능이다. 모든 실정적 대상과 관련하여 우리는 어떻게 "그건 그게 아니야!"인지를 경험한다(그리고 근친상간적 대상으로서의 '**어머니**'는 이 동일한 작용의 역전에 다름 아니다. 모든 주어진 대상에서 빠져 있는 x에 대한 이름 말이다). 여기서 도움이 될 수 있는 것은 "단어의 의미는 그것의 사용이다"라고 하는 비트겐슈타인적 모토를 참조하는 것이다. 부성적 은유로서의 '아버지'

아버지의 이름
어머니의 욕망

여기서 핵심적인 것은 **아버지의 이름**의 잠재적virtual 성격이다. 부성적
은유는 잠재적 의미를 열어 놓는다는 의미에서 'X'이다. 그것은 가능한
모든 미래의 의미들을 나타낸다. 상징적 질서에 속하는 이 잠재적 성격을
자본주의 금융시스템과 비교해 보는 것은 큰 도움이 된다. 케인즈 이후로
우리가 알고 있는 것이지만, 자본주의 경제는 매우 정확한 의미에서 '잠재
적'이다. 케인즈가 좋아했던 격언은 장기적으로 볼 때 우리 모두가 죽어
있다는 것이었다. 자본주의 경제의 역설은 (잠재적) 미래로부터의 차용이,
즉 '실제적' 가치로 '담보되지 않은' 화폐 인쇄가 실제적 효과(성장)를 낳을
수 있다는 것이다. 케인즈를 현실적 '계정 청산'(신용대부의 상황, '미래로
부터의 차용'의 폐지)을 선호하는 경제적 '원리주의자들'과 구별하는 결정
적인 차이는 바로 여기 있다. 케인즈의 요점은 '담보되지 않은' 화폐를
통한 '부자연스러운' 신용대부나 인플레이션이나 국가 지출이 현실적 경
제성장을 초래하는 추동을 제공할 수 있어 궁극적으로 훨씬 더 높은 경제
적 번영의 수준에서 계정 청산에 이르는 균형을 달성할 수 있게 해 준다는
데 불과한 것이 아니다. 케인즈는 어떤 최종적 '계정 청산'의 순간이 재앙
일지도 모른다는 것, 체계 전체가 붕괴될 수도 있다는 것을 인정한다.

는, 오로지 그리고 단순히, 모든 욕망의 대상의 배경에 잠복해 있는 이 틈새를 도입하기 위해서
사용된다. 그러므로 우리는 아버지의 위압적 **현존**에 매혹되지 말아야 한다. 아버지의 실정적
형상은 이 상징적 기능에 몸통을 제공할 뿐이다. 그것의 요구들을 결코 충족시키지 못하면서
말이다.

하지만 경제정책의 기술은 정확히, 잠재적 게임을 연장하고 그리하여 최종적 청산의 순간을 무한히 연기하는 것이다. 바로 이러한 의미에서 자본주의는 '잠재적' 체계다. 그것은 순전히 잠재적인 회계를 통해 지탱된다. 즉 그것은 결코 청산될 수 없는 방식으로 빚을 지게 된다. 그렇지만 비록 순전히 허구적이긴 해도 이 '균형'은 체계가 생존하기 위해서는 일종의 칸트적인 '규제적 이념'으로서 보존되어야만 한다. 엄격한 통화주의자들뿐 아니라 마르크스 역시 케인즈에 반反해 주장하는 것은 더 빠르든 늦든 언젠가는 우리가 현실적으로 '계정 청산'을 하고 빚을 상환하고 그리하여 체계를 본연의 '자연스러운' 토대 위에 올려놓아야 할 순간이 도래할 것이라는 확신이다.49) 상징적 질서라는 개념 그 자체에 속하는 빚이라는 라캉의 개념은 이 자본주의적 빚과 엄밀히 상동적이다. 의미 그 자체는 결코 '본연의' 것이 아니다. 그것은 언제나 미리 지불된 것이며, '미래로부터 차용된' 것이다. 그것은 잠재적인 미래의 의미의 계정에 의지해 살아간다. 수백만의 목숨에 대한 희생을 포함하는 현재의 행위들을 이 행위로 이룩될 미래의 공산주의적 낙원을 참조하여 정당화함으로써 악순환에 사로잡히는, 즉 유익한 미래의 결과들을 현재의 잔학들을 사후적으로 구제하는 그 무엇으로서 인용하는 스탈린주의 공산주의자들은 그와 같은 의미의 기저에 깔린 시간적 구조를 단순히 가시적으로 만드는 것일 뿐이다.

---

49) 자본주의 경제의 이 잠재적 성격에 대해서는 Brian Rotman, *Signifying Nothing* (London: Macmillan, 1987)을 볼 것.

제2부

구멍 뚫린 시트의 사례

❧ 알렌카 주판치치 ❧

  라캉은 자신이 '사랑의 은유'[1]라고 부른 것을 다음과 같은 날카로운
이미지로 묘사한다. 한 손이 어떤 열매, 꽃 또는 갑자기 타오르는 꽃잎을
향해 내뻗친다. 가지려는, 가까이 접근하려는, 불타오르게 하려는 그 시도
는 열매의 무르익음, 꽃의 아름다움, 꽃잎의 불타오름과 긴밀히 이어져
있다. 그러나 가지려는, 가까이 접근하려는, 불타오르게 하려는 이러한
시도에서 그 손이 대상을 향해 충분히 움직였을 때, 또 다른 손이 열매로부
터, 꽃으로부터, 꽃잎으로부터 튀어나와, 우리의 손을 맞잡기 위해 내뻗친

---

1) [옮긴이 주] 라캉의 이 '사랑의 은유'에 대한 보다 상세한 설명으로는 미란 보조비치, 『암흑지점』
   (이성민 옮김, 도서출판 b, 2004)의 제3장을 참조할 것.

다. 그리고 이 순간, 우리의 손은 열매의 닫힌 충만함 속에서, 꽃의 열린 충만함 속에서, 작열하는 손의 폭발 속에서 응결된다. 이 순간 발생하는 것이 바로 사랑이다.[2]

이 묘사의 숭고한 색채 때문에 이러한 유형의 형상의 효과가 언제나 다소간은 희극적이라는 사실을 보지 못해서는 안 된다. 라캉은 "사랑은 희극적 감정입니다"라고 말하는데,[3] 이것은 특히 '사랑에 빠짐'이라 불리는 것의 경우에 그러하다.

너무나 놀랍고 당혹스럽게도, 욕망된 대상에서 내뻗치는 손은 예를 들면 붉어지는 엉덩이일 수 있다. 나는 살만 루시디의『한밤의 아이들』[4]에 나오는 가장 원형적인 장면을 말하고 있는 것이다. 아담 아지즈는 의사가 되기 위해 독일에서 공부한 뒤, 인도로 막 돌아왔다. 그는 한 지주의 딸을 진찰해 달라는 요청을 받는다. 그가 그 집에 도착해 딸을 보자고 하자, 그녀의 아버지는 자신의 딸이 낯선 남자에게 몸을 보여 주지는 않는 요조숙녀라고 설명한다. 그 젊은 의사는 한 방으로 안내를 받는데, 그곳에는 프로레슬러 같은 체격을 한 두 명의 여자가 거대한 흰색 시트의 한 모서리를 각각 잡고서 뻣뻣하게 서 있다. 시트의 정중앙에는 구멍이 뚫려 있는데, 그 구멍은 약 7인치 직경의 원이다. 의사는 이 구멍 뚫린 시트를 통해서만 환자를 진찰할 수 있다는 이야기를 듣게 되며, 그 숙녀의 어떤 부위를 진찰하려 하는지 지정해달라고 친절하게 요청받는다. 그렇게 해서 의사

---

2) Jacques Lacan, *Le séminaire*, book 8: *Le transfer* (Paris: Édition du Seuil, 1991), p. 67을 볼 것.

3) 같은 글, p. 46.

4) [옮긴이 주] 살만 루시디,『한밤의 아이들』(최재식 옮김, 하서, 1989). 아래 내용은 국역본의 24~32쪽에 해당한다. 해당 내용이 묘사되는 장의 소제목은 또한 이 글의 제목이기도 하다.

가 그의 환자와 사랑에 **빠지도록** 하기 위해 고안된 삼 년 절차가 시작되었
다. 그 기간 동안, 지주의 딸은 엄청난 수의 사소한 질병에 걸리며, 의사
아지즈의 방문은 거의 주말행사가 된다. 매 경우마다 그는 구멍 뚫린 시트
를 통해, 그 어린 여인의 몸의 각각 다른 7인치 원에 대한 일별—瞥을 허락
받는다. 지주의 계획이 놀랍도록 효험을 발휘한다는 것과 오직 부분 부분
으로만 알고 있는 지주의 딸에 대한 강렬한 욕망이 의사 아지즈에게 일어
난다는 것은 새삼 강조할 필요가 없을 것이다. 또한 진찰하도록 요청되는,
차라리 허락되는 부위들은 갈수록 민감한 곳이 된다. 따라서 욕망은 분명
거기 있는데, 그렇다면 사랑은? 의사 아지즈가 (넓적다리 뒷부분의 근육
이 당긴다는 구실로) 진찰을 요청받은 마지막 부위는 지주 딸의 엉덩이였
다. 그리고 그것을 만지기 위해 손을 내뻗을 때 그는 그 엉덩이가 "수줍지
만 고분고분하게 붉어지고 있는" 것을 목격한다. 그녀의 엉덩이가 붉어진
다! 이 순간 그는 사랑에 **빠진**다. 말하자면 엉덩이가 당신에게 윙크를
한다면, 달리 무엇을 할 수 있겠는가? 당신이 보고 있는 대상이 갑자기
거꾸로 당신을 보고 그리하여 부인할 수 없는 주체화의 효과를 산출한다
면, 달리 무엇을 할 수 있겠는가? 당신은 도망치거나, 아니면 사랑에 **빠진**
다. 즉 그에 상응해 재주체화된다.[5]

구멍 뚫린 시트의 이미지, 차라리 표징emblem은 또한 라캉의 성 구분

[5] 이것은 또한 세미나 『앙코르』에서 라캉이 "사랑은 어떤 사람이 담론을 바꾸고 있다는 신호다"라고
주장했을 때 그가 겨냥하고 있는 바를 이해할 수 있도록 도와준다. 네 가지 담론 각각은 하나의
독특한 주체적 형상 또는 주체적 위치를 분절화한다. 그리고 (분석가의 담론과 더불어 불가피하게
출현하는 '전이사랑'을 포함하여) 사랑은—바로 사랑 속에서 주체는 자신의 운명이 타자의 손에
구속되는 것을 승인하는바—하나의 주체적 위치에서 다른 주체적 위치로의 이행을 견딜 만한
것으로 만들어 준다. 사랑은 타자와의 조우 속에서 우리의 우주를 뒤흔들어 놓는 그 무엇에 대한
응답이자 대답이다.

공식, 특히 그 왼쪽 편 또는 '남성'편 공식에 어떤 빛을 던져 줄 수 있는 다른 몇 가지 흥미로운 특징을 포함하고 있기도 하다. 이것은 '전체'[tout] 와 예외의 변증법을 경유하여 욕망의 주체가 구성되는 것을 완벽하게 예증한다. 남성편 공식들의 '역설'은 잘 알려진 바다. 그 공식들은 첫째로, 거세함수(Φx)에 포섭되지 않는 하나의 x가 존재한다고, 그리고 둘째로 모든 x가 거세함수에 포섭된다고 진술한다. 또한 라캉은 '전체'는 바로 예외와 관련하여 구성된다는 것을 강조한다.

이 공식들이 함축하는 바는 총체화된 집합('전체') 더하기 하나의 예외 (즉, 별도의 어떤 것)가 아니다. 예외는 '전체'의 집합에 더해져야만 하는 어떤 것이 아니라, 오히려 어떤 부정否定 집합indefinite set이 하나의 집합 이 되기 위해 이 부정 집합에서 빼야 하는 어떤 것이다. 이 예외는 전체 위에 얹혀진 **하나**가 아니다. 그것은 '더하기 **하나**'가 아니라 '빼기 **하나**', '**하나**-덜One-less'이다. 다시 말해, 이 예외는 바로 시트의 구멍, 이를 통해 이제 어떤 것을 볼 수 있는 그 구멍이다. 즉 예외는 '전체' 집합과 동시적인 것이지, 이 집합에서 이전에 배제되었던 어떤 것이 아니다. 그러나 우리가 구멍을 통해 볼 수 있는 것은 정확히 전체가 아니라 단지 현실의 어떤 조각들뿐인데, 이 구멍과 '모든all'이라는 양화사quantifier는 무슨 관계가 있다는 것인가? 핵심은 우리가 라캉의 공식들에서 마주치는 이 전체가 모든 것을 포괄하는 어떤 총체가 아니라는 데 있다. 그건 신부의 아버지가 딸을 시트로 싸서 그녀 '전체'를 아지즈에게 주는 것과 같은 게 아니다. 반대로 그는 라캉의 공식들을 다음과 같이 번역할 수 있게 하는 그런 방식 으로 전체 상황을 조직한다. 예외인 하나덜과 더불어 열리는, **구멍**을 통해 나타나는 전체는 욕망할 만한 가치가 있다. 이것이 의미하는 바는 다음과

같다. 첫째, 공식들의 두 층위(예외의 층위와 전체의 층위)는 함께 읽어야
만 한다. 둘째, 전체는 어떤 특정 함수(Φx, 또는 우리의 경우 욕망함직함의
함수)에 포섭되는 것에 의해 특화된다. 그리고 셋째, 문제되는 총체성은
모든 것을 포괄하는 또는 '동시적인' 총체성이 아니라 연속successiveness
의 한 형식이다(문제의 그 전체는, 라캉의 용어를 사용하자면, **계열적**
*serial*이다). 이 마지막 논점이 아마도 가장 결정적일 것이다. 그것은 남자
가 다른 성에 오직 "하나씩"*une par une*(또는 부분 부분) 접근할 수 있다
는 라캉의 주장을 부연한다.6) 그리고 이 계열적[연속적] 접근은 "(대문자
W를 가진) **여자**Woman는 존재하지 않는다"라든가 여자는 비전체*pas
toute*('전부는 아닌', '전체는 아닌')라는 사실과 연계된 것이 아니라 남자
의 위치를 지배하는 욕망의 논리에 내속된 것임을 승인하는 것이 중요하
다. 우리는 성 구분 공식의 다른 편을 특징짓는, 개방적이라고 추정되는
비-전체 집합을 가지고 전체의 계열적 성격을 설명하려는 유혹에 저항해
야만 한다. 다시 말해 끝없는, 개방된 계열이라는 개념은 전체의 개념과
이질적이거나 양립할 수 없는 것이 아니다. 반대로 그것은 공식의 왼편에
서 전체를 산출하는 환유의 논리에 필수적이다.

　그리하여 우리는 일종의 '개방된 총체성'을 다루는 것처럼 보인다. 비록
예외의 구멍을 통해 나타나는 **전부**가 욕망함직하더라도 이것이 정확히
'전체'는 아닌데, 왜냐하면 계열은 항상 계속될 수 있기 때문이다. 또한
항상 한 걸음을 더 나아갈 수 있는 가능성에서 솟아 나오는 무한이 '악무
한'인 것처럼, 이 집합의 외견상 분명한 개방성도 거짓이다. 계열의 개방성

6) *The Seminar of Jacques Lacan*, book 20: *Encore*, ed. Jacques-Alain Miller, trans. Bruce Fink
　(New York: W. W. Norton, 1998), p. 10.

은 노동자에게 "저는 당신들의 노동조건을 개선할 수 있는 모든 제안을 열어 두고 있습니다, 한 푼도 손해 보지 않는 한에서 말입니다"라고 말하는 자본가의 개방성과 동일한 종류다. 다시 말해, 문제가 되는 개방성은 항상 **조건부의** 개방성이고, 예외를 통해 작동하는 개방성이다. 아지즈는 미래의 부인의 모든 부위가 욕망함직하다는 것을 발견할 것이다, 단 그가 시트의 구멍을 통해서 그 부위들을 보는 한에서 말이다. 공식의 왼편에서 마주치는 전체의 뒤편 또는 숨겨진 편은 항상 어떤 '~인 한에서'라는 형식으로 되어 있다. 그 이유는 전체가 예외의 구멍을 통해 구성된다(또는 끝없이 구성되고 있는 과정에 있다)는 사실에 있다. 더불어 예외의 개념과 배제의 개념을 혼동하지 않는 것이 중요하다. 예외는 계열에서 배제되는 것이 **아니라** 배제(또는 차별화)의 메커니즘을 작동시키고 그리하여 일정한 조건 아래 편입되는 전체 집합을 만들어 내는 그런 것이다.

다른 중요한 점은, '구멍' 속에서 또는 예외에 의해 구성되는 틀 속에서 나타나는 모든 대상의 욕망함직함을 설명하는 것으로, 다음과 같은 것이다. 예외의 설치(즉 법의 작동)는 **전체 집합을 '예외화한다.'** 시트의 구멍을 통해 나타나는 모든 것은 예외적인 것으로, 또는 다른 표현을 사용하면 실로 아주 특별한 것으로 보인다. 바로 그 때문에 '그것들은 모두 같다'(그것들은 모두 일정한 조건을 만족시킨다)는 점에도 불구하고 각각은 특별한 것이다. '~에도 불구하고'가 아니라 '~인 한에서'라고 해야 한다는 것을 제외하면 말이다. 그것들이 모두 같은 조건을 만족시키는 한에서, 각각은 아주 특별하다. 이것은 여자들이 그 유명한 '넌 아주 특별해' 같은 말에 필시 덜 열광할 것임을 의미한다. 왜냐하면 이 말은 보통 '넌 계열에 부합해'라는 것을 의미할 뿐이기 때문이다.[7)]

　위에서, 우리는 성 구분 공식의 왼편과 연관된 전체 또는 보편이 조건적 보편이라는 점을 지적했다. 이것은 일정한 조건을 만족시키는 원소들만 이 '전체' 집합에 편입될 수 있다는 것을 의미한다. 이것은 알랭 바디우가 『사도 바울: 보편주의의 정초』에서 하고 있는 보편자에 대한 논의로 이끈다. 바디우는 바로 이런 특성이 어떻게 법의 필수적인 특징인지를 보여 준다. 즉 법은 항상 어떤 특수성과/이나 배제에 의존하고 있는 것이다. 법의 보편은 항상 특수한 (또는 특수화된) 보편이다. 바디우는 이러한 보편 개념과 그가 **보편적 단독성**_singularité universelle_[8])이라고 부르는 것을 대립시킨다. 이 두 가지 보편자의 구별(이것은 또한 아주 상이한 법의 두 유형에 대한 구별이기도 하다)은 여기서 우리의 논의에 결정적이다. 그러니 좀 더 자세히 살펴보도록 하자.

---

7) [옮긴이 주] 남자가 보통 유혹하려는 여자에게 의미심장하게 던질 법한 상투어 '넌 아주 특별해'는 '~정도까지' 특별하다는 함축을 포함하고 있다. 어떤 여자를 유혹하려는 남자에게 그 여자는 특별한 예외이지만, 언제나 조건부의 예외 또는 조건부의 특별함이다. 즉 남자의 말 '넌 아주 특별해'는 그가 유혹하려는 여자 이외의 다른 모든 여자들에게도 언제나 던질 수 있는 말이므로(대개의 바람둥이 남자의 경우를 상상해 보라), 결국 남자의 말은 '넌 다른 여자들과 똑같아'와 다를 바가 없는 것이다. 이것이 '넌 계열에 부합해'라는 말이 뜻하는 바다. 결국, 남자는 속이지 않으려고 하지만 속게 되며, 여자는 속임수에 넘어가는 것 같지만 결코 속지 않는다. 조건부적 예외를 통해 보편을 담지하려는 남자는, 주판치치에 따르면 아직 전적으로 주체는 아닌 것이다(마찬가지로 남자의 상투어에 속아 넘어가는 여자 또한 아직 전적으로 주체, 즉 여자는 아닌 것이다). 이후에 나오는 "남자들을 주체가 되게 하라"는 주판치치의 정언명령은 이 연장선상에서 이해하면 무리가 없을 것이다.

8) [옮긴이 주] 이 책에서 옮긴이들은 'singularité universelle'를 '보편적 단독성'으로 옮겼다. 'singularité universelle'의 'singularité'는 보통 특이성, 독특성으로 옮기기도 하나, 특이성의 경우는 수학적, 물리적인 개념의 뉘앙스가 크며, 독특성은 개별자의 유일무이한 성질을 드러내긴 하지만 보편과의 연결고리가 약한 용어로 보인다. 단독성은, 실존주의적 용어이기는 하지만, '신 앞에서 선 단독자'라는 키에르케고르 식의 개념에서 보듯 보편성과의 연결고리가 확보되는 장점을 가지고 있다. 본문에서도 자세히 언급되겠지만, 바디우의 보편적 단독성은 일단 전체를 정의하는 기존의 방식인 '보편-예외'의 쌍과는 상이한 보편성과 주체성을 제시하는 것으로 이해해 두는 것이 좋다.

바디우9)는 사도 바울의 육신flesh과 영spirit에 대한 구별에서 시작하여, 이 구별이 법, 욕망, 죄, 그리고 사랑의 배치를 분절하는 방식에 대한 이론을 제안한다. 우선 그는 육체-영혼body-soul의 쌍(그것의 모든 내포들과 더불어)으로 구성된 개념 장에서 육신-영의 쌍을 추출해 낸다. 그리고 그것을 죽음-생명death-life의 쌍에 연결한다. 물론 생명-죽음의 쌍은 어떤 생물학적 사실을 가리키는 것이 아니다. 그것은 생명의 길과 죽음의 길이 항상 공존하는 (살아 있는) 주체의 근본적 분열을 가리키거나, 차라리 그 분열을 설명한다.

우선—사도 바울이 그랬던 것처럼—'법 이전'의 상태를 가정해 보자. 주체가 법을 아직 알지 못하는, 주체의 무구함이라는 다소 신화적인 단계 말이다. 이 단계에서, 주체의 삶은 분열된 주체 안에서 생명의 길의 실재를 구성하는 삶이 (아직은) 아니다. 그것은 충만하다고 가정된 주체의 삶이다. 그리하여 이 무구한 삶은 구원의 물음과는 무관한 상태로 남아 있다. 다른 한편으로, 그리고 바울에 따르자면, 법이 없다면 죄도 죽은 것이다. 이것은 '법 이전에' 죽음의 길 자체가 죽어 있다는 것을 뜻한다.

그렇다면, 법(금지, 계율)의 개입으로 무슨 일이 일어나는가? 법은 욕망에 그 대상을 지명해 주며, 욕망은 위반적 욕망으로서 그 자신의 결정determination과 자율autonomy10)을 발견한다. 법은 주체의 '의지'와는

---

9) Alain Badiou, *Saint Paul: La foundation de l'universalisme*(Paris: Presses universitaires de France, 1997)을 볼 것.

10) [옮긴이 주] 옮긴이들은 'determination'은 결정으로, 'autonomy'는 자율로 옮겼다. 'determination'과 'autonomy'는 전혀 별개이거나 반대되는 개념처럼 보이지만, 법을 통해 욕망하는 주체의 경우 이 둘은 궁극적으로 일치한다. 법에 의해 소외된 욕망하는 주체는 자신의 욕망의 대상을 선택하는 행동을 자율적이라고 간주하지만, 이 자율(성)은 법과 법에 내재된 위반이 지정한 한도 내에서의 욕망 또는 위반의 욕망이라는 점에서 결국 스스로를 자유나 자율로 간주하는 환상으로

상관없이 욕망의 대상을 고정하고 욕망을 그 대상에 묶어 놓는다. 자율과 함께 욕망은 또한 욕망의 자동성을 발견한다. 법은 욕망에 생명을 주는 것이지만, 그렇게 하면서 그것은 또한 주체가 죽음의 길을 택하도록 강제한다. 다시 말하면 "법을 통해, 그 자체로 죽어 있던 죽음의 길은 되살아난다. 법은 죽음에게 생명을 주며, 영을 따르는 생명으로서의 주체는 죽음의 편으로 떨어진다. 법은 죽음의 길 편에 생명을, 생명의 길 편에 죽음을 배분한다."[11]

자율autonomy로서의, 자동성automation으로서의 욕망의 삶은 사도 바울이 죄라고 부른 것이다. "만일 내가 원치 아니하는 것을 하면 이를 행하는 자는 더 이상 내가 아니요 내 속에 거하는 죄니라"(「로마서」7:20). 우리는 법이 주체의 무게중심을 창조하고 이 중심을 주체가 가닿을 수 없는 데에 위치시킨다고 말할 수 있다.(<그림 1>) 이 설명에서 특별히 흥미로운 것은, 그것이 제시하는 욕망의 형상을 간단히 분열된 주체의 형상이라고만은 할 수 없다는 것이다: 법(과 욕망)의 개입은 주체의 '외심성外心性, excenterment'을 산출한다. '욕망의 법칙'은 주체를 구성하고 동시에 욕망의 자동성에 주체를 종속시키는 소외의 법칙이다. 엄밀히 말해서 욕망의 주체(또는 법의 주체)는 분열된 주체(생명의 길과 죽음의 길 사이에서 분열된)가 아니다. 그는 죽음 편에서 '전체'이지만, 그의 욕망의 원인은 그를 초월하는 어떤 것이며, 다른 어떤 곳에 위치하고 있으면서 자율적인 생을 영위하는 어떤 것이다. 따라서 주체는 두 길 사이에서 분열

판명난다. 그것은 해당 옮긴이 주가 나오는 문단의 다음 문단 첫 구절에서 'automatism'(자동성)과 'autonomy'(자율)가 병행되는 사정과도 무관하지 않다.

11) 같은 글, p. 86.

되어 있다기보다는, 오히려 외심화外心化되어 있는 것이다. 주체의 '중심'
은 도달 불가능한 것으로서 나타나는데, 이것은 욕망의 무한한 환유를
낳는다. 삶은 예외의 지위를 가지며(다시 말해 법의 허구로 남아 있으며),
언제나 '다른 어떤 곳에' 있다.

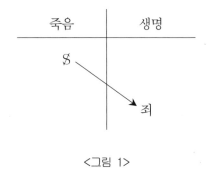

<그림 1>

  이러한 배치에 부속된 보편자는 한계나 예외의 관계 속에서 스스로
그 자신을 지탱하는 총체성의 보편자다. 욕망의 상실한 대상의 예외적
지위는 한계를 구성하는데, 주체는 무한하고 결코 끝나지 않는 과정 속에
서 그 한계를 향해 움직여 간다. 그러나 이 '악무한'은 단지 유한의 표현일
뿐이며, 계열의 외견상의 개방성(항상 하나의 걸음이 여전히 가능하다)은
폐쇄나 한계의 효과일 뿐이다.
  이제 바디우가 사도 바울에 대한 독해에서 법과 주체화의 또 다른 형상
으로서 전개한 것으로 옮겨 가기로 하자. 사랑[아가페]이라는 이름을 지닌
이 새로운 법은 통상적 의미에서의 법과 단절하고 주체를 생명의 편으로
'넘어 가게' 한다. 하지만 법의 투입이 생명을 죽음의 길 편에 그리고 죽음

을 생명의 길 편에 배분하는 것이라면, (법의 또 다른 형상의 이름인)
사랑은 삶과 죽음이 이제 자기 '본연의' 자리를 발견하고 단순히 자기
자신과 일치한다는 것을 의미하는 것이 아니다. 다시 말해서, 주체가 이제
생명을 (재)전유한다는 것이 아니다. 왜냐하면 바울이 "만일 내가 원치
아니하는 그것을 하면 이를 행하는 자가 내가 아니요, 내 속에 거하는
죄니라"라고 말한다면, 그는 또한 "이제는 내가 산 것이 아니요, 오직 내
안에 그리스도께서 사신 것이라"[12]라고 말하기 때문이다. 다시 말해, 이
새로운 배치에서 우리는 욕망하는 주체의 외심성과 대립하는 주체의 집-
중con-centration을 다루고 있는 것이 아니다. 반대로—또 이것이 가장
중요한 점인데—오히려 다음과 같이 말해야 한다. 사랑 안에서 주체는
이중으로 외심화된다고, 그녀[13]는 두 번째로 외심화됨으로써—즉 죽음
과도 관련해서도 외심화됨으로써—사랑의 편으로 이행한다고 말이다.
주체는 생명과의 관계에서도 그리고 죽음과의 관계에서도 외심화된다.
오로지 이 이중적 외심성을 통해서야 우리는 그 용어의 엄밀한 의미에서
분열된 주체에 이른다. 주체는 더 이상 자기 자신의 바깥에서 자신의 생명
을 소유하고 '다른 곳에서 사는'(욕망의 자율적-자동적 움직임 속에 사는)
'사멸하는 껍질'이 아니다. 주체는 더 이상 텅 빈 외피가 아닐 뿐더러 이
외피 또한 상실한다. 주체는 이제 두 가지 주체의 길(영의 길, 곧 생명의

12) [옮긴이 주] 「갈라디아서」, 2장 20절.
13) [옮긴이 주] 여기서 주체를 설명할 때 '그녀'라고 지칭하는 이유는 이 글의 필자가 여자이기
때문에 그런 것만은 아니다. 또한 그것은 미국의 급진적 학계에서 통상 그러하듯이 '정치적 올바름
political correctness'의 입장 때문만도 아니다. 주판치치의 '그녀'는 그보다 더 급진적으로 페미니
즘적이며, 그만큼 심오한 대명사다. [옮긴이 주] 7에서도 언급했지만, 남자는 여자에 비해 아직은
주체가 아니다. '보편적 단독성'이라는 주체의 형상을 구성하기 위해서는 남성 대명사 '그'보다는
여성 대명사 '그녀'가 더 적절한 것이다.

길, 그리고 육신의 길, 곧 죽음의 길) 사이의 비관계에 의해 구성된 것일 따름이다. 주체는 이제 생명의 편에 있다. 하지만 생명 자체와 일치하는 어떤 것으로서가 아니라("이제는 내가 산 것이 아니요"), 분열의 두 길을 함께 표현하는 어떤 것으로서. 법이 소외 기능을 수행한다면, ('새로운 법'의 이름인) 사랑은 라캉이 분리separation라고 부른 것을 수행한다 (<그림 2>)고 말할 수 있을 것이다. 이제 이 새로운 주체화를 가능하게 하는 것을 살펴보자. 물론 이것은 사도 바울의 사유에서 다음과 같은 선언 이 전하고 있는 사건이다. "그리스도께서 십자가에서 죽으시고 죽은 자 가운데서 다시 살아나셨다." 바디우가 지적하듯이 죽음 자체는 구원의 작용에서 아무런 역할도 하지 않는다. 죽음은 내재성의 조건으로 작동한 다. 이것은 십자가에서 죽은 그 무엇이 예외로서의 삶임을 뜻한다. 또한 우리는 십자가 위에서 죽은 것은 인간 '전체'를 신과 분리하는 특징으로서 의 죽음 그 자체라고 말할 수 있다. 그리하여 생명(또는 영)은 내재적 예외가 되며, 지금 여기서 발견되어야 할 것이다. 그리하여 우리는 어떤 다른 유형의 보편성에 도달하는데, 바디우에 따르면 이 보편성은 '예외 없이'를 통해 스스로를 지탱하며, 어떠한 '전체' 또는 총체성에 대한 접근 도 제공하지 않는다. "보편성은 오직 내재적 예외 상태에 있는 그 어떤 것이다."14) 우리는 여기서 보편적 단독성의 형상과, 즉 **하나**의 차원을 '전체에 대해'[*pour tous*]의 차원과 결합하는 형상과 조우한다. 우리는 여기서 **하나**를 다루고 있는 것인데, 바로 그 **하나**의 표지는 '전체에 대해' 또는 '예외 없이'인 것이다. 그것은 어떤 특수성의 **하나**가 아니다. "**하나**의

14) Badiou, *Saint Paul*, p. 119.

유일하게 가능한 상관물은 보편자다."[15]

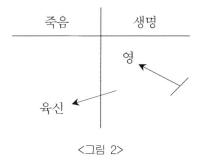

<그림 2>

앞서의 논의와 관련하여 우리는 보편자의 두 유형을 다음과 같이 정의
할 수 있을 것이다. 특수화된 보편자는 **하나** 빼기의 작용과 일치하거나
그 작용을 통해 구성된 전체 집합이다. 법의 첫째 작용(법의 제정과 일치
하는 작용)은 그것이 주체와 대상 사이에 들어 올린 시트에 구멍을 내는
것이다. 그런 다음에 예외인 **하나**—덜은 빼내어진 **일자**의 구멍을 통해
나타나는 전체 집합인 보편자를 특수화하는 필수조건('~인 한에서')을 보
충한다. 반면에 보편적 단독성은 **하나**의 포함을 통해 작동한다. 이것은
하나가 전체의 위에 더해짐을 의미하지는 않는다. 오히려 **하나**는 전체와
일치하며, 전체(에 대한 것)이다. 우리는 더 이상 모든 x가 하나의 특수한
조건을 만족시키는 상황을 보고 있지 않다. 대신 전체에 대해 **하나**가 있는
것이다. 이때 **하나**가 유효하지 않은 그러한 x는 없다. 우리는 이것이 함축
하는 바가 라캉이 비-전체라고 부르는 집합이라는 것을 알고 있다. 그리

15) 같은 글, p. 80.

고 이후에 우리는 어떻게 그리고 왜 이것이 다음의 사실과 연관되는지를, 즉 예외의 포함은 그 집합을 무한하게 한다는 사실과 연관되는지를 보게 될 것이다.

보편적 단독성과 더불어, 우리는 더 이상 예외의 도달 불가능성에 의해 지탱되는 욕망의 무한성을 다루고 있는 것이 아니다. 우리는 내재성, 즉 예외나 한계의 내재성에 의해 변별되는 무한을 다루고 있는 것이다. 이것은 무한이 유한에 내재적임을 의미하는 것이 아니다(이것은 앞서 논의한 바 있는 배치의 경우로, 거기에는 유한하고 한정된 틀 내에서의 욕망의 무한한 운동이 있었다). 유한의 전체에 내재적이 되며 그리하여 이 유한에 어떤 열림을 도입하고, 그것을 비-전체로, 무한으로 만드는 것이 바로 예외다. 여기서, 우리는 무한 속에 있다.

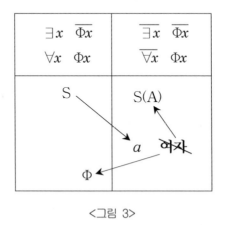

<그림 3>

우리는 이 모든 것을 통해 라캉의 성 구분 공식(<그림 3>)의 핵심으로

되돌아온다. 공식의 하단 부분은 바디우가 사도 바울을 독해하면서 발전시킨 주체의 두 형상—외심화된 주체와 분열된 주체, 즉 여전히 어떤 실체성의 가면에 매달리는 주체와 순수한 주체—과의 구조적 상동성을 적어도 보여 준다. "**여자**는 존재하지 않는다"고 한다면(주지하는 것처럼, 이것은 이 공식들에서 도출된다), 그것은 '그녀'가 그 말의 엄밀한 의미에서 주체이기 때문이다. 그리고 **남자**는 존재한다고 한다면, 그것은 그가 아직 전적으로 주체는 아니기 때문이다. 따라서 이 공식들의 근본 진술은 이렇게 될 것이다. 남자들이 있고, 주체들이 있다. 여기서 더 나아가 일종의 보편주의의 실천적 정언명령을 도출할 수 있을 것이다. "남자들을 주체가 되게 하라!"

우리가 성 구분 공식의 상단부도 아울러 고려하고 그리하여 유한과 무한, 전체와 비-전체, 욕망과 향유의 문제들을 다시 제기할 때, 사태는 한층 더 흥미로워진다. 이 문제의 핵심부에 도달하기 위하여 우리는 라캉과 라캉의 여성적 향유 개념에 대해 매우 흥미로운 반론을 제기하는 바디우의 또 다른 텍스트를 따라가 볼 것이다.

바디우에 따르면, 라캉에게 여성적 향유는 도달 불가능한 것의 지위를 갖는다. 여성적 향유의 무한성은 도달 불가능한 무한성으로 정의되는데, 그 무한성 내부에서 거세된 향유의 결정 과정이 발생한다. 그 다른 향유는 미결정된 침묵이며, 그 안에서 남근적 향유의 분절화는 유한 속에서 진행된다. 라캉은 자신의 목적을 위해 무한집합의 존재를 필요로 하지 않는다. 유한성을 위한 어떤 도달 불가능한 지점이 작동하는 것으로 충분하다. 무한은 집합이 아니라 유한성의 작용에서 배제된 가상의 점일 뿐이다. 바디우에 따르면, 바로 이 때문에 라캉에게 여성적 향유는 허구의 구조를

갖는 것이다. 바디우는 여기 걸려 있는 문제를 명확히 하기 위해서 어떤
기본집합 ω를, 즉 자연수 전체whole natural numbers[16]의 관점에서 가능
한 최소무한집합을 예로 든다. 정수whole numbers에서 출발한다면 무한
집합을 구성할 수 없다. 그래서 ω는 유한수의 전 영역entire domain of
whole finite numbers의 관점에서는 도달 불가능하다. 비록 정수가 그것
들의 극한으로서의 ω로 무한히 수렴된다고 하더라도, 무한은 수들의 끊임
없는 연속성[17]에 고유한 도달 불가능성으로 남아 있게 된다. "ω의 존재는
구성되거나 조작적으로 확립될 수 없기 때문에, 이 존재는 오직 수학에
고유한 결단의 형식에 의해, 즉 공리公理에 의해 결정될 수 있을 뿐이다."[18]
이것은 칸토르Cantor의 제스처였는데, 그는 저 유명한 '알레프 영aleph
zero'을 가지고서 무한을 세속화했다.[19] 이로부터 라캉에 대한 바디우의

16) [옮긴이 주] 본래 'whole natural numbers'를 묶는 별도의 용어는 존재하지 않는다. 수학에서
'natural number(s)'는 자연수로 번역되며 'whole number(s)'는 정수로 번역된다. 자연수가 1에서
시작되어 2, 3, 4……로 무한히 계속되는 수라면, 정수는 '……-3, -2, -1, 0, 1, 2, 3……'으로
무한히 계속되는 수다. 전후 문맥을 고려하면 주판치는 ω를 정수에서 시작하는 최소무한집합으
로 간주한다. 그리고 이어지는 'whole numbers'도 정수로 읽어야 문맥에 맞는 것처럼 보인다.
그러나 전개되는 논의에 조금만 주의한다면, ω가 자연수의 관점에서 가능한 최소무한집합이면서
동시에 자연수, 정수를 포함한 유한수finite numbers 전체에서 볼 때 '셀 수 있는 무한집합'의
가능한 범위에 대한 총칭임을 이해할 수 있을 것이다. 19번 옮긴이 주에서도 설명되지만, ω의
기본인 '알레프 영aleph zero'은 자연수 전체의 집합과 맞먹는 최소무한집합이다. '셀 수 있는
무한집합'은 ω의 기본인 '알레프 영'에서 시작하며, 그것은 각각 자연수 전체집합, 정수 전체집합,
유한수 전체집합과 대응하면서 그 영역을 확대해 나가는 것이다.
17) [옮긴이 주] 옮긴이들은 '연속적인 강요'에 해당하는 'successive insistence'를 전후 문맥을 고려
하여 '끊임없는 연속성'으로 의역했다. 수들의 'successive insistence'에는 수들이 연속적으로
무한에 도달하기 위해 스스로를 강요하고 주장한다는 의인화된 뉘앙스를 포함하고 있다. 수들이
제아무리 분투하더라도 결국 무한에 도달할 수밖에 없다는 것은, 뒤에 이어지는 사례인 거북이를
뒤쫓는 아킬레스의 운명을 염두에 둘 때 타당하고도 섬세한 표현이다. 다만 해당 본문은 수학적인
논의의 일관된 맥락을 고려해 의역한 것이다.
18) Alain Badiou, *Conditions* (Paris: Édition du Seuil, 1992), p. 297.

다음과 같은 주된 반론이 따라 나온다. 만일 여성적 향유가 무한의 심급이라면, 그것은 허구의 구조가 아니라 공리의 구조를 가질 것이다. 라캉은 둘째 향유[여성적 향유—옮긴이]의 공리적 존재를 인정하기를 거부한다. 한층 더 직설적으로 말하면, 비록 라캉이 무한한 (여성적) 향유에 대해 이야기한다 하더라도, 그는 그것을 그러한 것으로서(즉 무한한 것으로서) 개념화하는 데 실패하거나, 아니면 그렇게 개념화하기를 명백히 거부한다. 이것이 유한을 사고한 20세기의 위대한 사상가의 반열에 라캉을 올려놓는 특징이다.

(그 길고도 정교한 논변을 우리가 단 몇 줄로 요약할 수밖에 없었던) 바디우에게 답변하기 전에, 한마디 언급이 필요하다. 그것은 이 답변의 핵심이 바디우의 비판이 근거 없음을 증명하는 게 아니라는 것이다. 반대로 그것은 실은 라캉의 이론이 안고 있는 어떤 실제적인 문제를 지적한다.

19) [옮긴이 주] 이 부분은 간단한 이해가 필요하다. ω는 그리스 알파벳의 마지막 글자로 보통 오메가omega로 발음된다. 칸토르의 집합론에서 최소무한집합 ω는 유한수의 '최대값'이 아니라 무한수의 '최소값'이다. 간단히 설명하면 다음과 같다. 유한수(예를 들면, 정수)는 '1, 2, 3……n'으로 진행되지만, 칸토르의 무한의 논리에서 유한수의 최대값은 존재하지 않는다. 왜냐하면 유한수는 제 아무리 크더라도 'n, n+1……'로 끊임없이 계속되기 때문이다. 칸토르는 이 가상의 '유한수의 최대값'을 그 자체로 하나의 수로 간주한다. 즉, '1, 2, 3……n'을 하나의 집합으로 묶어 수로 간주하는 것이다. 이때 수로 셀 수 있는 무한집합의 숫자를 유한수의 수와는 별로로 농도濃度라고 부른다(따라서 앞에서 '무한수의 최소값'은 '무한농도의 최소값'과 같은 말이 된다). 칸토르는 ω로 무한농도의 최소값 또는 최소무한집합을 정의했다. 알레프 영aleph zero은 무한농도의 기본으로, 그것은 자연수 전체의 집합과 대등한 집합의 농도로 정의할 수 있다. 즉 알레프 영은 자연수의 농도가 된다. 자연수의 경우, 알레프 영은 ω={0, 1, 2, 3……)이 된다. ω는 알레프 영으로부터 출발해서 이제 자연수만큼의 수를 갖게 되며(ω+1, ω+2……), 그 다음에는 정수(……ω-2, ω-1, ω, ω+1, ω+2……) 등으로 확대되어 나간다. 칸토르는 유한수나 유한집합과 관련지어 이것을 '셀 수 있는 무한'이라고 불렀다. 이상의 설명은 김용운 외, 『지성의 비극』(일지사, 1992)과 요시나가 요시마사, 『괴델·불완전성의 정리』(이승원 옮김, 전파과학사, 1993) 및 엘리 마오, 『무한 그리고 그 너머』(전대호 옮김, 사이언스북스, 1997) 등을 참조한 것이다.

하지만 우리의 주장은 이 문제가 이 이론 내부로부터 답변될 수 있다는 것이다. 우리는 라캉의 이론이 '유한에 대한 사고'와 '죽음을 향한 존재'(하이데거)의 전통으로 환원될 수 없다는 것을 확고하게 믿고 있다.

우선, 바디우의 개념적 기술記述이 전적으로 정확하다는 점을 지적해야 할 것이다. 주의해야 할 것은 그가 기술하고 있는 내용(악무한의 작용, 극한으로의 끝없는 접근, 유한의 작용에서 배제되는 가상적 점으로서의 무한)을 사실상 성 구분 공식의 왼편(남성편)에 나오는 내용으로 볼 수 있다는 점이다. 도달 불가능성은 남근적 향유라는 즐김의 양태이며, 여성적 향유의 문제와는 관련이 없다. 이것은 『앙코르』에 나오는 다음 구절에서도 족히 명확하다. "아킬레스와 거북이, 그것은 성별화된sexed 존재의 한쪽 극[côté]에 대한 향유 도식[le schème du jouir]입니다. 수는 한계가 있고, 그런 한에서 그것은 무한합니다. 아킬레스가 단지 거북이를 지나칠 수 있을 뿐이라는 것은 아주 분명합니다. 아킬레스는 거북이를 따라잡을 수는 없습니다. 그는 무한[infinitude]에서만 거북이를 따라잡을 수 있습니다."[20] 여기에서 우리는 무한을 다루고 있는 것인데, 그것은 한계에 무한히 점근선적으로 접근하는 이미지로 나타난다. 다시 말해서, 우리는 바디우가 집합 ω의 예를 통해 제시하는 것과 상동적인 문제를 다루고 있다. 거북이가 아킬레스에게는 그가 유한한 발걸음으로 향해 가는 이 극한으로 기능하는 한에서, 거북이는 (영원히) 그에게 도달 불가능한 것으로 남아 있다. 이 사례에서 결정적으로 중요한 점은 두 가지로 요약할 수 있다.

1. 아킬레스에게 도달 불가능한 것은 여성 향유가 아니라 거세되지 않

---

20) Lacan, *Encore*, p. 8.

은 그 자신의 향유다. 아킬레스와 거북이의 사례를 단순히 남자와 여자 사이의 (비)관계에 대한 일종의 우화로 취급하지 않는 것이 핵심이다. 거북이는 여자(의 표상)가 아니다. 그것은 성 구분 공식의 이 (남성)편에서 주체화를 구성하는 예외 지점의 결과물에 대한 표상이다. 그것은 거세함 수에 대한 예외인 '∃x Φx'가 체현된 결과물이다. 거북이는 **여자**가 아니라 대상 a다. 거북이는 욕망하는 주체의 외심화된 중심이다. 그것은 (거세의) 법에 의해 집행된 소외작용의 효과다.

라캉은 "남근적 향유는 남자가 여자의 몸을 향유하게 되는 것을 방해하는 장애물이라고 나는 말하겠습니다. 정확히, 그가 즐기는 것은 기관의 향유이기 때문이지요"[21]라고 말한다. 사도 바울의 말로 풀어쓴다면 이것은 이런 진술로 재정식화할 수 있을 것이다. "내가 즐긴다면, 즐기는 것은 내가 아니라, 나 대신 즐기는 기관이더라." 그리고 나는 심지어 이 기관은 두 성을 대신하여 즐긴다고, 그리고 (기관의 부재 때문이 아니라) 바로 이 때문에 여자들 또한 거세에 종속되는 것이라고 과감히 말하겠다.

따라서 향유의 도달 불가능성은 바로 욕망하는 주체의 **향유의 양**태다. 이로부터 다음이 따라 나온다.

2. 아킬레스의 역설 또는 문제는 성적 관계의 비존재nonexistence의 표현이 아니다. 오히려 그것은 성적 관계의 비존재를 극복하는, 그 비존재를 가지고서 변통하는 한 방법이다. 아킬레스와 거북이의 이야기는 성적 관계의 비존재에 대한 한 가지 대답이다. 아마도 역설적인, 하지만 그럼에도 불구하고 기능하는 대답 말이다. 그것은 (우리가 관계를 맺을 수 없는)

---

21) 같은 글, p. 7.

타자를 유희22)에서 빼 버리고, 자기 자신을, 법의 개입으로 인해 **타자** 편(또는 빗금의 다른 편)에 위치하게 된 자신의 일부분과 관계를 맺게 하는 데 있다. 이제 남자는 여자에 접근할 수 있다. 그러나 라캉이 말한 것처럼, "남자가 접근하는 것은 내가 대상 *a*로 명명했던 그의 욕망의 원인 입니다. …… 말하는 존재의 경우, 사랑의 행위는 남성의 다형도착입니 다."23) 여기서 우리는 다음과 같은 슬라보예 지젝의 공식을 빌려 올 수 있을 것이다. 즉 만일 자위를 파트너와의 육체적 접촉을 단지 상상만 하는 행위로 정의한다면, '고유한' 사랑 행위는 "실제 파트너와 함께 하는 자 위"24)로 정의할 수 있으리라는 공식 말이다. 그리고 심지어 무한히 이 작업을 반복하더라도 절대로 **타자**, 즉 무한한 것에 이를 수 없다는 것을 강조할 때 라캉은 옳았다. 이러한 층위에서 1+1은 결코 2가 아니라 1의 두 번 반복이다. 내가 믿기로 이것은 세미나 『우 피르』*Ou pire*25)에 나오 는 라캉의 역설적 진술의 합리적 핵심이다. 그는 (수) 2는 더 작은 수들(0 이나 1)로는 도달할 수 없다고 주장하며, 이러한 도달 불가능성을 알레프 영의 개념과 연계시킨다. 바디우가 지적하듯이, 라캉은 2=1+1이라는 등식 을 무시하고 2는 무한하다고 주장하는 것처럼 보인다. 바디우에 따르면, 이러한 오류는 라캉이 (수) 2를 도달 불가능한 것으로 설정하여 그것을

22) [옮긴이 주] 원문의 단어는 'play'다. play는 아킬레스가 거북이에게 도달하려 하는, 그러나 결코 아킬레스가 거북이를 만나거나 앞지를 수 없는 악무한의 유희를 뜻한다.
23) Lacan, *Encore*, p. 72.
24) Slavoj Žižek, *Tarrying with the Negative* (Durham, N. C.: Duke University Press, 1993), p. 43을 볼 것.
25) [옮긴이 주] 라캉이 1971~1972년도에 개최했던 세미나(미출간 세미나 19권) 명칭으로, '또는 더 나쁜'이라는 뜻이다.

그가 도달 불가능한 것으로 개념화하고 있는 제2의 향유 또는 여성적 향유의 문제와 연결시키려 한다는 사실에 기인한다. 그러나 다시 한번 말하면, 2의 (또는 **타자**의) 도달 불가능성은 엄격히 성 구분 공식의 남성 편에 한정된다. "어떤 사람이 남자일 때, 그 사람은 자신의 파트너에게서 자기 자신의 지탱물을, 즉 그가 나르시시즘적으로 지탱될 수 있도록 해 주는 그 무엇을 봅니다"[26]라고 라캉은 진술한다. 바로 이 때문에 성 구분 공식의 남성편에서 1+1은 2가 되지 않는(또는, **타자**에 다다르지 못하는) 것이며, 반면에 성 구분 공식의 다른 (여성)편에서 2의 (또는 **타자**의) 도달 불가능성은 문제가 되지 않는 것이다. 반대로 여기서 수 2는 출발점이다. "가장 근본적인 의미에서 볼 때, 성적 관계에서 …… **타자**이기 때문에, 여자는 그 **타자**와 관계를 맺는 그 어떤 것입니다."[27] 다시 말해, 여자의 위치는 **타자**와의 내재적 관계에 의해 특징지어지며, 바로 그 때문에 여자는 비전체(pas toute), 즉 전부가 아닌 또는 전체가 아닌 것이다. 만일 그녀가 오직 남근과 관계한다면(→Φ), 즉 만일 그녀가 욕망의 경로만을 취한다면, 그녀는 남자가 대상 a와의 관계에서 그러한 것만큼 전체일 것이다. 그러나 그녀는 우선적으로 타자와 관계한다(→S(Ⱥ)). 오직 무한히 접근해 갈 수만 있는 극한으로서의 **타자**인 동시에 '전체'의 공간을 한계짓는 **타자**는 오로지 **타자**의 차원을 포함하는 것에 의해서만 폐지된다. 역설적으로, 여자는 타자와 더불어 있는 하나이며*is One with the Other*, 바로 이것이 그녀를 비-전체로 만드는 것이다.

　요약해 보자. 도달 불가능한 향유를 체현하는 것이 빗금의 다른 편에

26) Lacan, *Encore*, p. 87.
27) 같은 글, p. 81.

놓여 있다 하더라도, 그것은 타자의 향유 또는 여성적 향유와 관련되어 있는 것이 아니라 욕망하는 주체의 본래부터 소외된(그리고 이제는 도달 불가능한) 부분을 나타낸다.

하지만 아킬레스가 거북이를 따라잡으려 시도하지 않고 그것을 지나쳐 버리는, 즉 사랑 편으로 이행하는 일이 발생할 수도 있다. 여기서 우리는 무한 속에 있게 된다. 아킬레스와 거북이에 관한 이야기가 인용된 절에서 라캉이 아킬레스가 거북이를 지나칠 수 있다고 언급한 것을 지적하는 것이 중요하다. 우리는 여기서, 욕망을 지배하는 논리, 즉 욕망의 한계의 술어述語에 의해 또는 욕망의 도달 불가능성의 술어에 의해 표식된 논리와는 다른 어떤 논리에 대한 긍정을 볼 수 있다. '아킬레스는 거북이를 지나칠 수 있다'는, 무한의 공리적 존재를 환기하는 테제다. 그러나 '거북이를 지나치는 아킬레스'는 **여자**에 대한 가능한 정의들 중 하나라는 점을 덧붙여야겠다.

이로써 우리는 공식의 다른 편에 이르게 되는데, 사실 여기서 우리는 다른 향유the other *jouissance*의 문제에 직면하게 된다. 비-전체와 여성적 향유의 존재론적인 지위의 문제에 관련해서, 『앙코르』의 다음 구절은 결정적이다: "이제, 무한집합을 다루자마자 여러분들은 비-전체가 부정 negation이나 모순을 근거로 하여 산출된 어떤 것의 존재를 함축한다고 단정할 수 없습니다. 여러분들은 그것을, 어찌해 볼 수가 없는 것이라면, 비한정적 존재로 단정할 수 있습니다."[28] 바디우는 이 구절에 대해 다음과 같이 논평한다. "우리는 여전히 라캉이 비-전체의 존재적 결과에 대항

28) 같은 글, p. 103(번역 수정).

하여 얼마나 필사적으로 싸우는지를 보고 있다."[29] 그렇지만 우리가 라캉의 말에서 바디우의 독해에 부응하는 몇몇 구절을 실제로 볼 수 있다 하더라도(그리고 그것이 그에 이어지는 바디우의 비판에 근거를 제공한다고 하더라도), 바로 앞서의 그 구절이야말로 정반대 방향을 향하고 있는 것이며 또한 칸토르의 실무한[30]이라는 개념에 대한 라캉의 가장 직접적인 승인을 보여 주는 것이다. 첫 단계로 라캉은 무한집합의 존재를 출발점으로 삼으며("무한집합을 다루자마자……"), 그것을 그의 비-전체 개념과 동일화한다. 그러나 결정적인 것은 둘째 단계다. 거기서 라캉은 비-전체의 모든 존재적 결과(또는 함축)를 부정하지 않는다. 그가 부정하는 것은 그가 비-전체라 부르는 이 집합의 층위에서 **예외**의 존재적 결과다. 문제가 되는 것은 비-전체의 존재가 아니라 비-전체에 대한 예외의 존재다. 라캉이 말하는 것은, 무한집합(비-전체)을 다루는 그 순간부터 우리는 우리가 **출발했던 집합과는 다른 어떤 집합에 도달함이 없이** 일부분을 빼거나 더할 수 있다는 것이다. 달리 말하면 라캉은 여기서 바로 $N_0+1=N_0-1=N_0$라는 칸토르의 공식을 참조하고 있는 것이다. 비-전체는 어떠한 덧셈이나 뺄셈에 의해서도 영향받지 않는다. 공식의 오른편의 상단 부분과 관련하여 이 점을 이렇게 표현할 수 있다. '모든 x가 Φx인 것은 아니다'는 Φx가 아닌 어떤 x가 있다는 것을 함축하지 않는다, 라고 말이다. 그리고 바로 이것은 "여러분들은 비-전체가 부정이나 모순을 근거로 하여 산출된 어떤 것의 존재를 함축한다고 단정할 수가 없습니다"라고 말할 때 라캉이 의미하는 것이다. 우리는 함수 x에 대한 (부정이나 모순의 결과인) 예외의

---

29) Badiou, *Conditions*, p. 194.

30) [옮긴이 주] 실무한actual infinite은 옮긴이 주 19에서 말한 '셀 수 있는 무한'을 뜻한다.

존재를 정립할 수 없는데, 왜냐하면 우리는 무한집합을 다루고 있기 때문이다. 이것은 또한 공식의 이쪽 편에서 왜 차이가 예외로 응결되지 않고 오히려 바디우가 "보편자의 물질적 기호로서 차이들의 침전"이라고 부르는 것을 위한 공간을 제공하게 되는지를 설명한다. 사실 바디우의 보편적 단독성으로서 보편 개념이 라캉의 비−전체라는 개념과 매우 밀접하다는 것을 보여 주는 일은 가능하다. 양자 모두는 어떤 '전체에 대한'[pour tous](라캉의 경우에는 "함수 Φx로부터 면제될 그 어떤 x도 없다"라는 부정적 형식으로)을 내포한다. 동시에 양자 모두는 그 어떤 총체성 개념도 배제한다.

이 모두는 첫째 (유한한) 향유에서 둘째 (무한한) 향유로의 이행에 대한 설명에서 중대한 결과를 낳는다. 무엇보다도 우리는 첫째 향유를 부정하는 것을 통해서는 다른 향유에 도달하지 못한다. 왜냐하면 부정(즉 예외)은, 어떤 다른 향유에 대한 접근을 제공하기는커녕 남근적 향유를 지탱하고 그것을 유한의 틀 안에 유지시키는 바로 그것이기 때문이다. 다시 말해, 다른 향유는 첫째 향유로부터 (부정을 통해서조차도) 연역되거나 도출될 수 없다. 하나의 향유에서 다른 향유로 넘어가는 과정 속에서는, 근본적인 전제들은 바뀐다.

첫째 향유를 부정하고 둘째 향유, 즉 거세되지 않은 향유의 존재를 정립하는 대신에, 우리는 유한한 틀 안에서 첫째 향유를 유지했던 그것의 예외(거세되지 않은 향유)를 첫째 향유로부터 제거한다. 다른 향유의 공간을 열어젖히는 것은 바로 이것이다. 그리고 이것이야말로 바로 라캉의 공식에서 우리의 시선을 끄는 것이다. 거세함수가 보편적인 것이 되면서 동시에 총체성, 전체에 대한 모든 참조를 상실하게 되는 것은 바로 공식의 오른쪽(여성) 편에서다. 거세함수는 보편이 되면서 비-전체가 된다. 그것은 어떤 보충적 향유(의 가능성)를 떠맡고 견딘다. 그것은 덧셈과 뺄셈을 묵인한다.

사람들은 흔히 여성적 향유를 형언할 수 없는 일종의 신비적 황홀과 연결 지으며, 라캉 자신의 전개도 이러한 방향을 가리키는 것처럼 보인다. 하지만 우리는 전혀 다른 두 가지를 혼동하지 않도록 각별히 주의해야 한다. 이 보충적 향유가 무엇이든 간에(신비적 황홀이든, 아니면 다른 어떤 형태의 향유이든 간에), 여성적 향유를 정의하는 것은 그것이 아니다. 여성적 향유를 정의하는 것은 단순히 향유의 어떤 보충이 아니라, 그것이 **거세에 대한 참조를 상실하지 않고** 향유의 보충을 (또는 그 문제라면, [향유의] 결손을) 떠맡을 수 있다는 사실이다. 반면에 남근적 향유는 끊임없이 거세에 대한 참조를 확실히 해 두어야만 한다. 즉 남근적 향유는 도달 불가능성을 참조해야만 한다. 왜냐하면 도달 불가능성은 어떤 충만한 거세되지 않은 향유가 아니라 바로 거세함수를 상기시키는 것이기 때문이다. '무한한 향유'라는 용어를 비유적인 의미가 아니라 수학적인 의미로 취하는 것이 중요하다. 무한한 향유는 너무나 거대하고 강렬해서 말로 표현할 수 없는 향유가 아니다. 장-클로드 밀너의 공식을 사용한다면, "무한은 유한의 예외에 대해 아니오라고 말하는 그런 것이다."31) '무한'은 향유의 구조 혹은 위상을 가리키는 것이지, 향유의 양(또는 질)을 가리키는 것이 아니다. 무한한 향유는 '예외적 향유'에 종지부를 찍는 그런 것이다. '예외적 향유'라는 말이 지닌 일체의 의미에서 말이다.

---

31) Jean-Claude Milner, *L'oeuvre claire* (Paris: Édition du Seuil, 1995), p. 66.

성적 차이의 실재

❧ 슬라보예 지젝 ❧

'성 구분 공식'

　로저 에버트의 『할리우드 클리셰 소책자』[1]에는 수백 가지의 스테레오 타입과 필수 장면들이 실려 있다. 저 유명한 '과일수레!' 법칙(외국이나 이국적인 장소에서 벌어지는 어떤 추격장면에서든, 반드시 과일수레 하나 가 뒤집혀질 것이고 이에 화가 난 상인은 도로 한복판으로 달려 나와 떠나가는 주인공의 차를 향해 주먹을 휘두를 것이다)이나, 이보다는 세련

---

1) Roger Ebert, *The Little Book of Hollywood Clichés* (London: Virgin Books, 1995) 참조.

된 '고마워, 하지만 괜찮아' 법칙(두 사람이 허심탄회한 대화를 막 나누고
난 뒤, 인물 A가 방을 나가려는 찰나 인물 B가 머뭇머뭇 말한다. "밥(또는
그 A의 이름이 무엇이든)?" 그리고 인물 A는 멈춰 서고, 돌아보며 말한다.
"응?" 그리고 그때 인물 B가 말한다. "고마워.")에서부터, '식료품 봉지'
법칙(다시 사랑에 빠지는 것을 두려워하는 시니컬한 한 여자가 있고 그녀
의 외로움의 장벽을 찢어 버리기를 바라는 한 구혼자가 그녀를 쫓아다닐
때면, 그녀는 반드시 식료품을 사러 간다. 그런데 그때 그녀의 식료품
봉지가 뜯어져 과일과 야채들이 쏟아진다. 그것은 그녀의 삶이 처한 혼란
을 상징적으로 표현하기 위한 것이기도 하고, 그래서 구혼자가 그녀 삶의
조각들을 주워 담도록 도울 수 있게 하기 위한 것이기도 하다)에 이르기까
지 말이다. 바로 이것이 우리 삶의 상징적 실체인 '큰 **타자**'다. 그것은
우리의 말과 행위를 효과적으로 규율하는 불문율의 집합이며, 의사소통을
할 때 상대방에게 거짓말을 하거나 그를 속이려고 할 때조차도 정확히
그 속임수가 성공하기 위해서는 반드시 참조해야만 하는 **진리**의 궁극적
인 보증자다.

  그러나 우리는 라캉이 그의 가르침의 마지막 10년간에, 큰 **타자**의 지위
를 두 번에 걸쳐 엄밀하게 특징지었다는 사실을 명심해야 한다.

• 첫째는 1950년대 후반, 즉 그가 '누빔점'(혹은 '단추매듭button tie')―큰
  타자의 일관성을 보증해 주는 의사-초월적인 주인기표―은 궁극적으
  로 가짜, 즉 기의 없는 텅 빈 기표라는 점을 강조했을 때다. 이는 한
  공동체가 어떻게 기능하는가를 떠올려 보는 것으로 충분하다. 공동체
  의 일관성을 보증해 주는 주인기표는, 그 기의가 공동체의 성원들에게

는 수수께끼인 그런 기표다. 그것이 의미하는 것이 무엇인지는 아무도
실제로 알지 못하지만, 그들 각각은 다른 사람들은 그것을 알고 있다고,
그것은 '진실한 것'을 의미해야 한다고 전제하며 그래서 그들은 그것을
언제나 사용한다. 이러한 논리는 정치-이데올로기적인 유대들 속에서
(예컨대 '우리 국가', '혁명' 등과 같은, 코자 노스트라²⁾를 나타내는 다양
한 용어들과 더불어) 작동할 뿐만 아니라 심지어 몇몇 라캉주의 공동체
들에서도 작동한다. 그러한 정신분석 집단은 그 누구에게도 뜻이 분명
치 않은 어떤 전문용어('상징적 거세'이건 '분열된 주체'이건)를 담고
있는 표현들을 공통으로 사용함으로써 스스로를 인지한다. 모두가 그
것을 언급하나, 그 집단을 한데 묶어주는 것은 궁극적으로 그들이 공유
하고 있는 **무지**다. 라캉의 요점은 물론, 정신분석은 주체로 하여금 수수
께끼 같은 주인기표에 대한 이 안전한 의존을 깨트릴 수 있게 해 주어야
한다는 것이다.

• 그리고 둘째는, 또 더욱더 근본적으로는, 세미나 XX에서인데, 여기서
라캉은 '전부는 아닌not-all' 혹은 '전체는 아닌not-whole'의 논리와 보
편자를 구성하는 예외의 논리를 전개했다. (보편자에 속하는 요소들의)
계열과 그것의 예외 사이의 관계에 존재하는 역설은 단순히 '예외가
[보편적] 법칙을 근거짓는다'는 사실, 즉 모든 보편적인 계열들은 어떤
예외의 배제를 포함한다(광인, 범죄자, 미개인, 무지한 자, 어린아이
등을 제외하면 모든 사람은 양도할 수 없는 권리를 가진다)는 사실에
있는 것은 아니다. 오히려 고유한 변증법적 요점은 하나의 계열과 예외

---

2) [옮긴이 주] 이탈리아계 최대 마피아 조직의 명칭으로, 이 조직에서는 조직의 사업을 신성하게
여겨 그것을 '우리 일' 혹은 '집안 일'이라는 뜻으로 '코자 노스트라cosa nostra'라고 부른다.

가 직접적으로 일치하는 방식에서 찾을 수 있다. 이를테면 계열은 언제나 '예외들'의 계열, 즉 어떤 예외적 속성을 드러내는 존재자들의 계열인데, 그러한 속성은 그 존재들을 그 계열(영웅들, 우리 공동체 성원들, 진정한 시민들 등등)에 속하는 것으로 특징짓는 것이다. 표준적인 남성 유혹자의 유혹에 걸려든 여자 노획물 리스트를 떠올려 보라. 이때 각각의 여자는 하나의 '예외'이며, 각기 특정한 뭔지 모를 이유*je ne sais quoi* 때문에 유혹을 받았던 것이다. 그 계열은 정확히 이 예외적 인물들의 계열이다.[3]

이와 동일한 모체가 증상에 대한 라캉의 개념 전환에서 작동한다. 라캉의 가르침의 마지막 단계를 그 이전 단계와 구별하는 것이 무엇인지는 이 개념의 변화된 지위를 통해 가장 잘 접근할 수 있다. 이전에 증상은 분석적 해석 안에서 또 그것을 통해 (적어도 이상적으로는) 해소되어야 하는 병리적 형성물, 즉 주체가 어쨌건 어딘가에서 자신의 욕망을 타협했다는 것을 보여 주는 지표이거나 주체의 욕망하는 능력을 보증하는 상징적 **법**의 결함이나 오작동을 보여 주는 지표였다. 간단히 말해, 증상은 상징적 **법(타자)**으로의 완전한 통합이라는 이상에 의해 측정된 일련의 예외, 방해물, 오작동이었다. 그러나 이후에 라캉은 보편화된 증상 개념을

---

3) 이 논점은 알렌카 주판치치와의 대화에 빚지고 있다. 또 다른 예를 들자면, 거기에 또한 장 폴 사르트르와 시몬 드 보부아르의 '열린 결혼' 관계의 곤경이 있다. 그들의 편지를 읽어 보면 그들의 '계약'은 사실상 비대칭적이었으며 작동하지도 않았는데, 그로 인해 보부아르는 많은 상처를 입었다. 보부아르는 사르트르가 다른 연인들의 계열을 가지고 있었다고 하더라도 그녀는 그럼에도 불구하고 **예외**였기를, 단 하나의 진정한 연애관계였기를 기대했던 반면, 사르트르에게 그녀는 계열 속에 있는 단 하나가 아니라 정확히 **예외들** 가운데 하나였다. 그의 계열은 여자들의 계열이었고, 그들 각각은 모두 그에게 '예외적인 어떤' 것이었다.

도입하면서 **법**과 그것을 구성하는 예외라는 '남성적' 논리에서 증상의
계열에 예외가 존재하지 **않는**다고 하는 '여성적' 논리로의 역설적인 이행
을 성취했다. 다시 말해, 그 논리에서는 오직 증상들만이 존재하며, 상징적
법(아버지의 **이름**)은 궁극적으로 증상의 계열에 있는 단지 하나(가장 효
과적이거나 확고한)에 불과한 것이다.

　자크-알랭 밀레Jacques-Alain Miller에 따르면, 이것이 세미나 XX에
서의 라캉의 세계다. 그것은 근본적 분열(기표와 기의의, 충동의 향유와
타자의 향유의, 남성적인 것과 여성적인 것의)의 세계로, 그 안에서는
그 어떤 선험적인 **법**도 그 두 측의 연결이나 겹침을 보증해 주지 않으며,
그런 까닭에 오직 부분적이고 우연한 매듭-증상(누빔점, 인력작용점)만
이 그 두 영역의 제한되고 허약한 조화를 산출할 수 있다. 이런 관점에서
볼 때 '증상의 해소'는 완전한 욕망의 능력을 갖춘 비병리적인 상태를
낳기는커녕 총체적인 정신증적 파국, 즉 주체의 전체 세계의 해소로 귀결
된다. 우리가 살고 있는 상징적 공간의 일관성을 보증해 주는 '큰 타자'는
존재하지 않는다. 그저 우연적이고 일시적인, 그리고 허약한 안정의 지점
만이 있을 뿐이다.4)

---

4) 증상에 대한 이 두 가지 개념, 즉 특수한 왜곡과 보편화된 증상('증환sinthome') 간의 차이는
히치콕의 <현기증>Vertigo의 마지막 쇼트(스커티는 조금 전 그의 절대적 사랑인 주디-마들렌을
삼켜 버린 심연을 응시하면서 교회 첨탑의 벼랑에 서 있다)에 대한 두 개의 대립된 독해를 설명해
준다. 어떤 해석자는 그곳에서 해피엔딩의 기미(스커티는 결국 고소공포증을 치유하고 삶과 완전
히 대면할 수 있게 된다)를 보는 반면, 다른 이는 그곳에서 완전한 절망(만일 스커티가 주디-마들
렌을 두 번째로 잃고도 살아남는다면, 그는 하나의 살아 있는 시체로 연명하게 될 것이다)을
본다. 그것은 모두 우리가 "여자는 남자의 증상이다"라는 라캉의 진술을 어떻게 해석하는가에
달려 있다. 우리가 **증상**이라는 용어를 그 전통적인 의미(주체는 그의 욕망을 배반한다는 사실을
증거하는 병리적 형성물)로 사용하다면, 마지막 쇼트는 사실상 해피엔딩을 지시한다. 이 경우
주디-마들렌에 대한 스커티의 강박관념은 그의 '증상', 즉 그의 윤리적 취약함의 기호이며, 따라서

　　유대교에서 기독교로의 바로 그 이행이 궁극적으로는 성 구분의 '남성' 공식에서 '여성' 공식으로의 이행이라는 모체를 따른다고 주장하고픈 유혹을 느낄 수도 있겠다. 세미나 XX에서 라캉이 다듬은, 똑같은 모체에 따라 성 구분된 충동의 향유와 **타자**의 향유 사이의 대립과 관련해 이 이행을 명백히 밝혀 보자. 한편으로는 바보스러운 자위적(자가-성애적) 행동 속에서, 충동의 대상으로서의 대상 *a* 주위를 순환하는 도착에서 만족을 발견하는, 폐쇄되어 있으며 궁극적으로 유아론적인 충동의 회로가 있다. 다른 한편으로는 향유로의 접근이 훨씬 더 **타자**의 담론의 영역과 연결되어 있는 주체들이 있는데, 즉 그들에게 향유로의 접근은 그들이 말하는 방식보다는 그들에 관해 말해지는 방식과 밀접하게 연결되어 있는 것이다. 이때 예컨대 성애적 쾌락은 연인의 유혹적인 이야기에 의해, 그러니까 어리석게 행해지는 바로 그 행위가 아니라 말 자체에 의해 제공되는 만족에 의해 결정된다. 이러한 대조는 남자와 여자가 사이버섹스와 관계 맺는 방식에서 나타나는 오래 보아 온 차이를 설명해 주지 않는가? 남자들은 어리석고 반복적인 쾌락에 몰두해 사이버공간을 외로운 유희를 위한 자위의 장치로 훨씬 더 많이 사용하는 경향이 있는 반면, 여자들은 그보다는 사이버공간을 유혹적인 말을 주고받는 데 사용하면서 대화방에 더 참여하는 경향이 있다.

　　우리는 라스 폰 트리에의 <브레이킹 더 웨이브>에서 남성적인 남근-자위적 충동의 향유와 여성적인 **타자**의 향유 사이의 이러한 대립의 분명한

　　그가 그녀를 제거했을 때 그의 공정성은 복구된다. 그렇지만 우리가 **증상**이라는 용어를 더욱 근본적인 의미로 사용하면, 다시 말해 주디-마들렌이 그의 증환이라면, 마지막 쇼트는 파국적인 결말을 지시한다. 이 경우 스커티가 그의 증환을 박탈당했을 때, 그의 전체 우주는 그 최소한의 일관성을 상실하고 산산이 무너져 내린다.

사례를 보지 않는가? 병상에 누워 있는 얀은 베스에게 다른 남자와 사랑을
나누고 그 경험을 자기에게 자세히 이야기해 주어야 한다고 말한다. 그렇
게 하면 그녀가 그의 생존의 의지를 일깨우리라는 것이다. 비록 그녀가
다른 남자와 육체적으로 얽히더라도, 진정한 섹스는 그들의 대화에서 일
어날 것이다. 얀의 향유는 명백히 남근적/자위적이다. 그는 유아론적·자
위적 향유에 몰두할 수 있으려면 필요한 환상의 스크린을 제공받으려고
베스를 이용하기 때문이다. 반면에 베스는 **타자**(상징적 질서)의 층위에
서, 다시 말해 그녀의 말에서 향유를 발견한다. 그녀에게 만족의 궁극적인
원천은 성행위 자체(그녀는 순전히 기계적으로, 필요한 희생이라고 여기
고 그러한 행위에 관계한다)가 아니라 불구인 얀에게 그에 대해 **보고하는**
그 방식이다.

베스의 향유는 한 가지 방식 이상으로 '**타자의**' 향유다. 그것은 말 안에
서의 향유일 뿐만 아니라 (그리고 이것은 궁극에는 단지 같은 것의 또
다른 측면인데) 완전한 소외라는 의미에서의 향유다. 그녀의 향유는 전적
으로 자신의 **타자**로서의 얀 안에서 소외/외화externalized되어 있다. 다시
말해, 그녀의 향유는 오로지 **타자**가 즐길 수 있도록 해 주고 있다는 것을
자각하는 데서 비롯된다. (이러한 예는 우리가 라캉에 대한 표준적인 오독
을 벗어날 수 있게 해 주는 한에서 아주 중요한데, 그에 따르면 여성적
향유는 상징적 질서에서 면제된, 말을 넘어선 신비로운 지복至福이라는
것이다. 그러나 예외 없이 말의 질서에 빠져드는 것은 여자들이다.)5)

이것이 어떻게 우리에게 유대교와 기독교의 긴장을 새롭게 조명할 수

---

5) <브레이킹 더 웨이브>에 대한 좀더 면밀한 독해를 위해서는 Slavoj Zizek, "Death and the
   Maiden", in E. Wright(ed.), *The Zizek Reader*, ed.(Oxford: Blackwell, 1998), pp. 206~221 참조.

있게 해 주는가? 주목해야 할 첫째 역설은 성 바울이 정교하게 다듬은, **법**과 그 위반의 사악한 변증법이 유대교와 기독교 사이의 보이지 않는 제3항, 즉 '사라지는 매개자'라는 사실이다. 그 두 종교적 입장 어느 쪽도 사실상 그것의 자리를 차지하고 있지 않지만, 그것의 유령은 유대교와 기독교 모두에 출몰한다. 한편으로, 유대인은 거기에 **아직** 있지 **않다**. 다시 말해 그들은 **법**을 씌어진 **실재**written Real로서 취급하며, 이는 죄의 초자아적 악순환에 그들을 연루시키지 않는다. 다른 한편으로, 성 바울이 밝혔듯이 기독교 본연의 기본 요점은 **법**과 그 위반의 초자아적 악순환을 **사랑**을 통해 깨트리고 나가는 것이다. 라캉은 세미나 Ⅶ에서 법과 그 위반에 대한 바울적 변증법을 상세하게 논의했다. 따라서 어쩌면 우리는 이 바울적 변증법을 그 논리적 결론과 함께, 그러니까 성 바울이 논한 **다른** 범례적인 구절, 「고린도전서」 13장의 사랑에 대한 구절과 함께 읽어야 할 것이다.

> 내가 사람의 방언과 천사의 방언으로 말을 할지라도, 내게 사랑이 없으면 울리는 징이나 요란한 꽹과리가 될 뿐입니다. 내가 예언하는 능력을 가지고 있을지라도, 또 내가 모든 비밀과 모든 지식을 가지고 있을지라도, 또 산을 옮길 만한 모든 믿음을 가지고 있을지라도, 내게 사랑이 없으면, 아무것도 아닙니다. 내가 내 모든 재산을 나누어줄지라도, 자랑스러운 일을 하려고 내 몸을 넘겨줄지라도, 내게 사랑이 없으면, 내게는 아무런 이로움이 없습니다. [……]
> 사랑은 없어지지 않습니다. 그러나 예언도 사라지고, 방언도 그치고, 지식도 사라집니다. 우리는 부분적으로 알고, 부분적으로 예언합니다. 그러나 온전한 것이 올 때에는, 부분적인 것은 사라집니다. [……] 지금은 우리가 거울 속에서 영상을 보듯이 희미하게 보지마는, 그때에는 우리가 얼굴과

얼굴을 마주 볼 것입니다. 지금은 내가 부분밖에 알지 못하지마는, 그때에는 하나님께서 나를 아신 것과 같이, 내가 온전히 알게 될 것입니다. 그러므로 믿음, 소망, 사랑, 이 세 가지는 항상 있을 것인데, 그 가운데서 으뜸은 사랑입니다.

여기서 결정적인 것은 분명 **전부**All(지식 혹은 예언의 완전한 계열)와 관련하여 갖는 사랑의 역설적인 위치다. 첫째로, 성 바울은 우리가 모든 지식을 소유한다고 해도 사랑은 존재한다고 주장한다. 그러고 나서, 둘째 단락에서 그는 사랑은 **불완전한** 존재, 즉 불완전한 지식을 소유하고 있는 존재에게만 존재한다고 주장한다. 내가 "하나님께서 나를 아신 것과 같이 [……] 온전히 알게 될" 때, 여전히 사랑이 존재할까? 지식과는 달리 "사랑은 없어지지 않"음에도 불구하고, "믿음, 소망, 사랑이 항상 있"는 것은 오직 (내가 여전히 불완전한 상태로 있는) "지금"뿐이라는 것은 분명하다.

  이러한 곤경에서 빠져나갈 수 있는 유일한 길은, 그 두 가지 일관되지 않은 주장을 라캉의 성 구분의 여성 공식에 따라 독해하는 것이다. 이때 지식의 장은 그것이 '전부'(완전한, 예외가 없는)일 때조차도 비전체 not-all로, 즉 불완전하게 남아 있다. 사랑은 지식 전부에 대한 예외라기보다는 오히려 지식의 완전한 계열 혹은 장까지도 불완전한 것으로 만드는 '아무것도 아닌 것nothing'이다. 달리 말해 설사 내가 모든 지식을 소유한다 할지라도 사랑이 없으면 나는 아무것도 아닌 것이 될 것이라는 주장의 요점은, 단순히 사랑이 있으면 나는 '어떤 것something'이라는 게 아니다. 사랑 속에서도 나는 역시 아무것도 아닌 것이다. 하지만 그래도 나는 말하자면 겸허히 자신을 자각하는 **무**Nothing, 역설적으로 자신의 결여에 대한 바로 그 자각을 통해서 풍요로워진 **무**인 것이다. 오직 결여되어 있고 상처 받기 쉬운 존재만이 사랑을 할 수 있는 능력이 있다. 따라서 사랑의 궁극적 인 미스터리는, 불완전함이 완성보다 한층 더 높은 수준에 있다는 것이다.

한편으로, 오직 불완전하고 결여되어 있는 존재만이 사랑을 한다. 즉 우리는 모든 것을 알지 않기 때문에 사랑한다. 다른 한편으로, 우리가 모든 것을 안다고 할지라도 사랑은 불가해하게도 여전히 완전한 지식보다 높은 곳에 있을 것이다. 아마도 기독교의 진정한 업적은 사랑하는(불완전 한) **존재**를 신의 자리로까지, 즉 궁극적인 완성의 자리로까지 고양시킨 데 있을 것이다. 그러므로 세미나 XX에서 사랑에 대한 라캉의 광범위한 논의는 바울적 의미에서, 즉 **법**과 그 위반의 변증법에 대립하는 것으로서 해석되어야 한다. 이 변증법은 명백히 '남성적'이거나 남근적이다. 왜냐하 면 그것은 **전부**(보편적인 **법**)와 그것을 구성하는 예외 사이의 긴장을 포함하기 때문이다. 다른 한편, 사랑은 '여성적'이다. 그것은 비전체의 역 설을 포함하고 있다.

영-제도로서의 성적 차이

세미나 XX에서 성 구분 공식의 기초가 되는 성적 차이라는 개념은 "성적 관계와 같은 그런 것은 없다"라는 라캉의 명제와 정확히 같은 뜻이 다. 성적 차이는 '정적靜的인' 상징적 대립과 포함/배제(동성애와 여타 '성 도착들'을 종속적인 역할로 분류하는 이성애적 규범성)의 견고한 집합이 아니라 곤경, 트라우마, 열린 질문의 이름이다. 그것은 곧 그것을 상징화하려는 모든 시도에 저항하는 어떤 것이다. 성적 차이를 상징적 대립(들)의 집합으로 번역하는 것은 반드시 실패하게 마련이며, '성적 차이'의 의미가 무엇이 될 것인지에 대한 헤게모니 투쟁의 지형을 열어젖히는 것은 바로 이 '불가능성'이다. 빗금 처져barred 있는 것은 현재의 헤게모니 체제 하에서 배제된 것이 아니다.[6]

그렇다면 우리는 성적 차이의 '비역사적' 지위를 어떻게 이해해야 할 것인가? 이를 위해서는 아마도 클로드 레비-스트로스의 '영-제도zero-institution'와의 유비가 도움이 될 것이다. 나는 『구조인류학』에서 그레이트 레이크 지역의 부족들 중 하나인 윈네바고족 가운데서 나타나는 건물의 공간적 배치에 대한 클로드 레비-스트로스의 범례적인 분석을 말하고 있다. 그 부족은 두 개의 하위집단('반족半族, moieties')으로 나뉘는데, '위쪽에 있는 사람들'과 '아래쪽에 있는 사람들'이 그것이다. 그 부족의 한 구성원에게 자기 촌락의 평면도(움막들의 공간적 배치)를 그려 보라고 하면, 우리는 그 또는 그녀가 어떤 하위집단에 속해 있는지에 따라 결정되는 두 개의 상당히 다른 답변을 얻게 된다. 두 집단은 모두 촌락을 하나의 원으로 파악한다. 그러나 한 하위집단의 경우 이 원 안에 중앙의 집들이

---

6) 적대라는 실재를 상징적 대립(으로의 번역)으로부터 영원히 분리하는 간극은, 그런 모든 번역과 관련하여 출현하는 잉여 속에서 감지된다. 이를테면 우리가 계급 적대를 실정적인 것으로서의 계급들, 즉 현존하는 사회집단(부르주아 대 노동계급)의 대립으로 번역하는 순간, 항상 구조적인 이유 때문에 하나의 잉여가, 이 대립에 '맞지' 않는 제3의 요소가 존재하게 된다.(예컨대 룸펜 프롤레타리아) 또한 그것은 물론 실재로서의 성적 차이에 대해서도 마찬가지다. 이는 항상, 구조적인 이유 때문에 두 개의 대립되는 상징적 정체성으로서 '남성적'과 '여성적'을 초과하는 '성도착'이라는 잉여가 존재한다는 것을 의미한다. 적대라는 실재의 상징적/구조적 표현은 항상 삼자관계 triad로 나타난다고 말하고픈 유혹조차 느낀다. 예컨대 오늘날 계급 적대는 사회적 차이의 체계 속에서, '상층계급'(경영적 · 정치적 · 지적 엘리트)과 중간계급, 그리고 통합되지 않은 '하층계급'(이주 노동자, 노숙자 등등)의 삼자관계로 나타난다.

속한 또 다른 원이 있어서 두 개의 동심원을 볼 수 있는 반면, 다른 하위집단의 경우 원은 분명한 분리선에 의해 둘로 분할된다. 달리 말해 첫째 하위집단(이를 '보수적-협동주의적' 하위집단으로 부르기로 하자)의 구성원은 촌락의 평면도를 중앙 사원을 둘러싸고 대체로 대칭적으로 배치된 움막들의 원환으로 파악하는 반면, 둘째('혁명적-적대적') 하위집단의 구성원은 자기 촌락을 보이지 않는 경계에 의해 분리된, 서로 구별되는 두 개의 움막들의 집합으로 파악한다.[7]

여기서 레비-스트로스의 핵심 요점은, 이 사례가 사회적 공간의 지각은 관찰자가 어느 집단에 속해 있는가에 의존한다고 주장하는 문화적 상대주의로 우리를 이끌고 가서는 결코 안 된다는 것이다. 왜냐하면 두 가지 '상대적인' 지각으로의 그런 분열 자체는 하나의 상수常數를 은밀히 참조함으로써 이루어지는 것이기 때문이다. 이 상수는 건물들의 객관적이고 '실제적'인 배치가 아니라 오히려 하나의 트라우마적 중핵으로서, 그것은 촌락의 주민들이 상징화하고 설명하고 '내면화'할 수 없었던, 또는 타협할 수 없었던 근본적 적대다. 다시 말하면 그것은 공동체가 하나의 조화로운 전체로 안정을 유지하는 것을 방해하는, 사회관계에 있어서의 어떤 불균형이다. 평면도에 대한 두 가지 지각은 단지 이 트라우마적인 적대에 대처하려는, 균형 잡힌 상징적 구조를 부과하여 그 상처를 치유하려는 두 가지 상호 배제적인 노력이다.

사정은 성적 차이와 관련해서도 정확히 동일하다는 것을 덧붙일 필요

---

7) Claude Lévi-Strauss, "Do Dual Organizations Exist?", in *Structural Anthropology* (New York: Basic Books, 1963), pp. 131~163 [국역본: 김진욱 옮김, 「쌍분 조직은 실재하는가」, 『구조인류학』, 종로서적, 1983, 129~156쪽]; 그림은 pp. 133~134[국역본은 130~131쪽]에 있다.

가 있을까? '남성적'과 '여성적'은 레비-스트로스적인 촌락에서 움막들의
두 가지 배치형태와 유사하다. 우리의 '발전된' 세계는 그와 동일한 논리에
지배되지 않는다는 환상을 깨뜨리기 위해서는 좌와 우로 나뉘어 있는
우리 정치적 공간의 분열을 떠올려 보는 것으로도 족하다. 이때 좌파와
우파는 정확히 레비-스트로스적인 촌락에서 서로 대립되는 하위집단의
구성원들과 유사하다. 그들은 정치적 공간에서 서로 다른 자리를 차지할
뿐만 아니라, 그들 각각은 정치적 공간의 바로 그 배치를 상이하게 지각한
다. 즉 좌파는 그것을 어떤 근본적인 적대에 의해 내속적內屬的으로 분열된
장場으로 지각하며, 우파는 오직 외부 침입자에 의해서만 방해받을 뿐인
공동체라는 유기적 통일성으로 지각한다.

　그러나 여기서 레비-스트로스는 더욱더 결정적인 주장으로 나아간다.
그 두 하위 집단은 그럼에도 불구하고 하나의 같은 부족을 구성하고 같은
촌락에 살고 있는 까닭에, 이 동일성은 어떻게든 상징적으로 기입되어야
한다는 것이다. 그 부족의 어떠한 상징적인 표현도—그것의 어떠한 사회
적 제도도—결코 중립적이지 않고 근본적·구성적인 적대적 분열에 의
해 과잉결정되어 있다면, 그렇다면 그 동일성의 상징적 기입은 어떻게
가능한가? 그것은 레비-스트로스가 독창적이게도 '영-제도'라 부른 것을
통해서 가능하다. 이는 '마나mana'에 대한 일종의 제도적 등가물로서, 그
자체로는 부재하면서도 오직 의미 자체의 현존만을 의미화하기에 아무런
규정적인 의미를 갖지 않는 텅 빈 기표다. 이 영-제도는 아무런 실정적·
규정적 기능도 없다. 그것의 유일한 기능은 그 자신은 부재하면서도, 즉
전前사회적인 카오스이면서도 반대로 그 자신이 사회제도 자체의 현존과
실제성을 표시하는 순전히 부정적인negative 기능이다. 바로 그러한 영-

제도에 대한 참조를 통해서만 그 부족의 모든 구성원들은 자신들을 같은 부족의 구성원으로 경험한다.

이 영-제도란 가장 순수한 형태의 이데올로기가 아니겠는가? 다시 말해 그것은 사회적 적대가 제거된 채로 모든 사회 구성원들의 자기 인식을 가능하게 하는 중립적·포괄적인 공간을 제공하는 이데올로기적 기능의 직접적 구현이 아니겠는가? 그리고 헤게모니 투쟁이란 정확히 이 영-제도가 어떻게 과잉결정될 것이며 어떻게 어떤 특수한 의미작용에 의해 채색될 것인가를 놓고 벌이는 투쟁이 아니겠는가? 구체적인 예를 들어보면, 민족이라는 근대적 개념은 직접적인 가족이나 전통적인 상징적 모체에 토대를 둔 사회적 연결고리가 해체되면서—다시 말해, 근대화의 맹습과 더불어 사회적 제도가 점점 더 자연화된 전통에 토대를 두지 않게 되고 점점 더 '계약'의 문제로 경험되었을 때—출현한 영-제도가 아니겠는가?[8] 여기서 특별히 중요한 것은, 민족적 정체성은 적어도 최소한 '자연적인' 것으로, 즉 '혈연과 토양'에 근거지어진 한 속성으로, 그리고 그러한 것으로서 고유한 사회적 제도(국가, 직업 등등)의 속성인 '인위성'과 대립되는 것으로 경험된다는 사실이다. 전근대적 제도는 '자연화된' 상징적 실체로(의문의 여지없는 전통에 근거지어진 제도로) 기능했으며, 제도가 사회적 인공물로 지각된 순간 중립석인 공통 토대의 역할을 하게 될 어떤 '자연화된' 영-제도에 대한 필요가 부상했다.

다시 성적 차이로 돌아가서, 나는 동일한 영-제도의 논리가 어쩌면 한

---

8) Rastko Mocnik, "Das 'Subjekt, dem unterstellt wird zu glauben' und die Nation als eine Null-Institution", in *Denk-Prozesse nach Althusser*, ed. H. Boke(Hamburg: Argument Verlag, 1994), pp. 87~99.

사회의 결속뿐만 아니라 적대적 분열에도 적용되어야 하리라는 가설을 무릅쓰고픈 유혹을 느낀다. 성적 차이가 궁극에는 인류의 사회적 분열의 일종의 영-제도라면, 즉 자연화된 최소한의 영-차이zero-difference라면, 그러니까 어떤 규정적인 사회적 차이를 표시하기에 앞서 이 차이 자체를 표시하는 하나의 분열이라면 어찌될 것인가? 그렇다면 다시금 헤게모니 투쟁은 이 영-차이가 다른 특정한 사회적 차이에 의해 어떻게 과잉결정될 것인가를 둘러싸고 벌어지는 투쟁이 될 것이다.

통상적으로는 간과되었던 것이나, 라캉의 기표 도식의 중요한 특징을 우리는 이러한 배경에 의거해 해석해야 할 것이다. 라캉은 표준적인 소쉬르적 도식(막대선 위에 '나무'라는 단어가, 아래에 나무의 그림이 있는)을 막대선 위에 나란히 있는 '신사'와 '숙녀'라는 두 단어와 그 막대선 아래에 있는 똑같은 문 두 개의 그림으로 대체한다. 라캉은 기표의 변별적 성격을 강조하기 위해, 우선 소쉬르의 단일 기표 도식을 한 쌍의 기표로 대체한다. 그것은 신사/숙녀의 대립, 즉 성적 차이다. 그러나 진짜 놀라운 것은 상상적 지시대상의 층위에서는 차이가 없다는 사실에 있다. 즉 라캉은 오늘날 대개의 화장실 문 위에서 흔히 보듯이 한 남자와 여자의 모습을 단순화하여 그린 그림과 같이 성적 차이의 어떤 도해적 지표가 아닌, 오히려 두 번 그려진 똑같은 문을 보여 주는 것이다. 성적 차이는 '실제적' 속성을 근거로 한 어떤 생물학적 대립이 아니라 지시된 대상들 속에서는 대응되는 것이 아무것도—기의라는 상像을 통해서는 포획할 수 없는 어떤 비한정적인 x의 **실재** 말고는 아무것도—없는 그런 순전히 상징적인 대립을 지시한다고 더 분명한 말로 진술하는 것이 가능한가?

다시 레비-스트로스의 두 개의 촌락 그림의 사례로 돌아가서, 바로 여기서 우리는 그 정확한 의미에서 실재는 왜상歪像을 통해 개입한다는 것을 볼 수 있다는 데 주목하자. 우리는 처음에는 움막들의 '실제적'이고 '객관적'인 배치를, 그런 다음에는 그 실제적인 배치를 공히 왜상적으로 왜곡하는 두 개의 서로 다른 상징화의 산물을 본다. 그렇지만 여기서 '실재'는 그 실제적인 배치가 아니라 실제적인 적대에 대한 부족 구성원의 시야를 왜곡하는 사회적 적대의 트라우마적 핵심이다. 따라서 적대는 현실을 보는 우리의 시각이 왜상적으로 왜곡되는 까닭에 부인된 X다. (여기에 덧붙이자면, 이 삼층장치는 꿈의 해석에 동원된 프로이트의 삼층장치와 엄밀하게 상동적이다. 꿈의 실제 중핵은 꿈의 현시적 조직으로 대체되거나 번역되는 잠재적 사고가 아니라 잠재적 사고의 바로 그 왜곡을 통해 꿈의 현시적 조직에 그 자신을 기입하는 무의식적 욕망이다.)

　오늘날 예술의 현장도 마찬가지다. 거기에서 **실재**는 무엇보다 배설물적 오브제, 즉 절단된 신체, 똥 등등의 충격적인 야만적 침입의 형태로 귀환하는 것이 아니다. 이 오브제는 분명히 제 장소를 일탈한 것들이다. 그러나 그것이 제 장소를 일탈한 것이 되기 위해서는, (텅 빈) 장소가 이미 그곳에 있어야 하며, 이 장소는 말레비치에서 출발한 '미니멀리즘' 예술에 의해 만들어진 본격 모더니즘의 두 개의 대립되는 아이콘, 즉 카지미르 말레비치의 <흰 표면 위의 검은 사각형>과 기성 물품을 예술작품으로 내놓는 마르셀 뒤샹의 작품전시는 이 지점에서 서로 연계된다. 일상적인 평범한 대상을 예술작품으로 승격시키는 데 깔려 있는 뒤샹의 생각은, 예술작품이 되는 것은 대상의 내재적 속성이 아니라는 것이다. 그 대상을 (혹은, 그 어떤 대상이건) 취하여 특정한 장소에 위치시킴으로써 예술작품으로 만드는 것은 바로 예술가 그 자신이다. 즉 예술작품이 되는 것은

'왜'가 아니라 '어디에'의 문제인 것이다. 말레비치의 미니멀리즘적 배치가 하고 있는 것은 단지 이 장소 자체를, 즉 그 범위 안에 놓여 있는 어떤 대상이든 예술작품으로 변형시키는 원초적인 마술의 속성을 지닌 하나의 텅 빈 장소(혹은 프레임)를 만드는—혹은 고립시키는—것이다. 요컨대, 말레비치 없이는 뒤샹도 없다. 그 모든 내용이 비어 있는 프레임/장소 자체를 고립시키는 예술적 실천이 있은 연후에야 우리는 레디메이드[9]의 절차에 몰두할 수 있다. 말레비치 이전에는, 하나의 변기는 가장 유명한 갤러리에서 전시되었다 할지라도 그저 변기에 머물렀을 것이다.

따라서 제 장소를 일탈한 배설물적 오브제의 출현은 아무런 대상을 담고 있지 않은 장소, 즉 텅 빈 프레임 그 자체의 출현과 엄밀히 상관적이다. 그러므로 현대예술에서 **실재**는 세 차원을 갖는데, 그 세 차원은 여하튼 **실재** 안에서 **상상계-상징계-실재**의 삼자관계를 반복한다. 거기에서 **실재**는 우선 왜상적 오점으로서, 즉 직접적인 현실 이미지의 왜상적 왜곡으로서 존재한다. 하나의 왜곡된 이미지로서, 객관적인 현실을 '주관화'하는 순전한 가상semblance으로서 말이다. 그런 다음, **실재**는 거기 텅 빈 장소로서, 하나의 구조로서, 즉 결코 현실적이지도 않고 그 자체로서 경험되지도 않으면서 오직 소급적으로만 구성될 수 있을 뿐이며 그 자체로 전제되어야만 하는 하나의 구성물로서 존재한다. 그것은 상징적 구성물로서의 **실재**다. 마지막으로, **실재**는 제 자리를 일탈한 외설적이고 배설물적인 **대상**, 즉 실재 '그 자체'다. 이 마지막 **실재**는 고립되어 있으나 매혹적

---

9) [옮긴이 주] 이는 일상적인 기성품을 예술적 의미를 지니는 예술작품으로 전시하는 것을 가리키는 용어이다. 이 명칭은, 뒤샹이 변기에 '레디-메이드'라는 제목을 붙여 전람회에 출품함으로써 일반화되었다.

/매력적으로 현존함으로써 구조적인 **실재**를 은폐하는 단순한 페티시 fetish다. 나치의 반유대주의에서 배설물적 **대상**으로서의 유태인이 사회적 적대라는 견딜 수 없는 '구조적' **실재**를 은폐하는 **실재**인 것처럼 말이다. 이 **실재**의 세 차원은 우리가 '평범한' 현실과 거리를 유지할 수 있게 해 주는 세 가지 방식에서 비롯된다. 그 세 가지 방식이란, 첫째는 이 현실을 왜상적 왜곡에 복속시키는 것이고, 둘째는 아무런 장소도 갖지 않는 하나의 대상을 도입하는 것이며, 셋째는 현실의 모든 내용(대상들)을 공제하거나 삭제하여 그 결과 이 대상들로 채워지는 바로 그 텅 빈 장소만이 남게 하는 것이다.

'탈세속적 사유'? 아니, 됐어!

라캉은 세미나 XX에서 종교적 문제틀을 강력하게 복권시킨다(신의 이름의 하나로서 **여성** 등). 그렇지만 본래적인 라캉의 **실재** 개념의 배경에 의거하여, 우리는 레비나스에 대한 모종의 데리다적 전유에서 궁극적으로 표현되는 이른바 해체의 '탈세속적' 전환이, 왜 그것을 옹호하는 몇몇 지지사들이 레비나스의 **타자**를 라캉의 **사물**Thing과 연결시키려고 그렇게 노력함에도 불구하고 라캉과 전적으로 양립할 수 없는지를 어렵지 않게 알 수 있다. 이 탈세속적 사유는 근대주의적 비판이 존재신학의 토대, 즉 지고의 존재자로서 신의 개념 등등을 침식했다는 것을 전적으로 시인한다. 그것의 요점은, 이 해체적 제스처의 궁극적인 결과로 영성靈性의 새롭고도 해체할 수 없는 형식을 위한, 즉 존재론에 앞서는 무조건적인

타자성과의 관계를 위한 계기가 마련되었다는 것이다. 인간 주체의 근본적인 경험이 자기-현전self-presence의 경험, 즉 모든 **타자성**을 변증법적으로 매개-전유하는 힘에 대한 경험이라기보다는 본원적인 수동성과 감지력sentiency의 경험, 반응의 경험이라면, 즉 결코 실정적 특질을 획득하지 않으며 항상 물러나 있는 **타자성**의 부름에 대한, 그것 자체의 부재의 흔적에 대한 무한한 부채와 책임의 경험이라면 어찌될 것인가? 우리는 여기서 프루동의 『철학의 빈곤』에 관한 마르크스의 유명한 경구(프루동의 의사擬似-헤겔주의적 사회이론은 현실의 환경 속에서 살고 있는 현실의 인민들이 아닌 이 환경 자체를, 그 환경에 생명을 부여하는 인민들을 탈취한 채로 제공한다)를 환기하고픈 유혹을 느낀다. 즉 탈세속적 해체는 우리에게 신이 깃들어 있는 종교적 모체가 아닌 이 모체 자체를, 그것을 지탱하는 신의 실정적 형상을 탈취한 채로 제공한다.

그와 똑같은 배치가 마르크스주의 정신에 대한 데리다의 '충실성'에서도 다음과 같이 반복된다. "적어도 나의 관점에서 해체는 하나의 급진화로서만, 다시 말하면 어떤 마르크스주의 전통 안에서만, 어떤 마르크스주의의 정신 안에서만 그 의미와 중요성이 있었다."10) 여기서 첫째로 주목해야 할 것은 (그리고 데리다가 틀림없이 알고 있는 그것은) 어떻게 이 '급진화'가 어구Letter와 정신Spirit 사이의 전통적인 대립에 의존하고 있는가이다. 즉 마르크스주의 전통의 진정한 정신을 재단언하는 것은 해방에 대한 진정한 메시아적 약속을 잿더미에서 구출하기 위해 그 문자 그대로의 어구語句(존재론의 전통에 돌이킬 수 없이 오염된, 마르크스의 특수한

---

10) Jacques Derrida, *Spectre of Marx*(New York: Routledge, 1994), p. 92.

분석들과 그가 제기한 혁명적 조치들)를 버리고 간다는 것을 의미한다. 눈에 띄지 않을 수 없는 것은, 그러한 '급진화'가 헤겔의 지양*Aufhebung*(에 대한 어떤 상식적인 이해)과 기이하게 가깝다는 점이다. 즉 메시아적 약속 속에서, 마르크스주의적 유산은 '지양'된다. 다시 말하면, 마르크스주의의 본질적 핵심은 그것의 특수한 역사적 형태를 극복하는/포기하는 바로 그 제스처를 통해 구원된다. 그리고—여기에 문제의 핵심이, 다시 말해 데리다의 작업의 핵심이 놓여 있는데—요점은 단순히 마르크스의 특수한 정식화와 그가 제기한 기준이 폐기되고 다른, 더 적절한 정식화와 기준으로 대체되어야 한다는 것이 아니라, 모든 특수한 정식화가, 특정한 경제-정치적 조치들로의 모든 번역이 마르크스주의의 '정신'을 구성하는 메시아적 약속을 배반한다는 것이다. 데리다가 마르크스를 '급진화'하면서 깔고 있는 전제는, 이 특정한 경제-정치적 조치들이 '급진적'이면 급진적일수록(크메르 루즈나 센데로 루미노소[11])의 킬링필드에 이르기까지) 더욱더 사실상의 급진성을 잃게 되고, 더욱더 형이상학적인 윤리-정치적 지평에 사로잡히게 된다는 것이다. 달리 말해, 데리다의 '급진화'가 의미하는 것은 어찌 보면 (더 정확하게, 실천적으로 말하면) 그 정반대다. 즉 그것은 모든 실제적인 급진적 정치적 조치들의 포기인 것이다.

데리다 정치학의 '급진성'은 '도래할 민주주의'라는 메시아적 약속과 그것의 모든 실정적인 구현 사이의 환원할 수 없는 간극과 관련되어 있다. 그것의 바로 그 급진성 때문에, 메시아적 약속은 영원히 약속으로 남는 것이다. 즉 메시아적 약속은 결코 일련의 특정한 경제-정치적 조치들로

---

11) [옮긴이 주] 페루에서 1980년대 초 중국 공산당을 모방해 무장 인민혁명을 지원하기 위해 만들어진 조직으로, 우리말로 '빛나는 길'이라는 뜻을 갖는 페루의 좌익 반군 게릴라 단체의 명칭이다.

번역할 수 없다. 결정할 수 없는 **사물**의 심연과 모든 특수한 결정 사이의 어긋남은 축소할 수 없다. 다시 말해 **타자**에 대한 우리의 부채는 결코 변제될 수 없으며, **타자**의 부름에 대한 우리의 응답은 결코 완전히 부합할 수 없다. 이러한 입장은 공히 그 간극을 중지시키는 원칙 없는 실용주의와 전체주의라는 한 쌍의 유혹에 대립되는 것이다. 실용주의가 어떠한 초월적 **타자성**도 참조하지 않고 단순히 정치적 행동을 기회주의적 책략으로, 맥락화된 상황으로의 제한된 전략적 개입으로 축소하는 반면, 전체주의는 무조건적인 **타자성**을 특수한 역사적 형상과 동일시한다(당은 직접적으로 구현된 역사적 이성이다).

요컨대, 우리는 여기서 특정하게 해체주의적으로 뒤틀려 있는 전체주의의 문제틀을 본다. '전체주의'는 그 가장 기본적인—존재론적이라고 말하고픈 유혹을 느끼기까지 하는데—차원에서 단순히 사회적 삶에 대한 총체적인 통제를, 사회를 총체적으로 투명하게 만드는 것을 목적으로 하는 정치적 힘이라기보다는 메시아적 **타자성**과 특정한 정치적 행위주체 간의 단락短絡이다. 따라서 '도래할[à venir]'이란 단순히 민주주의의 부가적인 한 자질이 아니라 그것의 가장 깊숙한 곳에 있는 중핵이며, 민주주의를 민주주의로 만드는 것은 그것이다. 민주주의가 더 이상 '도래할' 어떤 것이 아니라 실제적인 것—완전히 현실화된—인 것처럼 가장하는 순간 우리는 전체주의로 진입한다.

오해를 피하려면 이렇게 말해야 한다. 물론 이 '도래할 민주주의'는 단지 미래에 도착할 것이라 약속하는 민주주의가 아니며, 모든 도착은 영원히 연기된다고. 데리다는 정의에 대한 요구의 '긴급성'을, '지금-임'now-ness을 잘 알고 있다. 그에게 낯선 무언가가 있다면 그것은 진화의 이후 단계로 민주주의를 느긋하게 연기하는 것인데, 현재의 테러를 나중의 자유를 위한 필수조건을 창출하는 것으로서 정당화하는, 현재의 '프롤레타리아 독재'와 미래의 '완전한' 민주주의라는 유명한 스탈린주의적 구분이 그와 같은 것이다. 데리다가 보기에 그러한 '2단계' 전략은 존재론의 최악의 형식이다. 적당한 양의 (비)자유라는 그러한 전략적 경제와 대조적으로, '도래할 민주주의'는 윤리적 책임의 예견할 수 없는 긴급성/분출을 가리키는데, 이때 나는 갑자기 부름에 대답해야 할, 즉 견딜 수 없이 부당한 것으로 경험하는 상황에 개입해야 할 긴급성에 직면하게 되는 것이다. 그렇지만 데리다가 그럼에도 불구하고 정의의 메시아적 부름에 대한 그러한 유령적spectral 경험과 그것의 '존재론화', 즉 그것을 일련의 실정적인 법적·정치적 조치들로의 이항하는 것 사이의 환원할 수 없는 대립을 보존하는 것은 증상적이다. 혹은 윤리학과 정치학의 대립이라는 견지에서 말한다면, 데리다가 여기서 작동시키는 것은 윤리학과 정치학의 간극이다.

> 한편으로, 윤리학은 무조건적인 환대에 대한 무한한 책임감으로 규정된다. 반면 다른 한편으로, 정치적인 것은 아무런 규정적인 초월적 보증에 기대지 않고 결정을 내리는 것으로 규정할 수 있다. 그리하여 레비나스직 간극 hiatus은 데리다로 하여금 모험과 위험의 영역으로서 정치적인 것의 영역을 열어 놓게 하는 동시에 환대의 윤리학의 우위를 확언하게 한다.12)

따라서 윤리적인 것은 결정 불가능성의 토대–배경(back)ground이며, 반

---

12) Simon Critchley, *Ethics-Politics-Subjectivity* (London: Verso Books, 1999), p. 275.

면에 정치적인 것은 결정(들)의 영역, 즉 저 간극을 가로질러 메시아적 정의라는 이 불가능한 윤리적 요청을 결코 그 요청에 부합하지 않는—항상 (어떤) 타자들에게는 불공정한—특정한 개입으로 번역하는 위험을 전적으로 감수하는 영역이다. 그러므로 고유한 윤리적 영역은, 다시 말해 우리에게 절대적 책임을 지우면서도 결코 실정적인 조치/개입으로 번역되지 않는 무조건적인 유령적 요청은 어쩌면 정치적 결정의 형식적인 선험적 바탕/프레임이라기보다는 어떠한 규정적인 결정도 완전히 '과녁을 맞힐' 수 없다는 것을 보여 주는, 그 결정에 내속되어 있는 비한정적인 차이差移, *differance*일13) 것이다.

무조건적인 윤리적 명령과 실용적인 정치적 개입의 이 허약한 일시적인 결합은, 이성과 경험의 관계에 대한 칸트의 유명한 정식화를 이렇게 바꿔 말함으로써 가장 잘 표현할 수 있겠다. "정치학 없는 윤리학은 공허하고 윤리학 없는 정치학은 맹목이다."14) 이 해결이 고상한 만큼(여기서 윤리학은 정치적인 것의 가능성의 조건인 **동시에** 불가능성의 조건인데, 왜냐하면 그것은 큰 타자 속에서 아무런 보증도 구하지 않는 하나의 행위로서 정치적 결정을 위한 공간을 열어젖히는 동시에 그것의 궁극적인 실패를 비난하기 때문이다), 그것은 윤리적인 것과 정치적인 것의 거리가 붕괴되는 라캉적 의미에서의 행위와 대립하게 된다.

안티고네의 사례를 생각해 보자. 그녀는 전체 사회조직을 붕괴시키는

---

13) [옮긴이 주] 기존에 흔히 '차연差延'으로 번역되어 온 데리다의 개념 'différance'는 여기서는 '차이差移'로 번역했다. 이는 이성원·진태원의 번역을 따른 것이다. 이렇게 번역하는 까닭에 대해서는 자크 데리다, 『법의 힘』(진태원 옮김, 문학과지성사, 2004), 199~202쪽에 상세히 되어 있는 용어해설을 참조할 것.

14) 같은 책, p. 283.

사물의 **타자성**에 대한 무조건적인 충실성을 예증한다고 말할 수 있다. 인륜성*Sittlichkeit*의 윤리학이라는 관점, 즉 간주체적 집합체인 폴리스를 규율하는 습속이라는 관점에서 보면, 그녀의 주장은 사실상 '미친' 파괴적인 악이다. 달리 말하면, 안티고네는—영원히 '도래할' 메시아적 약속이라는 해체주의적 개념의 견지에서—원초적인 전체주의적 인물이 아닌가? **사물**로서의 **타자**, 즉 우리에게 무조건적인 명령을 전달하는 심연의 **타자성**과 **제3자**로서의 **타자**, 즉 다른 사람(다른 '정상적인' 인간)과의 만남을 매개하는 작인—거기에서 이 **제3자**는 상징적 권위의 형상일 수 있고, 그렇지 않으면 다른 사람과의 교환을 규율하는 '비인격적인' 일련의 규칙들일 수도 있다—사이의 긴장(그것은 윤리적 공간의 궁극적인 좌표를 제공한다)과 관련하여, 안티고네는 상징적 매개/화해의 작인인 **제3자**로서의 **타자**를 가려 버리는, **사물**로서의 **타자**에 대한 배타적이고 비타협적인 애착을 대표하지 않는가? 혹은 조금은 아이러니한 용어로 말하자면, 안티고네는 탁월한 안티-하버마스가 아닌가? 합리적인 토론을 통해 크레온에게 자신의 행위에 대한 충분한 이유를 납득시키려는 어떤 대화도 어떤 시도도 없고, 단지 그녀의 권리에 대한 맹목적인 주장만이 있을 뿐이다. 설사 이른바 '토론'이 있다고 해도, 그것은 크레온 측에만 있을 뿐이지(폴리네이케스를 매장하면 공공의 불안을 선동하게 될 것이다 운운하는), 그와 대조되는 안티고네의 입장은 궁극에는 다음과 같은 동어반복적인 주장이다. "좋아요. 마음대로 말하세요. 허나 그건 아무것도 바꾸지 못할 거예요. 난 내 결정을 고수할 테니까요!"

    이것은 공상적인 가설이 아니다. 라캉을 원초적 칸트주의자로서 읽는 몇몇 이들은 라캉이 안티고네의 무조건적인 주장을 비난했다고 주장하면

서, 즉 그것을 치명적인 **사물**로부터 적절한 거리를 상실한, **사물**에 직접적
으로 함몰된 비극적인 자살의 사례로 비난했다고 주장하면서, 안티고네에
대한 라캉의 해석을 사실상 (오)독해한다.15) 이런 관점에서 보면 크레온
과 안티고네의 대립은 비원칙적인 실용주의와 전체주의 간의 대립이다.
가령 크레온은 전체주의자이기는커녕 국가와 시민의 평화의 원활한 작동
을 동요시키는 어떤 행동이라도 무자비하게 진압하는 실용주의적인 국가
정치인처럼 행동한다. 더욱이 기본적인 승화의 제스처 그 자체는, 대상을
사물로 고양시킨다(승화에서, 어떤 것—우리의 일상적인 현실의 일부분
인 하나의 대상—은 주체가 생명 자체보다 더 중요하게 여기는 무조건적
인 대상으로 고양된다)는 점에서, '전체주의적'인 것이 아닌가? 그리고
어떤 특정한 대상과 **사물** 사이의 이 단락短絡은 '존재론적 전체주의'의
최소한의 조건이 아닌가? 이 단락에 반대하는 것으로서 해체주의의 궁극
적인 윤리적 교훈은 **사물**을 여하한 특정한 대상으로부터 분리하는 간극
은 축소할 수 없는 것이라는 생각이 아닌가?

타자: 상상적, 상징적, 실재적

여기서 문제는 라캉의 '**실재**의 윤리학'—어떤 상상적인 **선**에도, 순전히
상징적인 보편적 **의무**의 형식에도 초점을 맞추지 않는 윤리학—이 궁극

15) Rudolf Bernet, "Subjekt und Gesetz in der Ethik von Kant und Lacan", in *Kant und Psychoanalyse*, ed. Hans-Dieter Gouder and Peter Widmer (Frankfurt: Fischer Verlag, 1994), pp. 15~27.

적으로 주체가 무한히 빚지고 있는 근본적인 **타자성**과의 트라우마적 조우라는 이 해체주의적-레비나스적 윤리학의 그저 또 다른 판본인지 여부다. 라캉 스스로 윤리적 사물이라고 부른 것의 궁극적인 참조점은 결코 **주체**와 그의 **타자**의 대칭적인 상호인정—이러한 상호인정 속에서 헤겔주의적-기독교적인 간주체적 투쟁의 변증법은 그 해결책을 발견하며, 다시 말해서 두 개의 대극은 완전히 매개된다—으로 환원할 수 없는, 환원 불가능한 **타자성**의 심연적 차원에서의 이웃*der Nebenmensch*이 아닌가?

이 점을 시인하고픈 유혹이 대단함에도 불구하고, 라캉이 법에서 사랑으로의, 요컨대 유대교에서 기독교로의 이행을 어떻게 성취했는가를 역설해야 하는 것은 바로 여기서다. 라캉에게 윤리학의 궁극의 지평은 심연적 **타자성**에 대한 무한한 부채가 아니다. 그에게 있어 행위는 '큰 **타자**'를 중지시키는 것과 상관적이다. 여기서 '큰 **타자**'라는 것은 주체의 현존의 '실체'를 형성하는 상징적 네트워크만을 의미하는 것이 아니다. 그것은 또한 윤리적 **부름**의 부재하는 원작자를 의미한다. 즉 우리에게 말을 거는, 그리고—(레비나스의 용어로 말하자면) 주체는 '응답'함으로써 현존하는 것이기 때문에, 다시 말해 우리는 **타자**의 **부름**에 응답하여 주체로서 출현하기 때문에—우리가 그에 대해 환원할 수 없이 빚을 지고 있고/있거나 책임이 있는 자를 의미한다. 고유한 (윤리적) 행위는 나의 이웃 같은 동료(감상적 휴머니즘의 재료)의 동정적인 호소에 대한 응답도 아니고, 불가해한 **타자**의 부름에 대한 응답도 아니다.

어쩌면 여기에서 우리는 데리다 그 자신을 거슬러 데리다를 읽는 위험을 무릅써야 할지도 모른다. 『엠마뉘엘 레비나스에게 안녕을』*Adieu à Emmanuel Levinas*에서, 데리다는 결정을 그것의 통상적인 형이상학적 술어들(자율성, 의식, 능동성, 주권 등등)로부터 분리하고 그것을 '내 안에 있는 타자의 결정'으로 사고하려고 한다. "사건의 조건인 수동적 결정은 언제나 내 안에서, 구조적으로, 하나의 타자적 결정이며, 타자의 결정으로서의 분열시키는 결정이다. 내 안에 있는 절대적인 타자의, 내 안에서 나에 대해 결정하는 절대자로서 타자의 결정."16) 사이먼 크리츨리가 '내 안에 있는 타자의 결정'이라는 이 데리다의 개념을 그것의 정치적 결과와 관련하여 설명하려고 할 때, 그의 정식화는 근본적인 애매성을 보여 준다.

> [……] 정치적 결정은 무로부터ex nihilo 내려지는 것이지, 이를테면 하버마스에게서 그런 것처럼 미리 주어진 정의 개념이나 혹은 도덕법칙으로부터 연역되거나 읽어 내는 것이 아니며, 그럼에도 불구하고 그것은 자의적이지 않다. 정치적 개입을 이끌어 내는 것은, 즉 내가 규범을 창안하고 결정을 내리도록 자극하는 것은, 내 안에 있는 타자의 결정에 의해 환기되는 요구다.17)

이 구절을 꼼꼼히 읽어 보면, 우리는 돌연 결정의 두 가지 층위를 갖게 된다는 것을 알아차린다. 간극은 타자의 심연적인 윤리적 부름과 이 부름을 어떻게 구체적인 개입으로 번역할 것인가에 대한 나의 (궁극적으로 항상 부적합한, 실용주의적인, 계산적인, 우연한, 토대가 없는) 결정 사이에만 있는 것이 아니다. 결정 자체는 '내 안에 있는 타자의 결정'과 이 내 안에 있는 타자의 결정에 대한 나의 대답으로서 어떤 실용주의적인 정치적 개입을 성취하려는 나의 결정으로 분열된다. 요컨대, 첫 번째 결정

---

16) Jacques Derrida, *Adieu à Emmanuel Levinas* (Paris: Galilée, 1997), p. 87.
17) Critchley, 같은 책, p. 277.

은 내 안의 **사물**이 내리는 결정하라는 명령과 동일시되고, 또 그것으로 확인된다. 그것은 **결정**에 대한 **결정**_decision to decide_이며, 이 결정에 대한 결정을 구체적인 실제적 개입으로 번역하는 것은—즉, 이 개입이 실용주의적/전략적 고려사항들을 준수해야 하는, 그래서 그 개입이 결코 결정 그 자체의 층위에 있지 않은 어떤 개별적 상황으로부터 '새로운 규칙을 창안하는' 것은—여전히 나(주체)의 책임으로 남는다.

이 두 층위의 구별은 안티고네의 행위에 들어맞는가? 오히려 그녀의 결정(오빠의 장례를 적절히 치러주어야 한다는 무조건적인 주장)은 정확히 결정의 그 두 차원이 **겹쳐지는** 하나의 **절대적인** 결정이 아닌가? 이것이 라캉적 행위인바, 거기서는 절대적 자유, 자율성, 책임감의 심연이 무조건적인 필연성과 일치한다. 즉 나는 행위를 반성 없이, 자동기계처럼 수행하지 않을 수 없다는 느낌을 갖는다(나는 단지 그것을 해야만 한다, 그것은 전략적 숙고의 문제가 아니다). 더 '라캉적인' 용어로 말하자면, '내 안에 있는 타자의 결정'이라는 것은, '말하는 자는 나, 즉 주체가 아니다. 나를 통해 말하고, 그래서 내가 그것에 의해 말해지는 것이 바로 **타자**, 즉 상징적 질서 그 자체다'라고 하는 낡은 구조주의적인 전문용어로 뒤덮인 구절, 그리고 여타 유사한 수다스런 말들을 가리키는 것이 아니다. 그것은 더욱더 근본적이고 전례 없는 어떤 것을 가리킨다. 안티고네가 자신의 결정을 고집하는 데서 그러한 요지부동의 비타협적인 완강함을 보이는 것은, 정확히 자신의 특수한/확고한 결정과 **타자(사물)**의 명령/부름을 **직접적**으로 동일시하기 때문이다. 거기에 안티고네의 괴물스러움이, 데리다가 환기한 결정의 키에르케고르적 '광기'가 있다. 안티고네는 단순히 **타자─사물**과 관련되어 있는 것이 아니다. 결정의 짧은 지나가는 순간에 그녀는 곧바로 **사물**이며, 그리하여 상징적 규제들의 매개적 작인에 의해 규율되는 공동체에서 스스로를 배제한다.

'타자'라는 주제는 그 타자의 상상적·상징적·실재적 국면을 볼 수 있게 만드는 일종의 유령적 분석에 종속되어야 한다. 그것은 어쩌면 이 세 차원을 결합하는 '보로매우스의 매듭'이라는 라캉주의적 개념의 궁극의 사례를 제공할 것이다. 첫째로, 상상적 타자가 있다. 이는 '나와 같은' 다른 사람들, 즉 나와 함께 경쟁, 상호인정 등의 거울 같은 관계에 연루되는 동료 인간 존재들이다. 그 다음으로 상징적인 '큰 타자'가 있다. 이는 우리의 사회적 현존의 '실체', 즉 우리의 공존을 조정하는 비인격적인 일련의 규칙들이다. 마지막으로 **실재**로서의 **타자**, 불가능한 **사물**, '비인간적인 파트너', 상징적 **질서**에 의해 매개되는 어떠한 대칭적인 대화도 가능하지 않은 **타자**가 있다. 중요한 것은 이 세 차원이 어떻게 연결되어 있는가를 파악하는 것이다. **사물**로서의 이웃(*Nebenmensch*)이 의미하는 것은 나의 닮은꼴로서의, 나의 거울상으로서의 이웃 아래에는 항상 근본적 **타자성**이라는 헤아릴 수 없는 심연이, '순화'할 수 없는 괴물스러운 **사물**이 잠복해 있다는 사실이다. 라캉은 이런 차원을 이미 세미나 III에서 암시하고 있다.

그리고 [**타자**the Other는] 왜 대문자 O로 쓸까요? 우리가 언어가 제공하는 것을 보충하는 기호들을 쓸 수밖에 없을 때는 언제나 그러하듯, 틀림없이 어떤 망상적인 이유 때문입니다. 그 망상적인 이유는 다음과 같습니다. "당신은 내 아내야"—결국, 당신은 그것에 관해 무엇을 알고 있지요? "당신은 나의 주인입니다"—실은, 당신은 그토록 확신하고 있나요? 정확히, 이 말의 정초적foundational 가치를 구성하는 것은 이렇습니다. 즉 그 메시지에서 겨냥되고 있는 것은, 그리고 그 시늉에서 명백히 드러나는 것은, 타자가 절대적 타자로서 거기 있다라고 하는 것이지요. 절대적이라는 것, 다시 말해서 그는 인정되기는 하지만 알려지지는 않는다는 것이지요. 마찬가지로 시늉을 구성하는 것은, 그것이 시늉인지 아닌지를 당신이 궁극적으로 알지 못한다는 것이지요. 말이 타자에게 말해지는 그 층위에서 말 관계를 특징짓는 것은 본질적으로 타자의 타자성 속에 있는 바로 이 알려지지 않은 것입니다. (세미나 III, 48/37~38)

'정초하는 말founding word'—즉 당신에게 하나의 상징적 직함을 제공하고 그리하여 당신을 지금의 그 무엇(아내 혹은 주인)이게끔 하는 진술—이라고 하는 1950년대 초의 라캉의 개념은 통상적으로 수행성 이론의 한 반향으로 인식된다(라캉과 오스틴 사이의 연결고리는 수행성 개념을 창안한 에밀 벤베니스트였다). 그렇지만 위 인용문을 보면, 라캉이 그 이상의 어떤 것을 겨냥하고 있는 것이 분명하다. 그에 따르면, 우리는 정확히 우리가 조우하는 타자가 상상적인 닮은꼴일 뿐만 아니라 어떠한 상호교환도 가능하지 않은 **실재적 사물**이라는 포착할 수 없는 절대적 **타자**인 한에서만 수행성에, 상징적 계약에 호소할 필요가 있다. **사물**과의 공존을 최소한이라도 견딜만한 것으로 만들기 위해서는 **제3자**로서의 상징적 질서, 즉 진정시키는pacifying 매개자가 개입해야 한다. 즉 거친 **타자-사물**을 '평범한 동료 인간'으로 '순화gentrification'하는 일은 우리의 직접적인 상호작용을 통해서는 일어날 수 없으며, 우리 양쪽 모두가 복종해야 하는 제3의 작인을 전제한다. 비인격적인 상징적 **질서**가 없이는 상호주체성은(인간들 사이의 대칭적인 공동의 관계는) 존재하지 않

는다. 따라서 두 항 사이의 그 어떤 축도 제3의 것이 없이는 존속할 수
없다. 큰 타자의 작용이 정지된다면 친밀한 이웃은 괴물스런 사물(안티
고네)과 일치할 것이다. 또 내가 인간 파트너로서 관계할 수 있는 이웃이
없다면, 상징적 질서 자체는 나에게 직접 기생하는 괴물스런 사물(예컨
대, 나를 직접 통제하고 향유의 광선으로 나를 투과하는 다니엘 파울 슈
레버의 신18))로 바뀔 것이다. 우리의 일상적인, 상징적으로 규제된 타인
들과의 교류를 떠받치는 사물이 없다면 우리는 '밋밋한' 방부 처리된 하
버마스적 세계에 있게 될 터인데, 거기에서 주체는 그들의 과도한 열정
의 불손함을 박탈당하고 규제된 의사소통의 게임 속에서 생명 없는 저
당물로 환원된다. 안티고네-슈레버-하버마스. 이것은 실로 섬뜩한 삼각
관계*ménage à trois*다.

역사주의와 실재

그렇다면 우리는 라캉의 실재가 (실체화된, 원原-초월적인, 전前-역사
적인, 전前-사회적인) '상징적 질서', 다시 말해 '큰 타자'와 우연적인 사회-
상징적 투쟁의 장으로서의 '사회' 사이의 대립을 포함한다는 주디스 버틀
러의 유명한 이의제기에 어떻게 대답할 수 있는가? 라캉에 대한 그녀의
주된 반론은 역사적으로 우연적인 형성물을 (비록 그것이 결여 그 자체라
고는 해도) 하나의 원原-초월적인 사회 이전의 형식적 선험성a priori으로

---

18) [옮긴이 주] 이에 대해서는 지그문트 프로이트(김명희 역), 「편집증 환자 슈레버: 자서전적 기록
에 의한 정신분석」, 『늑대인간』, 프로이트전집 9권(열린책들, 2004)을 참조할 것.

실체화한다는 기초적인 비난으로 환원할 수 있다. 그렇지만 이런 비판적인 추론 노선은 (라캉의) **실재**가 역사 이전의 선험적인 상징적 규범으로 아무 말 없이 환원되는 한에서만 작동한다. 오직 이 경우에만 라캉적인 성적 차이를 하나의 이상적인 규정적 규범으로 생각될 수 있고, 성적 삶의 모든 구체적인 변형들은 이 주제화할 수 없는 규범적인 조건에 의해 제약된 것으로 생각할 수 있는 것이다. 물론 버틀러는 라캉의 "*il n'y a pas de rapport sexuel*[성 관계는 존재하지 않는다]"이라는 말이 모든 '실제적인' 성 관계는 항상 실패로 얼룩져 있음을 의미한다는 것을 알고 있다. 그렇지만 그녀는 이 실패를, 상징적인 규범을 완전히 실현하는 데 있어 성적 삶의 우연적인 역사적 현실의 실패로 해석한다. 거기에는 이상이 여전히 존재하고 있는 것인데, 그것은 문제가 되고 있는 그 육체—우연적이고 역사적으로 형성된 육체—가 이상을 따르지 않을 때조차도 그렇다.

내가 말하고 싶은 것은 이런 것이다. 즉 라캉이 "*il n'y a pas de rapport sexuel*"이라는 말로써 겨냥하고 있는 것이 무엇인지를 포착하기 위해서는, 우선은 실재적인/불가능한 것으로서의 성적 차이라는 것이 현실이 결코 도달할 수 없는 암묵적인 상징적 규범으로 작용하기는커녕 정확히 그런 규범이란 존재하지 않음을 의미한다는 것을 강조해야만 한다. 성적 차이는 성적 차이의 모든 '형식화'를 항상 실패로 돌아가게 만드는 '불가능성의 근저根底'이다. 따라서 우리는 버틀러가 '경쟁하는 보편성들 competing universalities'이라 이야기했던 그런 의미에서, 성적 차이의 경쟁하는 상징화들/규범화들을 이야기할 수 있다. 성적 차이를 '형식적'인 것이라고 말할 수 있다면, 그것은 분명 이상한 형식이다. 그 형식은 정확히 그것을 포획하려고 하는 모든 보편적 형식을 결과적으로 침식하게 되는 그런 형식이다.

혹여 보편과 특수의, 초월적인 것과 우연적/정념적인 것의 대립을 참조할 것을 고수한다면, 우리는 성적 차이는 보편성 자체보다 더 보편적인 특수자의 역설이라고 말할 수 있을 것이다. 그것은 항상 어떻게든 규범적인 이상성 그 자체를 탈선시키거나 동요시키는 하나의 우연적인 차이, (칸트적인 의미에서의) '정념적' 영역의 나누어질 수 없는 잔여다. 따라서 성적 차이는 규범적이기는커녕 가장 근본적인 의미에서 정념적이다. 그것은 대칭적 친근성에 관한 모든 상징적 허구들이 헛되이 제거하려고 노력하는 우연적인 오점인 것이다. 성적 차이라는 **실재**는 성적 배치의 다양성을 사전에 제약하기는커녕 그것의 우연적인 증식을 작동시키는 트라우마적 원인이다.19)

이런 **실재** 개념은 또한 라캉이 '큰 타자'를 일종의 역사 이전의 초월적인 선험성으로 실체화했다는 버틀러의 비난에 답할 수 있게 해 준다. 왜냐하면 우리가 이미 보았듯이, 라캉이 "큰 타자는 존재하지 않는다"고 단호하게 주장했을 때, 그가 말하는 요점은 정확히 역사적 우연성에서 면제된 선험적인 형식적 구조적 체계는 존재하지 않으며 오직 우연적인, 허약한, 일관적이지 않은 배치만이 존재한다는 것이기 때문이다(게다가 라캉에게 **'아버지의 이름'**은 아버지의 상징적인 권위에 밀착해 있기는커녕 이 구조적 비일관성을 은폐하는 하나의 속임수, 즉 가상semblance이다). 달리

19) 나는 물론 여기서 조운 콥첵의 선구적인 글 "Sex and the Euthanasia of Reason", in *Read My Desire*(Cambridge: MIT Press, 1995), pp. 201~236에 기대고 있다. [국역본은 이 책에 「성과 이성의 안락사」라는 제목으로 함께 묶여 있다.] 성적 차이에 대한 라캉적 개념의 철학적 토대와 결론을 다루고 있는 이 논문이 라캉에 대한 수많은 페미니스트들의 공격 속에서 어떻게 아무 말 없이 누락되었는가 하는 것은 증상적이다.

말하면, **실재**는 **상징계**에 내속적內屬的이라는 주장은 "큰 **타자**는 존재하지 않는다"는 주장과 엄밀히 등가적이다. 라캉적 **실재**는 상징계의 모든 이상성을 우연적이고 비일관적으로 만들면서 오염시키는, 트라우마적인 '목에 걸린 뼈'인 것이다.

이런 까닭에, **실재**는 역사성과 대립하기는커녕 역사성의 바로 그 '비역사적' 토대이며, 역사성 그 자체의 선험성이다. 따라서 우리는 전前-역사적인 선험성으로서의 **실재**와 '큰 타자'에 대한 버틀러의 기술이 라캉의 체계 속에서는 그것들의 실제적 작용으로 바뀌는 전체 지형의 변화를 볼 수 있다. 버틀러는 그녀의 비판적인 서술 속에서, 비록 결코 완전히 실현되지 않고 역사의 우연성 때문에 그 완전한 적용이 좌절되기는 하지만 하나의 규범으로서 존속하는 이상적인 '큰 타자'를 묘사하는 반면, 라캉의 체계는 그 대신 어떤 트라우마적인 '특수한 절대자', 즉 상징화에 저항하는 어떤 중핵과 그것을 상징화/규범화하려고 헛되이 노력하는 (버틀러 고유의 용어를 쓰자면) '경쟁하는 보편성들' 사이의 긴장에 주목한다. 상징적인 선험적 **형식**과 역사/사회성 사이의 간극은 라캉에게는 전적으로 낯선 것이다. 라캉의 작업에 동원되는 '이원성'은 선험적 형식/규범, 즉 상징적 **질서**와 그것의 불완전한 역사적 실현의 이원성이 아니다. 버틀러와 마찬가지로 라캉에게도 우연적, 부분적, 비일관적인 상징적 실천들의 바깥에는 **아무것도 없으며**, 그것들의 궁극적인 일관성을 보증해주는 '큰 타자'는 존재하지 않는다. 그렇지만 버틀러와 역사주의와는 대조적으로, 라캉은 역사성을 다른 방식으로 근거 짓는다. 그는 역사성을 상징적 체계 너머에 있는 '사회'라고 하는 단순한 경험적 과잉excess 속에서가 아니라 상징적 과정 그 자체의 내부에 존재하는 저항적 중핵 속에서 근거 짓는 것이다.

따라서 라캉의 **실재**는 단지 개념화의 중립적 경계를 가리키는 하나의 기술적技術的인 용어가 아니다. 우리는 여기서 **실재**로서의 트라우마와 사회-상징적인 역사적 실천 영역 사이의 관계를 가능한 한 정확하게 파악해야 할 것이다. **실재**는 전前-사회적인 것도, 어떤 사회적 효과인 것도 아니다. 오히려 요점은 **사회적인 것** 그 자체는 어떤 트라우마적인 **실재**를 배제함으로써 **구성된다**는 점이다. '**사회적인 것** 바깥에' 존재하는 것은 어떤 실정적인 선험적 상징적 형식/규범이 아니라 단지 그것을 부정적으로 정초하는 제스처 그 자체다.

결론적으로, 우리는 '이항' 대립으로서의 성적 차이에 대한 표준적인 포스트모던적 거부를 어떻게 논박해야 하는가? 우리는 이를 계급 적대와의 관련성에 대한 포스트모던적 거부와 견주고픈 유혹을 느낀다. 이 관점에 따르면 계급 적대는 모든 여타의 적대를 그것의 '표현'으로 환원하는 궁극적인 해석학적 참조점으로 '본질화'되어서는 안 되는데, 왜냐하면 오늘날 우리는 새롭고도 다양한 정치적(계급적, 인종적, 게이적, 생태론적, 페미니즘적, 종교적) 주체성이 번성하는 것을 목격하고 있기 때문이며, 그들 사이의 동맹은 개방적이고 전적으로 우연적인 헤게모니 투쟁의 결과이기 때문이다. 그렇지만 알랭 바디우와 프레드릭 제임슨처럼 다른 철학자들은 라이프스타일의 다양성에 대한 오늘날의 다문화주의적 찬양과 관련하여 이 차이의 번성이 어떻게 그 근저에 있는 **일자**One에, 다시 말해 차이, 적대적 간극의 근본적인 제거에 의존하고 있는가를 지적해 왔다.[20]

---

20) 알랭 바디우는 그의 책 *Deleuze* (Paris: PUF, 1998) [국역본: 박정태 옮김, 『들뢰즈—존재의 함성』, 이학사, 2001]에서 번성하는 리좀적 다양성의 철학자인 들뢰즈가 어떻게 그와 동시에

해체되어야 할 '이항대립'으로서 성적 차이에 대한 다음과 같은 표준적인 포스트모던적 비판도 마찬가지다. "두 개의 성만이 존재하는 것이 아니라 다양한 성과 성 정체성이 존재한다." 이 모든 사례들에서 우리가 '번성하는 다양성'을 들여오는 순간, 우리가 사실상 단언하게 되는 것은 정반대다. 그것은 근본적인, 모든 곳에 충만한 **동일함**Sameness이다. 달리 말하면, 전체 사회적 신체에 영향을 끼치는 근본적인, 적대적 간극이라는 개념은 제거된다. 여기서 비적대적인 **사회**란 문화적 공동체, 라이프스타일, 성적 성향의 모든 다양성에 충분한 자리를 마련해 주는 바로 그 전지구적 '용기 容器'다.21)

근대철학에서 가장 급진적인 단자론자인지를, 동일성의 철학자, 즉 모든 차이에 퍼져 있는 **일자**One의 철학자인지를 충분히 강조한다. 그에 따르면, 그것은 들뢰즈의 글쓰기의 내용 층위에서뿐만 아니라 형식적 절차의 층위에서도 이미 그렇다. 들뢰즈의 스타일은 철학적 체계에서부터 문학과 영화에 이르기까지 그가 분석하고 있는 모든 현상들 속에서 동일한 개념적 패턴이나 모체를 확인하려는 집요한 강박에 의해 특징지어지지 않는가?

21) 적대가 이자관계가 될 수밖에 없는, 다시 말해 왜 차이의 '증식'이 근본적인 **일자**One의 재확언에 이르게 되는가에 대한 정확한 **철학적** 근거가 있다. 헤겔이 강조했듯이, 모든 유類는 오직 두 개의 종種만을 갖는다. 다시 말하면, 종적 차이는 궁극적으로 유 자체와 그것의 '본래적' 종 사이의 차이다. 이를테면 우리 세계에서, 성적 차이는 단순히 인간 유의 두 종 사이의 차이가 아니라 본래적 유를 대표하는 한 항(남자)과 본래적 유 안에서 **차이**를, 즉 그것을 상술하는 특수한 계기를 대표하는 다른 항(여자) 사이의 차이다. 따라서 변증법적 분석에서는, 다양한 종들의 현상이 나타날 때에도, 우리는 항상 직접적으로 본래적 유를 체현하는 예외적인 종을 찾아야 한다. 진정한 **차이**는 이 종과 다른 모든 종들 사이의 '불가능한' 차이다.

사랑과 성적 차이: 남자와 여자의 이중화된 파트너들

❧ 레나타 살레츨 ❧

　왜 남자와 여자는 곧잘 그들의 파트너를 두 인물로, 그러니까 하나는 안정적인 파트너로, 다른 하나는 손에 넣기 힘든 연인으로 이중화하는가? 그러한 이중화 경향이 있는 사람들은 늘 결혼생활의 강압성에 대해 불평하며 파트너가 그들에게 가하는 것만 같은 제약들을 피해 달아나는 꿈을 꾼다. 그러나 막상 그들의 불행한 결혼이 실제로 파경에 이르면 결혼생활을 불평했던 이들은 종종 존재 근거를 잃고 아무 열정도 없는 고독한 생활에 스스로를 가두고 만다. 이런 경우들 대부분이 히스테리 연극을 보여 준다. 즉 고통을 겪고 있는 파트너는 바로 그 고통 속에서 모든 향유를 얻고 있으며 따라서 실제 상황 변화는 히스테리증자에게 파국을 초래

할 뿐이라는 것이다. 그러나 히스테리증자의 연극을 이해하기는 쉽다 해
도 문제는 여전히 남아 있다. 즉 그 두 파트너(예컨대 강압적인 남편과
획득하기 힘든 연인)는 이 드라마에서 어떤 종류의 역할을 맡고 있는가
하는 점이다. 여자와 남자는 동일한 방식으로 자신의 파트너를 이중화하
는 것일까? 특별히 성적 차이는 어떻게 그러한 이중화에 영향을 끼치는
가? 또한 파트너의 이중화는, 다른 이의 사랑을 부추기려는 주체가 자신이
사랑하는 그 사람의 주목을 끌기 위해 종종 자기가 다른 누군가인 듯
행세한다는 사실, 다시 말해 자기 자신을 이중화한다는 사실과 어떻게
연관되어 있는가?

　　이중화된 파트너의 문제는 애니타 브루크너의 많은 소설 속에 잘 예시
되어 있다. 『달라진 상태』와 『비공개 관람』은 어떻게 남자가 자신의 파트
너를 이중화하는가에 초점을 맞추고 있는 반면, 『로기에 가에서 일어난
사건들』, 『감은 눈』, 『뒬락 호텔』은 어떻게 여자가 자기 삶의 파트너를
거부하고 가까이 가기 힘든 어떤 연인을 꿈꾸는가에 관한 세 가지 다른
시나리오를 제공한다.1) 이 사례들은 라캉의 성 구분 공식에서 제시되었던
성적 차이를 도해하는 데, 아울러 이 차이가 남성의 애정관계 및 여성의
애정관계에 영향을 미치는 방식을 도해하는 데 도움이 될 것이다.

---

1) Anita Brookner, *Altered States* (London: Penguin Books, 1997); *A Private View* (New York: Vintage Books, 1996); *Incidents in the Rue Laugier* (London: Penguin Books, 1993); *A Closed Eye* (London: Penguin Books, 1992); *Hotel du Lac* (London: Penguin Books, 1993).

사랑에 빠진 남자들

『달라진 상태』의 주인공 앨런은 주의 깊고 또 혼자 있기를 좋아하는 법무관으로서, 육감적인 사촌 새라와 짧은 방종을 즐기기 전까지 그의 삶은 세심하게 정리되어 있었다. 이 사건 이후 새라는 외국으로 이사를 가고, 앨런과 계속 연락을 주고받는 데 전혀 관심을 보이지 않는다. 외로움에 지친 앨런은 새라의 친구 앤젤라와 결혼하지만 은밀히 새라를 두고 몽상을 계속한다. 한번은 새라를 찾을지도 모른다는 희망을 품고 파리로 도망쳐 보기까지 하지만 그가 상상했던 랑데부는 이루어지지 않는다. 하지만 앨런의 짧은 부재중에 집에서는 엄청난 일이 일어난다. 앤젤라가 아이를 사산하고 깊은 실의에 빠져 급기야는 자살을 감행한 것이다. 앨런은 앤젤라의 죽음에 무거운 죄책감을 느끼지만 새라에 관한 몽상을 그치지는 않는다. 새라와 앨런이 모두 중년이 되었을 때 그들은 마침내 다시 만난다. 앨런은 새라가 아름다움을 잃어 버렸음을 알아차린다. 이제 그가 그녀에게 느끼는 매혹은 예전만 못하며, 그녀 쪽에서도 그에게 아무런 감정이 없기는 마찬가지라는 것 또한 눈치 채게 된다. 하지만 그들에게 어떠한 미래도 없다는 사실을 알면서도 앨런은 그녀를 향한 사랑을 저버리지 않는다. 심지어는 상당히 좋아하는 여자친구를 만날 때에도 그는 그 여자친구와 연애를 하지는 않겠다고 결심한다. 그는 자신의 삶의 구조를—질서정연하고 고독한 자신의 생활방식을, 그리고 과거의 열정적인 만남에 관한 기억을—바꾸고 싶지 않기 때문이다.

이 소설은 앨런과 그의 아내가 그들의 사랑 없는 결혼의 구조와 어떤 관계를 맺고 있는가에 관한 앨런의 다음과 같은 설명을 통해 우리에게

남자들의 비밀스런 열망과 여자들의 비밀스런 열망의 차이에 관한 단서를
던져 준다. "우리에게는 둘 다 이미 비밀이 있었소. 앤젤라에게는 일종의
감정의 흥정이 있었지. 만일 그녀가 그렇고 그런 일을 하는 데 동의한다면
그녀는 보상을, 자유와 존중이라는 보상을 요구할 수 있다는 식으로 말이
오. 내 생각의 과정도 본질적으로 다르지 않았소. 만일 내가 내 모든 무정
부적 갈망을 포기한다면 난 집도 있고 끼니를 챙기며 돌봐 주는 사람도
있는, 그래서 내 생활방식을 성공적으로 지속할 수 있는 순응주의 남성의
제일가는 사례로서 성공적으로 보일 수 있다는 거였지."[2] 앤젤라에게는
결혼생활의 반복적인 일상에 정착하고 그 강압적인 구조의 요구들에 부응
하는 것이 사회 속에서 제대로 규정된 자리를 찾을 가능성을 열어 주었다.
결혼한 여성으로서 그녀는 이제 다른 이들과 동등해졌다고 느꼈고 따라서
그녀가 욕망했던 사회적 지위를 획득했다. 자신의 파트너에게서 앤젤라
는 남근을, 즉 상징적 그물망 속에 자신의 자리를 안정적으로 확보해 줄
기표를 추구했다. 그러나 그녀는 완전히 실망하게 된다. 첫째, 그녀는 자신
이 찾고 있던 남근이 그저 사기에 지나지 않음을 빠르게 깨닫는다. 그녀의
남편은 그녀에게 지루한 관료임이 드러나고 그녀의 결혼생활은 외로운
생활방식으로 변모한다. 둘째, 그녀 또한 자신이 앨런의 욕망의 대상이
아니라는 사실에 직면해야 한다. 앨런은 자신의 아내를 존중하며 그녀에
게 성적 관심까지도 보여 주는 버젓한 남편이다. 하지만 앤젤라는 자신이
그의 옛 사랑이자 욕망의 대상인 새라를 대체하는 데 성공하지 못했음을
알고 있다. 이 정략결혼을 부추긴 것이 앤젤라이기는 했지만 결국 그것을

---

2) Brookner, *Altered States*, p. 89.

가장 혐오하는 것도 그녀다. 곧 아이를 갖게 되리라는 예견조차도 앤젤라의 삶에 행복을 가져다주지 못한다. 그러나 막상 아이를 사산하자 앤젤라는 역설적으로 자기 폐쇄적 상태 속에서, 즉 순수한 허무와 공허 상태속에서 특별한 향유를 찾아낸다. 결국 그녀는 남편을, 그리고 자신의 결혼생활의 강압성을, 오직 세계로부터 완전히 격리되기 위한 구조로서만 필요로 하게 된다. 그처럼 여성이 스스로에게 부과하는 고립의 성격을 더 상세히 분석하기 전에 우선 이 이야기의 남성 주인공에 초점을 맞추어 보자. 이 경우는 남성의 성생활 속에서 이중화된 파트너가 갖는 성격에 관해 우리에게 하나의 단서를 제공해 줄 수 있을 테니까 말이다.

앨런은 그들의 결혼이 어떠하다고 이해하는가? 결혼에 대한 앨런의 접근법은 앤젤라의 그것과는 다르다. 앤젤라가 처음에는 결혼을 존중이라는 보상을 받기 위해 참아내야만 하는 어떤 것으로 받아들이고 그 이후에는 세계에서 후퇴할 수 있게 해 주는 어떤 것으로 본 반면, 앨런은 그 상황을 뒤집는다. 앨런으로서는 자유나 존중을 획득하기 위해, 즉 제도에 복종한 데 따르는 어떤 보답을 위해 결혼의 강압성을 참아내야 하는 것이 아니다. 그의 경우에 보상은 제도 자체다. 따라서 그는 제도를 지켜내기 위해서는 그것을 위협하는 대상에 대한 애착을 먼저 포기해야만 한다. 이는 그가 이렇게 말할 때 분명해진다. "만일 내가 내 모든 무정부적 갈망을 내던진다면 난 순응주의 남성의 제일가는 사례로서 성공적으로 보일 수 있다는 거였지." 앨런에게 결혼생활의 지루함은 하나의 해결책으로, 그의 욕망의 대상을 견제할 수 있는 어떤 것으로 나타난다.

결국 앨런에게는 새라야말로 그가 욕망했던, 그러나 두려워했던 대상의 대역이었음이 분명해진다. 그는 감회에 젖어 말한다. "내가 그녀에게 어떤 사랑을 갖고 있었든 간에 그때 이미 난 그 사랑을 내가 언제나 알고 있었던 최초의 불안이라고 해독해 낼 수 있었지. 마치 그녀의 존재 자체가 이러한 상실감을 야기할 수 있었다는 듯이 말이오. 그녀를 얻는다는 건 내가 알았던 세계를 잃는 것일 터였으니. 또 그녀를 잃는다는 건 내가 여태 전혀 알지 못했던 어떤 상실의 위협이었을 수도 있었지."3) 그래서 앨런은 새라에게 정착한다. 왜냐하면 그녀는 어떤 최초의 불안의 대체물이 되기 때문이다. 이 불안의 성격은 무엇인가? 왜 주체는 그의 사랑의 대상을 예컨대 그가 가까스로 인내하는 아내와 획득할 수 없는 연인으로 이중화할 필요를 느끼는가?

그러한 이중화는 특히 강박신경증자에게 흔한 것이다. 이 신경증을 분석할 때 라캉은 쥐인간의 사례를 택했는데, 이 사례에서 우리는 이중화된 인물들의 전 계열을 찾을 수 있다.4) 즉 쥐인간 자신뿐 아니라 쥐인간의 아버지 생애에 있었던 가난한 여자와 부유한 여자, 아버지의 빚을 갚아 주는 착한 친구와 쥐인간을 위로해 주는 착한 친구, 쥐인간이 빚을 지고 있으리라 추정된 두 명의 장교가 그들이다. 쥐인간이 이성적으로 어떤 상황을 해결하려고(예컨대 자신의 빚을 갚으려고) 할 때마다, 쥐인간이 돈을 빚지고 있다고 추정된 그 장교는 갑자기 이중화된다. 즉 그가 실제로 돈을 빚진 또 다른 장교가 있는 것처럼 보인다. 쥐인간이 이미 첫째 장교에게 빚을 갚을 계획을 짜놓았기 때문에 그것을 바꿀 수 없어 그는 첫째 장교가 둘째 장교에게 돈을 주게끔 할 방도를 찾아내려 한다. 그런데 쥐인

---

3) 같은 글, p. 189.

4) [옮긴이 주] 이 사례의 상세한 내용은 지그문트 프로이트, 김명희 옮김, 「쥐 인간: 강박신경증에 관하여」, 『늑대인간』(열린책들, 2004)을 참조할 것.

간이 이 두 장교의 배후에 그가 정말로 빚을 지고 있는 제3의 인물—우체국의 가난한 소녀—이 실제로 있을지도 모른다고 추론하면서 사태는 훨씬 더 복잡해진다. 그리고 이 소녀는 그가 결혼하기로 되어 있는 부유한 소녀의 분신이기도 하다.

라캉은 이 이중화를 남자가 삶 속에서 자신의 역할을 떠맡는 문제와, 즉 어떻게 그가 남자로서의 자신의 기능 속에서, 그리고 자신의 일 속에서 스스로를 인지할 수 있는가라는 문제와 연결시킨다. 첫째, 남자는 자기 행위의 결실을 실제로 받아 마땅한 이는 다른 누군가라고 혹은 자기는 그것을 그저 우연히 갖게 되었을 뿐이라고 주장하지 않으면서, 그 결실을 떠맡아야 한다. 둘째, 그 남자는 자신의 향유가 성적 대상과 결부되는 방식을 처리해야만 한다. 신경증자의 문제는 그가 자신의 상징적 지위 및 향유와 연결된 두 가지 역할을 동시에 취할 수 없다는 것이다. 신경증자가 성공에 가까워질 때마다 그의 사랑의 관심의 대상은 이중화되는 것이다.

이중화는 종종 주체 쪽에서도 발생한다. 남성 주체가 자신의 사회적 기능 및 남자로서의 기능을 맡아 하려고 할 때 그가 나르시시즘적인 동시에 치명적인 관계를 함께 발전시키는 남성 인물이 그의 옆에 나란히 나타날 수도 있는 것이다. 주체는 이 또 다른 인물에게 세계 속에서 그를 대리하는, 그리고 그를 대신해 살아가는 부담 전부를 전가하는데, 이는 그 상황을 관장하고 있는 것이 정말은 그 자신이 아니라고—그는 사실상 세계에서 배제되어 있거나 혹은 세계 속에서 자신의 자리를 찾아낼 수 없었다고—주체가 주장할 수 있게 해 준다.

주체 쪽에서 이루어지는 이 이중화를 예시하기 위해 라캉은 괴테의

젊은 시절 이야기를 꺼낸다.5) 괴테가 브리온6) 목사를 방문하려 했을 때
그는 젊은 신학생처럼 차려 입었다. 하지만 브리온에게 프리데리케라는
매력적인 딸이 있음을 기억해 내자 그는 집으로 되돌아가 자기가 가진
제일 좋은 옷을 꺼내 입기로 결심했다. 하지만 집으로 돌아가는 길에 괴테
는 브리온 가족 앞에 자신이 멋진 옷을 입고 나타난다는 것이 부적절하리
라고 생각하기 시작했다. 그래서 그는 마을 여인숙의 소년에게서 간소한
옷을 빌렸다. 그러나 그 다음에 괴테는 화장을 너무 많이 해서 마침내
스스로를 훨씬 더 볼썽사납게 만들어 버렸다. 라캉은 제대로 된 옷에 대한
괴테의 강박을 그가 욕망하는 여자와의 만남을 회피하려는 것으로 받아들
인다. 프리데리케를 유혹한다고 하는, 그가 욕망하는 목표를 성취하기
전에 괴테는 스스로를 이중화한다. 즉 그는 하나의 대리물을 창조하고자
하는데, 그의 욕망 대상과 결부된 치명적인 위협은 바로 그 대리물을 향하
게 될 것이었다.7) 괴테는 자신의 욕망의 대상에 공포를 느껴(강박증자로

---

5) Jacques Lacan, "Le mythe individuel du névrosé", *Ornicar?* 17~18 (1979): pp. 25~39를 볼
 것. 또한 Theodor Reik, *Warum verliess Goethe Friederike? Eine psychoanalytische
 Monographie* (Vienna: Internationaler Psychoanalytischer Verlag, 1930)도 볼 것.
6) [옮긴이 주] 원문에는 줄곧 비온Bion으로 표기되는데, 이는 살레클의 착각인 듯하다.
7) 이러한 이중화를 좀더 설명하기 위해 우리는 괴테가 자신의 정체성을 가지고 유희했던 때의
 또 다른 사건을 참작해야 한다. 30대 후반에 괴테는 이 년 동안 이탈리아에서 살았는데, 거기서
 그는 독일인 화가 뮐러로 행세했다(나중에 그 이름은 필리포 뮐러로 바뀌었다. 때때로 괴테는
 자신의 이름을 러시아적 느낌을 주는 뮐러로프로 바꾸기도 했다). 로마에서 괴테가 젊은 여자
 파우스티나와 사랑에 빠졌을 때 그는 신부로 행세했다. (괴테는 이 에피소드를 『시와 진실』
 *Dichtung und Wahrheit*에서 자세히 이야기한다.) 18세기 후반의 로마에서 교회가 대중들에게
 엄격한 도덕적 규약들을 부과했던 반면 신부와 주교들은 아주 문란한 생활을 즐겼다는 것은
 널리 알려진 사실이다. 따라서 괴테가 신부처럼 차려입고 나타났을 때 이는 존경할 만한 사회적
 지위를 나타내는 것이었으며 또한 저변에 감추어진 그의 성애적 욕망을 의미하는 것이기도 했다.
 Roberto Zapperi, *Goethe in Rome* (Munich: Beck Verlag, 1999)을 볼 것.

서 그는 이 대상이 자신을 삼켜 버릴까 두려워), 자신의 소멸을 막기 위해 분신을 만들어 내려 했던 것이다.

쥐인간의 사례에서 라캉은 사랑의 대상의 이중화에 관해 이야기한다. 그리고 괴테의 사례에서는, 자기 자신을 이중화하고 그리하여 다시금 자신이 욕망하던 목표를 성취하지 못하게 가로막는 것은 실제로 주체 자신이라고 지적한다. 사태를 한층 더 복잡하게 하자면, 라캉은 이중화라는 이 문제를 오이디푸스 구조의 맥락 속에 가져다 놓고는 이 구조를 삼각이 아니라 사각관계로 이해할 필요가 있다고 주장한다.8)

오이디푸스 구조는 대개 어머니를 향한 아이의 성적 욕망과 아버지의 금지를 보여 주는 삼각형으로 이해된다. 라캉은 대부분의 신경증적 증상들은 실제 아버지가 결코 그의 상징적 기능을 감당하지 못하기 때문에 발생한다고 지적한다. 상징적 금지의 담지자로서 아버지는 자신의 인격 속에서 실제로 법을 체현하는 데 필연적으로 실패하며, 종종 무엇인가를 빼앗겼거나 모욕당한 자로 지각된다. 신경증자는 (그 자신을 이중화하거나 아니면 그의 사랑의 대상을 이중화함으로써) 다양한 형태의 이중화를 전형적으로 재상연하며, 그리하여 오이디푸스 구조 속에서 다른 두 인물—어머니와 아버지—과 함께 사각관계를 형성한다.

심지어 거울단계에서조차, 주체는 자신의 이미지를 낯선 인물인 듯 바라보는데, 그 인물의 형상은 하나의 통합적 전체로 나타나는 반면 아이는 그 자신을 비통합적이고 파편화된 것으로 지각한다. 그 결과 주체는 자신의 거울 이미지 속에서 스스로를 다른 누군가로, 실제 그보다 더 발달한

---

8) Lacan, "Le mythe individuel." 또 Michèle Lapeyre, *Au-delà du complexe d'Oedipe* (Paris: Anthropos and Editio Economica, 1997)를 볼 것.

어떤 이로 본다. 이미지와의 이러한 관계는 주체에게 전적인 절망을 가져다준다. 그것은 실제로 주체가 얼마나 미발달해 있고 분열되어 있는가를 보여 주기 때문이다. 주체는 비참함을 느끼며 분신을 하나의 위협적이고 치명적인 형상으로 받아들인다. 궁극적으로 사각관계의 네 번째 인물은 다름 아닌 죽음 자체다. 이 죽음은 필연적으로 오직 상상된 죽음으로만 남아 있다. 분신은 죽음을 육화하게 되며 따라서 주체는 부단히 이 치명적인 형상과 투쟁하게 된다.

남성 강박증자에게 이 치명적인 분신은 향유하는 방법을 알고 있는, 따라서 동시에 흠모와 두려움의 형상이 되는 누군가다. 어떻게 남자가 그처럼 향유하는 타자와 투쟁하는가의 사례는 브루크너의 『비공개 관람』에 묘사되어 있는데, 이 소설은 조지 블랜드라는 은퇴한 회계사에 관한 이야기로서, 그는 세심하게 정리된 삶을 영위하고 있지만 자신의 가장 가까운 친구를 잃고 슬픔에 잠겨 있다. 그 친구와 그는 이제 곧 세계를 여행하며 호화로운 호텔에 묵는 등 부유한 연금생활자 생활을 즐기자고 계획했었다. 조지가 노년의 고독에 직면해야만 할 때 그의 삶의 구조와 완벽함은 더더욱 압박감을 주는 지루한 것임이 드러난다. 남의 신경에 거슬리며 마찰을 일으키는 젊은 여자 케이티가 이웃 아파트로 이사 오면서 조지의 일상생활에는 근본적인 변화가 일어난다. 그 여자는 골칫거리였고, 그에게 작은 부탁을 한다든지 냉소적으로 그가 사는 방식에 대해 이러쿵저러쿵 참견하면서 조지를 끊임없이 귀찮게 한다. 케이티가 뉴에이지 벤처사업을 시작하겠다는 계획을 드러내자 조지는 그녀가 이 계획을 실현하기 위해 자신에게서 상당히 큰 액수의 돈을 뽑아내고 싶어 할지도 모른다는 엄청난 두려움에 빠지게 된다. 이성적으로 조지는 케이티의 행동에 경멸만을 느낄 뿐이다. 하지만 그는 그녀에게 상당히 매료되기도 한다. 비록 조지는 잘 정리된 자신의 일상생활을 유지하려고 무진장 애를 쓰고는 있지만 케이티가 자신과 여행을 떠나고 싶어 할 수도 있다는 생각을 즐기기 시작한다. 케이티가 자신의 돈을 물쓰듯하다가 조만간 그를 떠나 버리는 식으로 자신에게 못되게 굴 수도 있으므로 그녀와의 여행이 상당한 비용 부담이 되리라는 것을 알면서도 조지는 그녀를 동반여행에 초대한다. 하지만 그녀는 금방 그의 제안을 거절한다. 케이티가 더 이상 이웃 아파트에 살 수 없게 되었을 때 그녀는 조지에게 자신의 두 가지 의견을 밝힌다. 조지의 집으로 이사하거나 또는 미국으로 갈 비행기표 값을 마련하겠다는 것이었다. 조지는 여전히 케이티에게 매혹을 느끼고 있지만 그럼에도 불구하고 그는 자신이 질서정연한 생활방식을 너무도 유지하고 싶어 한다는 것을 깨닫는다. 그래서 그는 케이티에게 상당액의 돈을 주고, 케이티는 사라진다. 그녀가 떠난 후에 조지는 자신의 예전 일상생활을 다시 정립해 보려고 하지만 그러한 생활 속에서 아무런 즐거움도 느끼지 못한다. 결국 조지는 몇 년 동안 그에게 호감을 보여 주던 오랜 친구 루이즈를 여행에 초대하기로 결심한다.

여기서 다시금 우리는 여자로 인해 마음의 동요를 일으키지만 이내 자신의 일상생활을 지배하는, 스스로 부과한 규칙들 속에서 출로를 발견하려 하는 남자를 본다. 하지만 케이티와의 여행이라는 환상에 탐닉한 이후에 조지는 쉽사리 자신의 질서 잡힌 생활로 돌아갈 수가 없다. "그 자신의 의심할 여지없고 믿음이 가는 과거와는 사뭇 다른 미래를 그려 보면서 그는 전원풍경의 매력에 마음이 꺾이고 말았다. 그 전원풍경의 매력이란 것이 현실적인 것에 맞서기란 거의 불가능한 일이었는데도 말이다. 그 발코니, 그 시가 담배, 그 붉은 태양의 일몰…… 그가 여전히 이런 것들을 즐길 수 없다고 하는 법칙은 없다. 그러나 그는 그것을 시도하는 것이 소용없으리라는 것을 알고 있었다. 이러한 전망을 열어 놓은 그의 상상을 가능하게 했던 것은 그의 삶을 공유할 수 있다는, 그것도 그 자신과 는 너무도 이질적인 누군가와 공유할 수 있다는 환상이었을 뿐이었다."9) 케이티가 떠나면서 조지의 환상은 씁쓸한 것으로 변해 버렸다. "그는 자신의 건조한 기억들 및 소소한 일과들과 함께 남겨지고자 했으며, 그가 자신에게 약속했던 것이 아니라 그에게 남겨진 것과 함께 평온을 찾을 수밖에 없었다. 그런 식으로 그는 어쩌면 약간의 외적 존엄성을 지키려 했다. 비록 비밀리에 유지되어야 하는 그의 생각들이 또 다른 진실을 드러낼 수도 있겠지만 말이다."10) 이처럼 비관적인 생각들에 빠져 있으면서도 조지는 놀랍게도 여행을 떠날 계획을 짜기로 결심하며(그 여행은 어떤 금지된 향유에 대한 접근을 상징화하고 있다) 심지어 여자친구 루이즈를 동반하려고 초대하기까지 한다.

  이 소설에서는 두 쌍의 캐릭터가 이중화되어 있다. 첫째, 조지와 그의 남자 친구가 있다. 조지가 세심하게 조직된 삶을 영위하고 있으며 여자친구라고는 한 명도 없던 시절, 그의 친구는 수많은 연인이 있는 활기찬 사람이었다. 따라서 죽은 친구는 엄격한 조지의 향유하는 분신으로 기능했다. 그의 도움으로 조지는 계획된 여행들에 과도하게 지출함으로써 향유에 접근하는 길을 찾고 싶어 했던 것이다. 이후에 향유하는 친구라는 인물은 케이티로 대체된다. 하지만 케이티는 조지가 긴밀하지만 성적이

---

9) Brookner, *A Private View*, p. 230.
10) 같은 글, p. 231, 232.

지는 않은 관계를 오랫동안 맺어왔던 친구 루이즈의 분신으로 기능하기도 한다. (예컨대 조지는 그들의 일상생활에서 늘 하는 일들에 관해 의논하기 위해 매주 일요일 정확히 같은 시간에 루이즈에게 전화를 걸었지만, 그녀를 향해 대단한 연애감정을 보여 주지는 않았다.) 역설적으로, 케이티가 떠난 뒤에 조지는 케이티를 향한 자신의 열정을 루이즈가 알아채지 못했으면 하고 염려하게 된다. 그래서 그는 이렇게 추론한다. "만일 누군가 부당한 취급을 당한 사람이 있었다면 그것은 루이즈였다. 그녀야말로 그가 거의 알지도 못하던 저 여자에게 제공하려 했던 것들을 주지 않으려 했던, 하지만 이제는 그가 연민을 느끼는 바로 그 사람이었다."[11] 비록 드디어 여행을 가겠다는 조지의 결심을, 친구는 죽고 케이티는 떠나 버려 처음에는 자신에게 허락되지 않는다고 느껴졌던 향유에 접근하기 위한 조지의 노력이라고 이해할 수 있겠지만, 그렇더라도 우리는 이 여행이 결코 그의 강박적인 생활방식을 뒤흔들어 놓지는 않으리라고 추측해 볼 수 있다. 심지어는 조지가 루이즈를 여행에 동반하기 위해 초대한 것이 실제로는 그가 평형상태를 유지할 수 있게 해주리라고까지 말할 수 있다. 루이즈는 그의 질서정연한 생활에 어떠한 위협도 가하지 않는 인물이기 때문이다.

왜 남자는 그들의 삶 속에서 질서를 유지하는 데 그토록 강박적인가? 그렇다면 여자는 남자와는 반대로 이 질서를 포기하기가 더 쉬운 것인가? 이 문제를 다루기 전에, 라캉의 성 구분 공식에서 상세히 설명되고 있는, 성적 차이에 관한 이론의 도움을 받아 남성적 사랑에서의 문젯거리와

---

11) 같은 글, p. 230.

여성적 사랑에서의 문젯거리가 어떤 차이가 있는지를 이해해 보자.

섹슈얼리티 안의 불안

주체의 연애관계들에 관한 <그림 1>을 이해하기 위해서는 공식의 아
랫부분, 그러니까 분열된 주체와 남근이 보이는 남성편에 초점을 맞추는
것이 결정적이다. 남근과 분열된 주체 사이에는 어떠한 직접적 연결도
없다. 주체는 오직 공식의 여성편에 있는 대상 a하고만 관계를 맺고 있기
때문이다. 그리고 여성편에서 우리는 세 가지 요소를 발견하는데, 빗금
쳐진 **여성**은 남성편에 있는 남근 및 빗금 쳐진 **타자**와 관계를 맺고 있지만
공식의 여성편에 있는 대상 a와는 아무런 관계도 맺고 있지 않다.

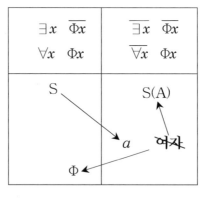

<그림 1>

　　남성 주체와 여성 주체의 주된 문제는 그들의 파트너가 관계를 맺고 있는 그들 안의 그 무엇과 그들이 아무런 관계도 맺고 있지 않다는 사실이다. 남성편에 있는 남근은 남자가 기꺼워할 수 있는 것이 아닌 것이다. 비록 여성이 바로 이 남근과 관계를 맺고는 있지만 남자는 결코 남근을 통제하지 못한다. 따라서 남자는 부단히 자신의 상징적 기능을 맡아 하려고 노력한다. 왜냐하면 그 상징적 기능이야말로 여자가 그에게서 보는 것임을 그 또한 알고 있기 때문이다. 하지만 그는 이러한 노력에 반드시 실패하게 되어 있으며 이것이 그의 불안과 억제를 야기한다. 라캉이 지적하듯이 "남근은 남근이 기대되는 곳에서, 남근이 요구되는 곳에서, 요컨대 생식기 중개의 장에서 발견되지 않는다는 사실은 불안이 섹슈얼리티의 진실임을 설명해 줍니다. (……) 남근은 남근이 성적인 것으로서 기대되는 곳에서 결핍으로서가 아니라면 결코 나타나지 않으며, 이것이 바로 남근이 갖는, 불안과의 연관입니다."12) 남자들의 경우, 그들이 욕망하는 방식(이는 그들이 그들 파트너 쪽에 있는 대상 a와 형성하는 관계에도 결정적이다)은 거세가 그들을 결핍으로써 특징짓고 있다는 사실에 의해 조건 지어지는데, 이는 그들의 남근적 기능이 부정되어 왔다는 것을 의미하는 것이기도 하다. 이러한 부정의 결과, 남자는 자신이 "그것을 할" 수 없을지도 모른다고, 즉 그가 가장 필요로 할 때에 자신의 기관이 자신을 속일지도 모른다면서 끊임없이 불안해한다. 라캉은 이브가 아담의 갈비뼈로 만들어졌다는 신화를 남자들이 창조해낸 것은 바로 이 불안 때문이었다고 지적한다. 이 신화는 남자에게, 만일 그에게서 빼낸 것이 갈비뼈 하나에

---

12) Jacques Lacan, "Angoise" (미출간 세미나), 1963년 6월 5일.

불과하다면 그는 본질적으로 아무것도 잃어버리지 않았다고—즉 상실된 대상은 없으며 따라서 여자는 남자를 재료로 해서 만들어진 하나의 대상일 뿐이라고—생각할 수 있게 해 준다. 이 신화가 남자들에게 그들의 전체성을 확신시키려고는 하지만 그렇다고 그들의 불안을 덜어주지는 못한다. 이는 종종 남자가 자신의 욕망의 대상이 되는 여자를 만나는 바로 그때에 일어난다.

라캉이 보기에, 남자가 자신의 파트너에게서 그 자신의 결핍(φ), 즉 그의 근본적 거세를 발견한다는 희망을 [이미] 상실된 것이라며 포기한다는 사실은 결정적이다. 그렇게 되면 모든 것은 결국 남자를 위해 제대로 들어 맞는 셈이다. 그는 오이디푸스적인 희극 속으로 들어가면서 자신에게서 남근을 가져간 것은 아빠였다고, 자신은 법으로 인해 거세되어 있다고 생각하는 것이다. 이 희극은 그가 맺고 있는 관계들 속에서 남자를 돕는다. 그렇지 않다면 남자는 죄를 전부 뒤집어쓰고는 자신이 "측량할 길 없는 죄인"[13)]이라고 생각할 것이기 때문이다.

그렇다면 거세와 관련한 여자의 문제는 무엇일까? 여자 또한 분열된 주체이며 따라서 자신이 갖고 있지 않은 대상을 찾는 일에 관심을 기울인다. 그녀 또한 욕망의 메커니즘에 붙잡혀 있는 것이다. 하지만 라캉이 보기에 여자의 경우 욕망의 구조에 연루되어 있는 근본적인 불만족은 전前거세적이다. 즉 여자는 "오이디푸스 콤플렉스에 연루되어 있는 것은 어머니보다 더 강해진다는 것, 더 욕망함직하게 된다는 것이 아니라 오히려 대상을 갖는다는 것임을 알고 있다."[14)] 따라서 여자에게 대상 a는 그녀

---

13) 같은 세미나, 1963년 3월 26일.
14) 같은 곳.

가 어머니와 맺고 있는 관계 속에서 구성된다. 라캉은 또한 만일 여자가
거세(φ)에 관심을 갖게 된다면 그것은 그녀가 남자의 문제들 속에 들어가
는 한에서라고, 즉 거세는 여자에게 이차적인 것이라고 주장한다. 그 결과
"여자에게 그녀의 욕망의 대상이 되는 것은 애초에 그녀가 그런 것으로서
갖고 있지 않은 어떤 것이다. 반면 처음부터 남자에게 그것은 그가 아닌
어떤 것이며 그가 실패하는 곳이다."[15] 그래서 그녀는 남자가 그녀 안에
서 보는 대상을 자신이 소유하고 있지 않다는 것 때문에 염려한다. 그래서
그녀는 자기 안에 있는 자기 이상의 것이 무엇인지를 부단히 궁금해 하며,
바로 이 불확실함 때문에 **타자**의 욕망을 끊임없이 질문한다.

요컨대 남자는 자신의 상징적 역할을 떠맡을 수 없기 때문에 트라우마
를 갖게 되며 여자는 **타자**의 욕망의 대상을 소유할 수 없기 때문에 트라우
마를 갖는다. 이는 왜 어떤 남자들은 잘 조직된 자기 삶을 손대지 않고
유지하는 데 그토록 신경을 쓰는지, 자신의 욕망을 자극하는 여자를 만나
는 것을 그토록 겁내는지에 관해 답해 준다. 스스로 부과한 규칙들에 집착
하는 것은 남자에게 최소한 일시적으로나마, 상징적 질서가 전체이며 그
에게 남근적 권력을 부여할 수도 있다는 확신을 준다. 그러나 욕망의 대상
에 가까이 다가가는 것은 이러한 환상이 와해되고 남자가 발가벗긴 채
자신의 본질적 불능과 무력함을 노출할 가능성을 열어 놓는다.

남자가 예컨대 비밀스런 연인을 만남으로써 자신의 파트너를 이중화할
때 그의 일차적인 문제는 "어떻게 나는 내 삶의 질서를 유지할 수 있겠는
가"라는 것이 된다. 이 질서는 단순히 결혼이 그에게 제공할 수 있을 평안

---

15) 같은 곳.

과 부富라는 이해관계와 관련한 것이 아니다. 그가 두려워하는 것은 자신의 삶의 일상적 구조를 상실함으로써 자신의 상징적 권력을 박탈당할 뿐만 아니라 자신의 욕망의 대상에 사로잡혀 온통 정신을 빼앗길 것이라는 사실이다. 비록 남자가 실제로 새로운 파트너로 인해 옛 파트너를 저버린다 하더라도 그는 이내 자신의 삶 속에 또 다른 구조를 형성하려 할 것인데, 이 구조는 그의 욕망을 만족시키는 것을 계속해서 불가능하게 할 수 있을 것이다.

자신의 파트너를 이중화하는 여성들은 그러면 어떨까? 그들의 전략은 남자들의 전략과 다른 것일까?

사랑에 빠진 여자들

브루크너의 소설들 『로기에 가에서 일어난 사건들』, 『감은 눈』, 『뒬락 호텔』에서 여주인공들은 용모도 그저 그렇고 별 매력도 없으며 대단한 [사회적] 성취도 없는, '객관적으로' 말해서 결혼이나 사회적 지위와 관련해서—단지 자신들에게는 훨씬 더 잘할 만한 '자질'이 없었을 뿐—그렇게까지 나쁜 삶을 영위해 오지는 않았다고 인정하는 평범한 여자들이다. 그러나 이처럼 상황을 이성적으로 수용하는 것의 이면에는 환상의 삶이 존재한다. 즉 삶을 온전히 경험하고자 하는 타오르는 열정이 존재하며, 이 열정은 무엇보다도, 손에 넣기 힘든 연인과 결합하고 싶어 하는 욕망과 연결되어 있는 것이다. 하지만 다른 삶을 향한 이러한 욕망은 오직 욕망으로만 남아 있을 뿐이다. 여자는 자기 욕망의 실현을 막기 때문이다.

세 편의 소설은 비밀스런 연인을 향한 여자들의 애착에 관해 서로 다른 시나리오를 보여 준다. 『로기에 가에서 일어난 사건들』에서 모드는 젊은 시절 멋지고 매력적인 타일러와 짧고도 열정적인 연애를 했지만 이후 조건만을 따져서 타일러의 친구인 에드워드와 결혼한다. 모드는 결혼생활을 그저 자신이 참아내야 하는 어떤 것으로 받아들이면서 타일러를 향한 몽상을 계속한다. 그러나 장년기에 접어들어 모드는 타일러와 바람 피울 기회를 갖게 되지만 그것을 거부한다. 이 거부는 모드가 손에 넣을 수 없는 사랑의 대상으로서 타일러를 두고 계속 환상을 느끼고 싶기 때문만은 아니었다. 모드는 타일러의 기억 속에 자신의 이미지가 계속 살아 있기를 무엇보다도 원했던 것이다. 소설을 읽어 보자면 이렇다. "그 순간 그녀는 자신이 스스로 그 간절한 소망을 부인할 것임을, 그런 식으로 그의 마음속에서 자신의 이미지가 계속해서 돋보이게 할 것임을, 그리하여 가능하다면 그 이미지가 그의 삶 속에서 늦여름이면 언제나 그런 식으로 계속해 떠오를 수 있게 할 것임을 알고 있었다."16) 비록 모드가 타일러를 평생에 걸쳐 사랑했으며 그를 둘러싸고 자신의 환상의 삶 전부를 창조해 내기는 했지만, 그녀는 타일러의 욕망 속에서 자신이 획득할 수 없는 대상으로 남아 있을 수 있도록, 타일러와의 또 다른 만남이 가져다줄 향유를 스스로에게서 박탈해 버리기로 결심한다.

이 이야기는 어떻게 한 여자가 고귀한 대상 a—그녀의 파트너에게는 그녀가 그것인 것으로 가정된다—에 관해 의구심을 갖는지를 예시하고 있다. 그녀는 이 대상이 파트너가 가진 결핍과 관련한 것임을 알고 있기

16) Brookner, *A Closed Eye*, p. 195.

때문에 이 결핍을 열어 두기 위해 전력을 다한다. 그러므로 타일러와의 연애의 되풀이를 모드가 거절하는 것은 과거에 그의 욕망을 야기했을지도 모르는 고귀한 대상으로서 스스로를 유지하려는 절박한 노력이다. 하지만 이 욕망이 살아 있게 하려면 모드는 붙잡기 힘들고 뜻대로 되지 않는 여자로 남아 있어야만 한다. 비록 모드의 궁극적인 욕망이 과거의 연인과 결합하는 것처럼 보이기는 하지만, 그녀는 자신의 고귀한 대상을 획득함으로써 이 욕망이 충족되는 것을 실제로는 원하지 않는다. 그녀의 욕망은 타일러의 욕망의 대상이 되는 것이기 때문이다. 따라서 여기서 우리는 주체의 욕망은 **타자**의 욕망이라는, 주체는 다른 누군가의 욕망의 대상이 되는 것을 가장 욕망한다는 라캉의 잘 알려진 공식의 한 사례를 본다.

　모드는 타일러가 어떤 식으로든 그들의 과거의 연애로 인해 마음이 움직여 왔음을 잘 알고 있다. 하지만 그녀는 자신에게 그에 관한 기억들이 깃들어 있었던 것만큼이나 그 또한 그녀를 깊이 생각해 왔는지는 확신하지 못하고 있다. 자신이 그에게 어떤 종류의 대상이었는지를 확실히 알지 못하는 채로 모드는 널리 알려진 문학작품에 나오는, 사랑을 위해 모든 것을 포기했던 여자들의 사례와 자신의 상황을 비교하고는 남자 주인공이 그녀의 이와 같은 희생을 받을 만한 가치가 있는지 의구심을 느낀다.

어떻게 체제순응적인 브론스키가 남편과 아이를 두고 떠난 여자를 자기 짝으로 받아들일 수 있으며, 평생 책 한 권 읽은 적 없는 치사한 로돌프가 로맨틱한 소설들로 채워 넣은 마음에서 우러나온 기사도의 개념들을 갖고 있는 엠마 보바리를 이해할 수 있을 것인가? 이 커플들이 소름끼칠 만큼 어울리지 않는다는 점이 모드를 억눌렀는데, 그녀는 모든 여자들이 그들의

희망과 그들이 인내해야 하는 현실간의 이러한 불균형으로 인해 고통 받았
는지 궁금했다. …… 그녀는 마치 그렇게 하도록 불변의 상태로 프로그래밍
되어 있기라도 한 양, 자기가 처한 상황의 현실을 감내하는 것이 자신의
운명임을 알고 있었으며, 그녀가 언젠가 현실을 거역했다는 사실을, 수용과
위험의 차이를 그녀도 알고 있었다는 사실을, 그리고 그녀가 평범한 일상의
일들에 힘쓸 때에조차도 이따금씩 어떤 눈부신 기억으로, 그리고 그 기억이
공유되었다는 순간적인 확신—아니면 그것은 그저 희망일 뿐이었나?—으
로 충만해질 것임을 스스로도 알고 있었다는 사실을 극비로 유지하는 것이
자신의 운명임을 알고 있었다.17)

모드가 자신을 안나 카레니나 및 엠마 보바리와 비교할 때 그녀의 관심사
는 이 두 여자가 자신들에게 마땅하지 않은 남자들을 사랑했다는 것이
아니다. 모드를 거슬리게 한 것은 이 두 여자가 일단 연애에 온전히 몸을
맡기면서, 고귀한 사랑의 대상이라는 아우라를 상실했다는 사실이다. 따
라서 여자가 희망하는 것들과 그녀가 인내해야만 하는 현실간의 불균형에
관한 모드의 염려는, 여자가 희망하는(혹은 더 잘 표현하자면 욕망하는)
것들이 그녀가 더 이상 남자의 욕망의 대상이 되지 못할 때 씁쓸하게
변해 버린다는 두려움과 연관되어 있다.

비록 모드는 자신이 욕망하는 연인과 결합하여 겪게 될 현실이 희망했
던 대로이지는 않을 수도 있음을 두려워하지만, 그럼에도 불구하고 그녀
는 자신이 사랑하지 않는 남자와의 결혼생활을 고수한다. 그러나 남편이
죽고 난 뒤 모드는 산송장처럼 살아가기 시작한다. 마치 살아가려는 욕망
을 다 짜내 버리기라도 한 양, 그녀는 스스로를 고독한 생활방식 속에

---

17) 같은 글, p. 207.

가둬 버렸던 것이다. 모드의 결혼생활은 그녀가 '살아' 있을 수 있게 했던, 그리고 그녀의 욕망이 계속 작동할 수 있게 했던 필수 불가결한 구조(이성 적으로는 그녀가 혐오해 마지않던)를 제공했다. 이 구조를 상실하면서 그녀는 멜랑콜리 상태에 빠져드는데, 그런 가운데 그녀는 자신의 삶이 불행하다는 불평도 그만두고, 자기가 사랑하는 타일러와 결합하리라는 소망도 접는다.

『감은 눈』에서 브루크너는 어떻게 여자가 자신의 파트너를 이중화하는 가에 관한 또 다른 시나리오를 제공한다. 하지만 여기에는 실제 과거-연 인과의 만남이 아니라 가능한 만남에 관한 환상만 있다. 여주인공 헤티는 자기보다 훨씬 나이가 많은 프랭크와 조건만을 따져 결혼한다. 그녀는 곧 자신이 남편과 안락하게, 하지만 지루하게 살아갈 것임을 깨닫고는 매력적인 젊은 연인과의 열정적인 만남을 꿈꾸기 시작한다. 이 상상된 연인은 갑자기 그녀가 친구 테사의 남편인 잭을 만났을 때 실체를 갖게 된다. 헤티는 잭이 위험한 남자이며 엄청나게 잘생기기는 했지만 의지할 만하지는 못하다는 것을 알고 있으며 또한 그가 테사의 삶을 망쳐 놓으리 라는 것도 예견하고 있다. 그럼에도 불구하고 헤티는 프랭크와 함께 하는 자신의 안정된 삶을 언제고 잭과의 짧은 연애와 맞바꿀 의향을 갖고 있다. 헤티는 끊임없이 잭을 두고 환상에 빠지며 자신의 늙은 남편을 거의 참아 내지 못하게 되지만, 그러면서도 잭을 따라나서기 위해서는 아무 일도 하지 않는다. 테사의 비극적인 죽음 뒤에 헤티는 잭을 단 한 번 잠깐 동안 만나 격렬한 키스를 나눈다. 그러나 이내 헤티는 재빨리 그에게서 도망치 면서, 자신이 바람을 피우는 것은 사랑하는 딸에게 너무도 고통스러운 일일 터이므로 그럴 수는 없다고 생각한다. 그 후 헤티는 잭에 관한 몽상을 계속하며, 일단 딸이 성장한 뒤에 그에게 다시 연락을 취하리라는 바람을 갖는다. 그러나 딸이 자동차 사고로 죽자 헤티는 남편을 떠나 잭과 결합하겠다는 욕망을 모두 상실한다. 그녀는 스위스산맥에 있는, 인가에서 멀리 떨어진 곳으로 병든 남편과 함께 이사하며 남편이 죽은 뒤에도 그곳에 홀로 남는다. 잭의 딸이 헤티에게 자기 아버지의 사랑을 전하는 메시지를 보내오지만 헤티의 응답은 소극적이다. 잭의 자리는 또 다른 삶 속에나 있을 수 있을 것이며 지금 그녀가 원하는 모든 것은 딸의 죽음을 애통해 할 수 있기 위한 평화라는 것이었다.

이 소설에서 잭이 헤티에게 특별한 관심을 갖고 있지 않았다는 것은 분명한 사실이다. 우리는 그가 그녀에게 약간의 흥미를 느끼고는 있었지만 그녀를 뒤쫓기 위해서는 아무 일도 하지 않았다는 것을 추측할 수 있다. 하지만 잭의 딸이 헤티에게 잭의 소식을 전할 때 이 메시지는 헤티가 그에게 연락을 취할 가능성을 열어 준다. 왜 그녀는 그렇게 하기를 거부했는가? 헤티가 자신의 욕망을 생생하게 유지하기 위해 자신이 매력을 느끼는 대상으로서 잭을 '창안'했다는 것은 분명한 사실이다. 따라서 잭은 대상 a의 장소를 점하고 있었으며 그 존재하지 않는 대상을 둘러싸고 그녀는 자기 삶을 구조화하고 있었다. 그런데 이 대상은 일시적으로 손에 넣기 힘든 사랑의 형태를 취했지만 이후에는 죽은 딸로 대체되어 버렸다. 이 시나리오에서 병든 남편은 그저 헤티가 떠나지 않고 있는 동반자로 파악되지만 그렇다고 해서 그녀가 그를 자신의 행복을 가로막는 궁극적인 장애요인으로 간주하는 것은 아니다. 그녀에게 장애물은 대상 a의 성격 바로 그 자체다. 잭을 찾아나서는 것을 헤티가 거절했다는 것은 잭이 비어 있는 대상, 즉 욕망의 대상 원인의 대역에 불과하다는 것을 그녀 또한 알고 있었음을 보여 준다. 그리고 그녀가 나중에 딸의 상실에 관한 상념에 빠져 살기 위해 은둔을 선택할 때 헤티의 욕망이 바로 이 결핍을, 즉 대상의 비어 있음을 표적으로 삼고 있음이 다시금 분명해진다. 자신이 **타자**를 보완할 남근이 아님을 인식할 때 멜랑콜리 상태에 빠져 든 모드와는 반대로, 헤티는 자신이 **타자**에게 사랑을 받느냐 그렇지 않느냐라는 문제에 관해서는 관심이 덜하다. 적적하게 살면서 그녀는 사랑의 또 다른 문제, 즉 주체는 오직 그녀의 결핍에 근거해서만 사랑한다는 문제에 더 가까이 다가간다. 따라서 그녀의 고독은 주체가 그녀의 존재를 표시하는 결핍에 가장 가까이 다가가는 상태 속에 침잠하는 것으로 보인다.

『로기에 가에서 일어난 사건들』과 『감은 눈』 모두가 주체의 욕망의 조건인 강압적 결혼제도라는 문제를 다루고 있다면, 브루크너는 『뒬락 호텔』에서 이 시나리오에 또 다른 변화를 가한다. 여기서 여주인공 이디스는 역시 평범한 중년여성이자 적당히 성공한 로맨스소설 작가로서, 유부남인 데이빗과 열애에 빠져 있다. 이디스는 데이빗이 아내를 떠나 자신과의 관계를 공개적으로 인정할 생각이 조금도 없다는 것을 알고 있다. 이디스는 함께 정착하고 결혼할 수 있는 또 다른 남자와 사랑에 빠질 기회가 그리 많지 않을 것임을 알고 있기에 자신이 존경하기는 하지만 사랑하지는 않는 남자의 청혼을 받아들인다. 그러나 결혼식 당일, 그녀는 마음이 바뀌어 달아난다. 이 창피스런 일이 있은 후 이디스는 스위스산맥의 한적한 호텔로 도망치는데, 거기에서 그녀는 데이빗을 향한 자신의 절박한 사랑에 관해 곰곰이 사념에 빠지며, 과연 자기가 살던 고장으로 다시 돌아갈 수 있을지 어떨지 의구심을 느낀다. 그러다가 그 호텔에서 그녀는 매력적이고 부유한 신사인 넬빌 씨를 만나는데, 그는 그녀에게 서로를 사랑하는 척할 필요조차 없으며 그저 더 안락한 생활을 창조하기 위해 협력하기만 하면 되는 그런 정략결혼을 제안한다. 넬빌 씨는 최근에 아내에게 버림받았으며 현재, 배우자를 존중하지만 서로가 은밀하게 다른 연인들을 가질 수 있다는 조건 아래 재혼을 원하고 있다. 이디스가 가까운 미래에 결혼할 가망성이 그리 많지 않다는 것, 그리고 그녀가 사회적으로도 보잘것없는 여자가 되어 외롭게 살아가기 십상이라는 것을 예견했기에, 넬빌 씨는 그녀의 실제 욕망들을 추구할 수 있게 해 주는 방식으로 삶을 구성할 기회를 그녀에게 제공한 것이었다. 부유한 남자와 결혼하여 아름다운 저택에서 사는 것은 이디스에게 사회적 인정을, 그리고 문필작업에만 전념할 수 있는 시간을 가져다줄 것이다. 그리고 동시에 그녀가 원한다면 자유로이 비밀스런 연애를 즐길 수도 있을 것이다.

이디스는 이러한 제안에 처음에는 큰 충격을 받지만 한 번 더 생각한 끝에 자신의 옛 생활의 구속에서 벗어나는 방법에 관한 훌륭한 시나리오를 제공받았음을 깨닫는다. 그래서 그녀는 그 제안을 수용하기로 결정한다. 그러나 그 사실을 넬빌 씨에게 말하기 전에 그녀는 데이빗에게 이별의 편지를 쓰는데, 그 편지에서 그녀는 그에게 자신의 미래 계획에 관해 알려주면서 자기에게 다시는 연락하지 말라고 요구한다. 편지를 막 부치려고 할 때 이디스는 넬빌 씨가 나이트가운을 입은 채로 그 호텔에 묵고 있는 한 젊은 여자의 방에서 은밀하게 빠져 나오는 것을 목격한다. 이디스는 이 여자와의 만남이 그에게는 그리 중요하지 않은 방종한 놀이일 뿐이며 그 또한 그녀가 그와 유사한 만남들을 갖는 데 반대하지 않으리라는 것을 알고 있다. 하지만 그녀는 데이빗에게 그 편지를 부치지 않기로 결심하고 오히려 곧 그에게로 돌아가겠다는 내용의 전보를 친다. 그런 다음 그녀는 호텔에서 도망친다.

이 소설에서 우리는 처음에는 획득할 수 없는 사랑의 대상에 대한 여자의 집착을, 그런 다음에는 이 대상을 견제할 구조를 찾아내려는 노력을 본다. 따라서 여기서 여자가 사랑에 대한 관심을 추구하지 못하게 한다고 가정되는 것은 결혼의 엄격한 구조가 아니다. 상황은 뒤집혀 있으며 이중화는 다른 소설들과는 다른 방향으로 나아간다. 이제 제2의 인물로서 창안되는 것은 '지루한' 남편이다. 모드와 헤티가 자신들의 열정 없는 결혼에 관해 불만을 제기하는 인물이었다면, 이디스는 그러한 결혼을 인위적으로 창조하려고 한다. 그러나 왜 그녀는 이 계획의 실현을 두 번이나 거절하는가? 넬빌의 청혼은 그녀에게 그 모든 것—점잖은 남편, 그리고 연인—을 가질 기회를 주지 않는가? 이러한 배치는 모드와 헤티가 가졌던 것과 유사하다. 하지만 모드와 헤티에게 결혼은 어쩌면 그들에게 부과된 함정으로 나타나고 가질 수 없는 연인은 욕망의 실현 불가능한 대상으로 남아 있었다면, 이디스에게는 절묘하게 정략결혼을 할, 그 뿐만 아니라 능동적으로 자신의 불법적인 연애를 추구할 가망성까지도 제공된다. 금지의 결핍은 혼외정사를 훨씬 덜 욕망할 만한 것으로 만든다. 하지만 그 소설의 문제는 넬빌 씨가 또 다른 투숙객과 정사를 즐겨 오고 있음을 그녀가 알아차렸을 때 왜 그토록 충격을 받는가 하는 점이다. 문제는 이디스가 그를 사랑한다거나 혹은 그녀가 실제로 그의 성생활에 신경을 쓴다는 것이 아니다. 넬빌의 정사에 대한 그녀의 반응은 앞에서 언급한, 남자와 여자가 욕망과 관계를 맺는 방식에서의 차이라는 맥락에서 분석될 필요가 있다.

이디스는 또 다른 남자 데이빗을 아주 많이 욕망한다. 하지만 그녀가 넬빌 씨와 결혼하는 데에 동의할 때 그녀는 넬빌 씨가 욕망하는 방법이라는 문제에 관심을 갖게 된다. 열정에 얽힌 문제로 서로 피곤하게 굴지말고 그저 편의적인 결혼생활을 하자는 그의 제안은 이디스에게는 대단히충격적인 것이다. 그 제안은 그녀에게 욕망을 추구할 자유를 준 게 아니라오히려 실제로는 그녀가 결코 넬빌 씨의 욕망의 대상이 아님을 알려 주는계기가 된다. 비록 처음에는 이디스가 넬빌 씨에게 아무런 감정도 느끼지않지만 그럼에도 불구하고 그녀는 그에게 존중받고 싶어 한다. 따라서넬빌 씨의 이상한 제안이 이디스에게서 욕망을 불러일으킨 것이라고까지말할 수 있다. 이것이 그녀가 데이빗을 다시는 보지 않기로 결심한 이유인데, 이러한 진행은 놀라운 것이다. 넬빌 씨와 결혼하는 것이 결코 그녀가데이빗을 은밀한 연인으로서 유지하지 못하게 하지는 않을 것이기 때문이다. 따라서 이디스는 사랑 없는 결혼을 수락한다는, 하지만 또한 과거의연인을 다시 만날 기회를 스스로에게서 박탈한다는 역설적인 결정을 내린다. 우리는 그러한 시나리오가 그녀에게 데이빗에 관해 계속해서 환상을만들 수 있게 해 주리라고 생각할 수 있다. 하지만 또한 그녀가 자신을향한 넬빌 씨의 욕망에 의문을 느끼리라는 것 또한 예견할 수 있다. 따라서그처럼 정략적인 결혼을 수용하는 것은 여자에게 특별한 형태의 움츠러듦을 허용하는데, 이는 때때로 그녀의 욕망을 계속 살아 있게 해 준다. 이욕망은 **타자**의 욕망이라는 문제와 결부되어 있기 때문에 우리는 이 **타자**와의 조우를 피할 필요가 있다. 우리가 실제로는 그에게 욕망되고 있지않다는 것(혹은 우리가 원하지 않는 방식으로 욕망되고 있다는 것)을 인식함으로써 실망하지 않으려면 말이다.[18]

사랑을 단념한다는 것

　이디스만이 예외일 뿐, 다른 모든 여성 캐릭터들은 어느 지점에선가 사랑을 단념하고 멜랑콜리한 무심함에 침잠해 버린다. 반면 주인공 남성 캐릭터들은 그들의 강박적인 생활양식을 지배해 온, 스스로에게 부과한 규칙과 금지들에 계속해서 순응함으로써 최종적으로는 다시 '평안'을 얻는다. 그러한 체념의 몸짓을 어떻게 이해할 수 있을까?

　주체가 '포기'하고 바깥 세상에 대해 무심해질 때 이는 그 또는 그녀가 '욕망의 영도zero level'에 도달한다는 것이 아니라 "그 욕망의 축소를 통해 많건 적건 거세를 정초하는데 이른다는 뜻이다. 이 상태에서 주체는 무엇인가에서 분명 쾌락을 얻는다. …… 결국 그것은 주체가 ϕ=a로 공식화되는 비-육체적인 [거세의] 일관성 속에서 쾌락을 얻게 하지 않는가."[19] 주체는 따라서 거세로 인해 도입되는 결핍 속에서 쾌락을 얻는다. 하지만 이 상징적 결핍(Φ)은 종종 ϕ를 통해 상상적으로 기입된다. 콜레트 솔레는 주체가 삶의 선물들을 거부하고 세계로부터 이탈하는 다양한 방식이 있다고 지적한다. "정복하려는 욕망에서 신경증의 미심쩍은 욕망이라는 문제틀을 거쳐 멜랑콜리라고 하는 폐기된 욕망에 이르기까지, 대상에 대한 사랑, 자기혐오, 그리고 자아의 나르시시즘적인 리비도집중은 이러한 순서로 스스로를 배열한다. 향유와의 접점은 명백하다. 즉 욕망은 방어이기

18) 특히 트라우마적인 것은, 타자는 여성을 도착적인 방식으로 욕망하며 예컨대 그녀와 연결된 물신적 대상에만 매료된다는 인식이다.

19) Colette Soler, "'A Plus' of Melancholy", in *Almanac of Psychoanalysis: Psychoanalytic Stories After Freud and Lacan*, Ruth Golan 외 편 (Jaffa: G.I.E.P., 1998), p. 101.

때문에 향유는 욕망이 떨어지는 곳에서 솟아오른다. 그러므로 침울해진 상태는 또한 향유의 한 양태이기도 하다고 분명히 진술할 수 있을 것이다. 그러나 우리가 각각의 사례에서 그것에 특수한 좌표를 부여할 수 있어야만 그 공식은 작동할 것이다."20)

  여자의 경우에 멜랑콜리는 특히 여성적 향유와 연결되어 있다. 라캉이 이러한 향유를 판독하려고 할 때 그는 보통 신비주의자들—신을 향한 온전한 헌신에서 향유를 발견하는, 금욕주의적인 자세에 깊이 빠져 들어 있으며 세계로부터 스스로를 격리시키는 여자들(그리고 남자들)—의 사례를 인용한다. 해독할 수 없는 언어로 된 이 여성적 향유는 따라서 대개는 주체가 경험할 수 있는 최고의 '행복'으로 지각된다. 하지만 이 향유는, 언어로부터 폐제되어 있기 때문에, 무의식이 알지도 못하고 따라서 융합시킬 수도 없는 어떤 것이기도 하다. 만일 우리가 주체에게 슬픔의 치료약은 무의식 속에서 자기 자신을 발견하는 것이라는 라캉의 테제를 상기한다면, 질문은 이제 어떻게 해독할 수 없는 여성적 향유가 여성적 멜랑콜리와 연관을 맺는가라는 것이 된다.

  가능한 하나의 대답은 여성이 세계로부터의 멜랑콜리적인 은둔에서 발견하는 향유가 바로 일종의 여성적 향유의 형태라는 것일 수 있다. 이 경우에 무아경에 빠진 신비주의자와 멜랑콜리적인 여성은 그들의 향유에서는 별반 다르지 않을 것이다. 하지만 여성적 멜랑콜리는 또한 여자가 여성적 향유 속에서 그녀 자신을 발견하지 않는다는 사실의 결과일 수도 있다. 무의식을 통과하지 않기 때문에 이 향유는 여자 너머로 나아가는데,

20) 같은 곳.

이것이 바로 여자에게서 우리가 종종 '슬픔의 플러스plus'를 보는 이유다. "멜랑콜리적인 모멸의 착란상태는 …… 여기서 계시적이다. 극단적으로 가면 그것은, 폐제된 향유가 자기모멸로 전락하는 것이야말로 자살행위로의 이행을 통해 동일한 향유를 추방하기 이전에 이루어지는 최후의 언어적 방어임을 보여 주는 것이다. 더욱 흔한 경우로, 즉 정신증이 아닌 경우, 모멸로의 후퇴는 역설적인 승화의 첫 단계와도 같으며, '"우주는 **비존재**의 순수성 속에 있는 결함이다"라고 고함쳐지는 장소인 향유로부터 이 자리로 오게 된 것이다."[21] 슬픔으로의, 혹은 심지어 자기모멸로의 이러한 침잠은 종종 여자가 사랑을 상실할 때 발생한다. 그러나 왜 이러한 상실이 여자들에게서 그처럼 절박한 반응들을 부추기는가? 라캉을 따라 콜레트 솔레는 여자들에게서 (남근적 향유와 여성적 향유 간의 부조화를 해소할 수 없는) 선택적elective 사랑에 대한 특별한 이끌림이 보이는 것은 여성적 향유의 성격 때문이라고 주장한다. 자신이 확립하는 사랑의 관계 속에서 여자는 언제나 **타자**가, 즉 자신에 대한 **타자**가 되려 한다. "사랑은 그렇다면 그녀에게 홀로 그녀의 타자성만을 남겨 두겠지만 적어도 사랑이 세운 **타자**는 그녀를 그녀 연인의 이름과 함께 낙인찍을 수 있을 것이다. 줄리엣이 로미오에 의해, 이졸데가 트리스탄에 의해 …… 혹은 베아트리체가 단테에 의해 영원해지듯이 말이다. 이로부터 도출되는 것은, 여자에게 사랑의 상실은 남근적 차원—프로이트는 그것을 이 차원으로 환원했다—을 초과한다는 사실이다. 사랑을 상실하는 가운데 그녀가 잃는 것은

---

21) 같은 글, p. 107. 솔레는 여기서 Jacques Lacan, "The Subversion of the Subject and the Dialectic of Desire in the Freudian Unconscious", in *Écrits: A Selection*, Alan Sheridan 역 (New York: W. W. Norton, 1985), p. 317을 인용한다.

그녀 자신, 하지만 하나의 **타자**로서의 그녀 자신이기 때문이다."[22]

여성적 향유가 실재를 향해, 특히 상징계 내의 결핍을 향해 여자들을 훨씬 더 가깝게 데려간다고 할 때—이는 그들의 신비적 상태 또는 침울한 상태로 귀결될 수 있다—그럼에도 불구하고 여자들은 **타자**의 욕망 속에서 그들의 자리가 무엇인지에 대한 문제에도 관심을 기울인다. 그리고 여자들이 파트너를 이중화하는 것은 스스로 이러한 욕망을 확신하기 위해서다. 그러나 그러한 여자들은 종종 한 여자에게만 헌신할 수 없는 남자들을 찾아 나선다. 왜 이런 일이 발생하는가?

자신이 한 남자의 사랑의 대상인지를 끊임없이 질문하는 여자는 자기 자신을 남자가 결여하는 남근으로서 제시하려고도 노력한다. 역설적으로, 여자는 남자들의 욕망 및 그들의 남근적 힘과 관련한 그녀의 관심사에 대한 답을 돈 후앙에 관한 환상 속에서 찾아내는데, 라캉이 지적하듯이 그 환상은 본질적으로 여성적 환상이다.[23] 여자들에게 이 환상은 처음부터 그것을 가지고 있으며 언제까지고 가지고 있는 적어도 한 명의 남자가 있다는 것을 입증하는 것으로서, 이는 또한 어떤 여자도 그에게서 그것을 빼앗을 수는 없음을 의미하는 것이기도 하다. 여자들은 종종 남자가 또 다른 여자와 함께 있을 때 그 자신을 완전히 상실한다는 점을 걱정하기 때문에, 돈 후앙에 관한 환상은 관계 속에서 그 자신을 결코 상실하지 않는 최소한 한 명의 남자가 있다는 사실을 여자들에게 재확신시킨다. 돈 후앙에 관한 환상은 따라서 여자들에게 남성적 욕망의 대상이란 본질적으로 그들에게 속해 있으며 따라서 상실될 수 없는 것임을 확신하게

---

22) 같은 곳.

23) 같은 곳.

한다. 그러나 여자들과 돈 후앙은 여기서 어떤 공통점을 갖고 있다. 그것은 그 누구도 여자들에게서, 혹은 돈 후앙에게서 그 대상을 빼앗아갈 수 없다는 사실이다. 그들 중 어느 하나도 애초부터 그것을 갖고 있던 적은 없기 때문이다.

강박적인 남자들은 그들 욕망의 대상이 본질적으로 자신들이 공포스러워 하던 어떤 것이기 때문에 자신의 파트너를 이중화한다. 그것이 바로 남자들이 자신들의 매일 매일의 생활을 지배하는, 스스로 부과한 금지들과 의식들에 그토록 매달리는 이유다. 여자들은 자신들이 **타자**의 욕망 속에서 어떤 종류의 대상인지를 확신할 수 없기 때문에 파트너를 이중화한다. 따라서 여자에게는 그녀에게 감정적으로 관심이 있는 한 명 이상의 남자가 있다는 환상을 갖는 편이 더 낫다. 그러나 역설적으로, 여자는 종종 애초에 그녀를 사실상 전혀 욕망하지 않은 한 남자(예컨대 돈 후앙)에 관한 환상을 갖는 가운데 대상 a로서의 자신의 가치에 관해 가장 큰 재확신을 얻는다.